R o u t i n e o f y o u r l i f e

인생 까짓거 뭐 있어?

삶의 루틴

(Routine of your life)이지!

오강수 지음

신아사

오강수

현) 초당대학교 뷰티디자인학과 부교수
전남과학대학교 전임교수역임
서경대학교 미용예술학 박사 취득
이·미용 NCS 개발·평가·검토·집필 위원
미용장
이용장
사회복지사 1급
평생교육사 1급

저서: 헤어미용교육론 등 다수
논문: 외국관광객의 한국 미용관광 선택 요인 및 활성화 방안 등 다수
특허: 층층나무 추출물을 유효성분으로 포함하는 염모제용 조성물

인생 까짓거 뭐 있어?
삶의 루틴
(Routine of your life)이지!

초판 1쇄 발행 _ 2020년 3월 31일

저 자 · 오 강 수
발 행 인 · 정 현 걸
발 행 · 신 아 사
인 쇄 · 한승인쇄
주 소 · 서울특별시 은평구 통일로 59길 4 (2층)
전 화 · (02) 382-6411 팩스 · (02) 382-6401
홈페이지 · www.shinasa.co.kr
E-MAIL · shinasa@daum.net
출판등록 · 1956년 1월 5일 (제 9-52호)

ISBN 978-89-8396-393-2 (03190)

정가 16,000 원

머리말

전공 서적과 논문을 집필하다가 기록 노트에 끄적거려져 있던 파편의 조각들을 모아 자기계발 서적을 꿰매어 보았다. 이 책을 읽는 순간 각자의 가치체계에 따라 내용을 수용하는 사람도 있을 것이고 반론을 제기하는 사람도 있을 것이다. 서로가 다르기 때문이리라. 그러나 중요한 것은 저자가 강의 혹은 상담 관련하여 수많은 사람들과 정보를 공유하거나 혹은 담론의 장에서 느낀 결과를 정리한 것이므로 담담하게 이해하면 큰 무리는 없을 것으로 판단된다.

이 책의 내용은 보편적으로 많은 사람이 인생에 관한 뚜렷한 비전과 목적을 갖고 있지 않았을 뿐 아니라, 자기 삶에 대해 정확하게 의견을 표출하는 사람이 많지 않다는 사실에서 출발하고 있다. 계획하는 삶이 꼭 바람직한 것은 아니지만 노후에 행복 만족을 증가시키는 중요한 변인이라고 생각하면 부정적인 방법은 아니라고 생각한다. 현재의 시점에서 부모와 자녀 간의 의식 차, 어르신과 청년 간의 세대차, 각 세대에 따른 삶에 대한 후회 등으로 인하여 행복지수가 그리 높지 않음을 볼 때 각자가 처한 환경을 인식하고 행복을 찾아가는 각기 다른 방법론에 관한 것으로 볼 수 있다.

인간은 고도의 지식체계를 가진 유기체이다. 이러한 유기체는 감각세포를 통해 인식을 확장하고 추론을 통한 결론을 끌어낸다. 조작화를 통한 결론의 도출은 때론 원하는 답을 끌어내지만 때에 따라서는 전혀 원하지 않는 답이 도출되기도 한다. 아마 인간 삶의 대부분이 그러하리라 생각한다. 인간은 각자가 원하는 삶을 추구하기 위해 수많은 가설을 세우고 그 결과를 증명하려 많은 경험을 시도한다. 유사 이래 그러한 삶의 방식은 계속적으로 진행되어 왔으며 미래에도 그럴 것으로 예상된다. 어떤 대상을 바라보고 형상에 대해 사유하고 결론을 도출한다. 그러한 인간 삶의 방식을 전개해 온 선택의 결과물이 현재 우리가 살고 있는 삶의 형식이다.

우리는 삶을 모른다. 어떤 삶이 좋고 더 나은지, 어떤 삶을 살아야 후회하지 않는 삶을 살았다고 자신할 수 있는지 알 수는 없다. 다만 잘살고 있고 멋진 삶을 살고 있는 사람들, 정말 최고의 삶을 살고 있는 것처럼 보이는 사람에게서도 누구나 다, 한 가지의 고민은 존재한다는 명백한 사실이다. 고민이 없는 사람은 없다. 누구에게도 완벽함이란 존재하지 않는다. 자연은 모든 것을 다 주지 않는다. 오는 것이 있으면 가는 것이 있고 부족함이 있으면 채워짐이 있다. 시간의 흐름에 따라 모든 것은 변한다. 그런 게 삶이다. 그렇다고 가만히 있는 아니 흐르는 대로 유영하는 모든 사람에게 바람직한 변화가 온다는 것은 아니다. 각자가 존재하는 의미를 파악하고 삶의 의미를 확장하고자 하는 사람에게서 변화가 일어난다는 뜻이다. 삶이란 각자가 맡고 있는 일에 최선을 다하면서 그 일을 의미 있게 만들어 가는 노력인 것이다.

삶을 의미 있게 확장시키기 위해서는 부모로부터 물려받은 유전자를 아는 것으로부터 출발한다. 우리 DNA는 타인과 구별되는 특별함이 존재한다. 서로가 각기 다른 영역에서 자기를 뽐낼 수 있는 최적화된 능력을 가지고 있다. 그러나 우리는 무의식 속에 잠재되어 있는 그 특별함을 인지하지 못하고 시간이 지난 뒤 깨닫는 경우가 대부분이다. 그 특별한 능력을 찾아내서 목적과 목표를 향해 가는 길이 성공과 성장을 일으키며 행복을 가져다주는 동력이다.

행복한 삶을 영위하는 방법은 각자 다르게 나타난다. 그럼에도 불구하고 가장 보편적으로 수용되는 방법은 사회 변화를 파악하고 주체적인 가치관을 가진 인간으로서 각자에게 최적화된 진로와 직업을 선택하는 것으로부터 출발한다. 특히 목표 리스트 및 시간 관리에 따른 자기경영을 통해 삶의 비전 제시 및 목적과 목표 설정, 적용과 실행 등을 통하여 적절한 성과관리가 적절하게 이루어질 때 성공과 성장을 통한 행복이 일어난다. 행복한 삶은 모든 인간이 고대하는 바이나 누구에게나 동일하게 적용되어 지는 것은 아님을 자각하고 주어진 일에서 삶의 의미를 확장하는 혜안이 필요함을 명심하자.

이 책의 논제는 저자 혼자만의 사고 체계는 아니다. 생태체계론적 관점에서 주변 시스템에서 일어나는 클라이언트의 소소한 담론을 기초로 형성된 이야기이다. 하루라도 못 보면 궁금해 하고 좋은 음식을 나누고 베풂을 통해 소소한 일상을 공유하는 친구들의 담론과 저자와 관계하고 있는 생태에 의한 결과물이다. 언제나 가정의 주춧돌이 되어주는 스트로게(Stroge) 부인과 세 번의 인생을 살고 있는 차영빈 친구, 위트와 기교가 뛰어난 서명원 친구, 그리고 항상 우리의 자리를 빛내 주는 이광규와 이재준 친구 등, 친구야! 고맙다. 까짓거 인생 뭐 있어! 삶의 루틴이지!

2020년 3월

저자 오강수

Contents

인생 까짓거 뭐 있어?
삶의 루틴
(Routine of your life)이지!

1. 도입부

(Prologue)

"단 한 번뿐인 내 삶"을 생각해 보기

이 책은 자기주도적인 삶에 대해 생각해 보는 책이다. 현재의 위치에서 삶을 어떤 방법으로 살아야 하는지를 고민하고 미래의 평안을 위해 삶의 목적을 재설정하는 것을 도와줄 수 있는 책으로 볼 수 있다. 인간은 삶의 방식과 가치가 다르기 때문에 '이렇게 살아야 한다'라고 그 누구도 확실한 정의를 내릴 수 없다. '어떤 것이 옳고 그른지, 어떤 것이 바람직한지, 그렇지 아니 한지,' 그 어떤 철학자나 사상가도 삶에 대한 정답을 제시할 수는 없다. 그러나 인간들의 삶에서 명확하게 드러나는 것은 통제와 억압보다는 각자의 자율의지를 존중하는 우호적인 삶을 향해 사회가 진화해 왔고 발전해 간다는 것은 사실이다. 삶의 변화와 진화는 더디게 진행되는 것처럼 보이지만 태평양의 미미(微微)한 나비의 날갯짓에 의해 거대한 토네이도가 발생하는 것처럼 순식간에 다가오기도 한다.

사회 변화는 인간이 욕구를 충족하기 위한 욕망에 의해 발생한다. 욕구를 충족하기 위하여 개인의 태도가 바뀌면서 삶의 변화와 진화가 이루어진다. 욕구는 삶의 일상적인 부분에서 다양하게 발생하고 있다. '먹는 것, 마시고 소화시키는 것, 배설하는 것, 개체보존을 위한 것' 등의 원초적인 욕구로부터 출발하여 존경과 소속감, 자아실현 등 고차원적인 욕구들의 방향이 어디로 향하고 있는가에 따라 '좋은 것과 그렇지 않은 것'으로 나누어지면서 차별성을 갖는다. 인간의 욕구가 바람직한 방향으로 표출되면 '예술적인 것'과 '위대함' 등으로 나타나지만 그렇지 않을 경우에는 반사회적인 현상 등으로 나타난다. 아마 인간에게서 '욕구와 원하는 것, 바라는 것, 그 무엇도 존재하지 않는 무념의 상태'만 존재한다면 사회의 진화와 변화는 일어나지 않았을 것으로 생각한다. 만약 여러분이 원하는 그 무엇이 있다면 여러분은 여러분이 원하는 삶의 질 향상을 위한 욕구충족을 위해 무엇인가를 행동에 옮겨야 한다. 아무 일도 행하지 않으면 아무 일도 일어나지 않는다. 아무 일 없다는 것은 안정적인 측면에서는 바람직한 현상이지만 여러분이 원하지 않는 위치에 있다면 좋은 현상은 아니다. 여러분이 원하는 것을 성취하기 위한 길에는 고통과 슬픔, 기쁨과 충만함 등이 존재한다. 항상 좋은 일만 발생하는 것도 아니고 그렇다고 항상 바람직하지 않은 그런 일들만 일어나지도 않는다. 바람직한 것과 그렇지 않는 일들이 반복적으로 나타난다. 이 모든 것은 삶의 동반자이다.

일을 하다가 바람직하지 않는 현상이 나타난다고 뭐라 할 필요는 없다. 삶의 동반자라 생각하는 게 편안하다. 지금 당장 원하는 결과가 좀 안 나오면 어떤가? 충분히 그럴 수 있는 일이다. 잠시 오감이 불편하고 기분은 저조해지겠지만 수용하면 금방 편안해질 수 있다. 여러분은 두려움과 화해해서는 절대 안 된다. 두려움에 맞서는 용기를 가져야 한다. 미래에 일어나지 않는 일들을 예측하고 고민할 필요 없다. 인간은 그런 어려운 과정을 겪으면서 성장한다. 만약 누군가가 그 실패의 고통에 힘이 들어 그 자리에 멈춰버린다면 성장은 멈춰버린다. 아무런 이유 없이 일어나는 일은 하나도 없다. 움직임이 있어야 시작이 있고 그 시작으로 인하여 과정과 결과가 있다. 성공하고 안 하고는 그리 중요한 문제는 아니다. 여러분이 시작하고 있다는 사실이 중요하다. 만약 여러분에게서 무엇인가 어떤 일이 일어나기를 바란다면 움직여야 한다. 성공이든 실패든 어떤 일이든 일어나게 돼 있다. 무엇인가 하고 싶어도 내 의지대로 움직일 수 없는 사람들을 한 번 생각해 보라! 움직일 수 있다는 그 자체가 행복임을 느낄 수 있다. 원하는 것이 있다면 지금 움직여야 한다. 처음부터 잘할 수는 없다. 천천히 한 걸음씩 나아가다 보면 원하는 지점에 도착할 수 있다. 계획을 기초로 실행하는 것을 첫걸음으로 시작하고 다양한 사람들에게 진심을 담아 마음을 전달하도록 노력해야 한다. 아마도 존경과 찬사는 덤으로 따라오는 부수적인 성공임을 느낄 수 있다.

인간의 삶에서 환경은 매우 중요한 의미를 지닌다. 환경이 인간에게 미치는 영향은 절대적인 것으로 인간은 환경을 떠나서는 살 수 없다. 환경의 구축은 인간이 어떤 가치를 선택하는가에 따라 다르게 나타난다. 인간의 탐험 정신은 인간의 기초적인 욕구로, 눈으로 볼 수 있는 자연뿐 아니라 눈으로 볼 수 없는 우주를 향해서도 멈추지 않는다. 인간의 욕구에 의해 인간의 진화는 더 빠르게 이루어지고 있으며 자본주의는 이를 가속화하고 있다. 자본주의 경제 체제하에서 살고 있는 우리는 물질의 추구를 한 개인의 노력으로 멈출 수는 없다. 인간은 물질의 변화를 빛의 가속도 수준으로 변화시키고 있다. 이러한 급격한 변화 앞에서 여러분은 삶의 방식을 선택해야 한다. 물질만능주의 시대에서 '물질을 소유할 것인가? 아니면 존재 그 자체로 의미를 부여할 것인가'에 대한 가치 판단이다. '소유로서의 삶과 존재로서의 삶' 어떤 가치를 선택해도 상관은 없다. 둘 다 중요한 가치이다. 이들 가치는 인간의 삶과 관련된 환경 속에 존재하는 것이기에 환경을 떠나서는 크게 의미를 지니지 못한다. 삶에 대해 어떤 자세를 갖든 한 번은 각자의 삶에 대해 생각을 정리해 보는 시간이 필요하다.

인생이란 내가 하고 싶은 일을 내 삶의 일부처럼 생각하고 실행할 때 가장 행복한 걸 느끼고 일을 하면서도 피곤함을 느끼지 않는다. 세상이 빠른 속도로 이동되면서 보지 못하고 접하지 못한 새로운 것들이 더 많아지고 있다. 복잡하고 변화가 많은 세상이기에 이질적이고 배타적인 것들이 더 많아지고 있다. 이럴 때 배타적인 태도로 편견을 갖기보다는 내가 접하고 있는 환경과 다름을 인정하는 자세가 필요한 시점이다. 사람들 혹은 사물과의 관계에서 '인간중심적인 혹은 자기중심적'인 사고에서 벗어나야 한다. 내 기준에서 '내가 맞고 네가 틀리다'가 아닌 너도 맞고 나도 맞고 우리 모두 다 맞다가 적절한 사고체계이다. '틀리다'의 관점보다는 '다르다'라는 관점을 유지하면 스트레스를 받을 경우의 수가 훨씬 줄어든다. '내 주장만 맞고 타인의 주장은 틀리다'라는 확증편향(確證偏向)에서 벗어나는 방법은 내가 100% 참이라고 주장했던 정보들도 때에 따라서는 다를 수 있음을 인정해야 한다.

인간의 눈으로 보는 현상을 인간이 보는 그대로 기계처럼 찍어내고 기계처럼 재현한다면 세상은 그리 복잡하지는 않을 것이다. 그러나 인간은 눈으로 보고, 눈으로 본 것을 '뇌'라는 하드웨어로 가공처리하고 각자의 경험을 기초로 말을 하거나 표현하는 동물이기 때문에 하나의 현상을 보여 주었을 때 각자가 표현을 다르게 한다. 뇌는 모든 것을 가공하여 신체 장기로 정보를 전달한다. 이 정보를 처리할 때 입력하는 변수를 '틀리다'로 입력하기보다는 '다르다'로 입력하기 위해서는 많은 훈련을 해야 한다.

인간이 건강할 때는 앞만 보고 달려가기에 상대적으로 비교하려 한다. 가장 잘하고 최고의 자리에 있는 대상과 비교를 하면서 스스로에게 스트레스를 가중시키는 경우가 많다. 그러나 아프거나 극단적인 상황에 직면했을 경우에는 세상 모든 일 부질없는 것이라고 말한다. 주변에 있는 모든 것들에 대해 감사하며 주위를 둘러보지 못하고 앞만 보고 달려온 인생에 대해 대부분 후회를 한다. 현재를 살면서 변화하는 사회에 적응하려는 자세는 나쁘지는 않다. 그러나 정말 중요한 것은 미래만 생각하다가 정말 중요한 현실을 놓치면서 파생되는 다양한 문제들이다. 만약 성공이라는 믿음에 다가가고 싶다면 지금 여러분이 마주하고 있는 사물과 대상들에 대해 감사하는 마음을 가지고 '현실을 충실하게 사는 것이 가장 중요하다'라고 말하고 싶다.

삶에서 어떤 삶이 옳은 삶인지, 바람직한 삶인지 혹은 그렇지 아니한 지 삶에 대한 관계는 상대적이어서 알 수는 없다. "존재 그 자체로서의 삶을 살 것인지 아니면 소유로서의 삶을 살 것인지"는 성장 환경에 의해 다르게 나타나겠지만 어떤 인식을 가지고 행동을 하는지는 매우 중요할 것으로 판단된다. 태양을 향해 하늘로 마구 치솟는 나무처럼 성공이라는 이름을 향해 달릴 수도 있지만, 그 나무의 그늘 아래에서 서늘함을 즐기는 식물도 있으며 나무에서 떨어지는 나뭇잎을 자양분 삼아 성장하는 미생물이 존재하기도 한다. '성공을 향해 달리는 사람'도 있을 것이고 '삶의 질을 추구하는 사람'도 있을 것이다. 또 양극단 중앙에서 '각자 생각을 달리하는 무수히 많은 사람들'이 존재할 것이다. 그 중 정확하게 옳다고 정의된 삶은 없다. 삶의 평가는 주관적이고 상대적이기에 어떤 방식이 옳다 그르다 말할 수 없다. 다만 삶의 방식에 의한 다름을 말할 수 있을 것이다.

멀리 있는 산을 바라본다. 봉우리 하나가 우뚝 서 있다. 봉우리 옆에 크기가 다른 또 하나의 봉우리 그 옆에 형태가 다른 또 다른 봉우리, 그 각기 다른 봉우리들이 포개지거나 덧놓이면서 산등성이와 골을 연출해 낸다. 골은 물을 품고 물은 계곡을 만들어 내면서 품은 물을 멀리 흘려보내 다양한 생명들에게 에너지를 제공한다. 구불거리는 길 따라 양옆에 펼쳐진 짙푸름에 각양각색의 다양한 돌과 나무와 숲의 풍경들을 연출해 내고 있다. 자연의 아름다움이면서 위대함이다. 크고 작은 것들이 공존하면서 동일한 듯하면서도 같음이 전혀 없다. 눈 앞에 펼쳐지는 다양한 모습들로부터 멀리 보이는 게슴츠레한 산등성이의 모양까지 사물의 형상은 제각기 다양하게 표출되고 인식된다. 그 시야 사이에서는 새싹들이 싹을 틔우거나 성장시키거나 사라지기도 한다. 어떤 힘에 의해 무엇인가를 일으키기도 하지만 또 다른 어떤 힘에 의해 부패되어 산화되어 사라지기도 하는 반복의 연속이다. 세상 모든 일들은 이리 자연스럽게 에너지의 이동을 촉진시킨다. 인간의 삶 역시 자연의 연속성과 전혀 다르게 나타나지 않는 삶이다.

멀리서 바라보는 산은 큰 나무와 형상만 보인다. 그러나 가까이 다가가면 무수히 많은 각기 다른 나무들이 서로 공존하며 각자의 영역에서 자리를 지키고 있다. 나무뿐만 아니라 온갖 것들이 공존하고 있다. 인간 역시 사회라는 공동체를 형성하고 있다. 산에 있는 나무들의 형태가 다양하듯 인간 역시 다양한 형상과 다양한 사고 체계를 갖는다. 나와 옆에 있는 사람의 피부색이 다르고 생각이 다르고 얼굴 모양이 다르다. 각기 다른 생태환경에서 성장한 사람들이 이동이 편리해 지면서 각기 다른 피부색과 얼굴 모양, 헤어스타일 등 나와 다름을 보여 주는 일상을 마주하고 있다. 같은 공간에서 같은 공기를 마시고 같은 음식을 섭취하고 같은 교육을 받은 사람도 생각이 각자 다르다. 하물며 다른 공간에서 성장한 사람들과 마주한 사람들과의 관계는 모든 것이 다 다름이다. 이렇듯 우리는 생김과 사고 체계 등 모든 관계에서 다름과 마주하며 살고 있다. 동질적인 것보다는 이질적인 것들과 마주하는 경험이 대부분이다.

산 정상에서 발현한 샘은 구불거리는 움푹 파인 등성이를 따라 계곡을 만들어 낸다. 계곡의 물은 흐르면서 기묘한 골짜기를 그려내며 그 골짜기는 다양한 동식물을 모여들게 한다. 물소리의 기분 좋음은 귀뚜라미, 새, 풀벌레, 짐승들을 가까이 오게 한다. 하나가 아니다. 오롯하게 하나인 것이 아름다운 게 아닌 다양함이 더 아름답다. 사람도 그러하지 아니한가! 다양한 사람들이 모여 어울리는 세상이 더 아름답고 멋짐을 연출하지 아니한가! 단순한 것을 해결했을 때보다 복잡함을 해결하는 경우가 더 큰 만족을 주는 것처럼 다양한 사람들이 어우러져 만들어 내는 사회가 더 아름다운 세상이다. 세상은 다양한 사람이 존재하고 다양한 사고 체계가 존재하면서 다양한 문제를 발생시키지만 어떤 일이든 해결책이 있고 결과가 존재하기에 더 진보하는 사회로의 이동이 촉진되고 있다.

모든 생명체는 자연의 일부이다. 인간은 생명체이다. 고로 인간 역시 자연의 일부이다. 자연의 일부인 인간은 자연과 마찬가지로 생성과 성장, 퇴행을 겪으면서 소멸해 간다. 아주 자연스러운 삶의 일부분이다. 모든 삼라만상은 생성과 소멸의 과정을 겪는다. 인간 역시 생성과 소멸의 과정을 겪는 바, 젊은 시절 왕성한 에너지를 자랑할 때에는 온 세상을 다 가질 것처럼 원대한 꿈을 가지고 정열적으로 일을 해야 하고 시간이 지나 에너지가 약해지면 강력한 힘을 가지고 다가오는 에너지에 자리를 양보해야 한다. 떠날 때 뒷모습이 멋진 사람이 되어야 함을 의미한다.

인간은 자연에 존재하는 고도의 지능을 가진 생명체 중 하나이다. 인간은 하나의 단세포에서 출발하여 약 60조 개의 세포를 갖는 개체로 성장하면서 감정, 의식, 언어, 지능 등 마음이라는 통합적 기능을 사용하여 사회구조와 경제구조를 만들어 내는 고등동물이다. 인간은 집단을 이루고 문화를 창출해 내고 그 문화를 후대에 전승하는 독특함을 지니고 있다. 그러나 모든 영역에서 다른 생명체보다 특별한 것은 아니다. 인간은 문명을 통하여 인간이 살아온 사실에 대해 기록을 남기고 인간이 존엄하다는 것을 인정하는 부분이 다른 생명체에서 볼 수 없는 독특함이다. 인간은 자연에 일부이지만 자연을 극복하고자 다양한 지능을 사용하여 지적 호기심을 충족시킨다. 머릿속에서 맴도는 호기심을 충족시키고자 도구를 제작하고 그 도구를 이용하여 세상을 경험하면서 자율 감각 쾌락 반응(Autonomous sensory meridian response, ASMR)을[1] 추구한다. 이글거리는 태양에서 발산하는 열과 빛을 이용하여 다양한 형태로 변환시킬 수 있으며 달에 사는 토끼에 대한 이야기를 듣고 호기심 충족을 위한 탐색을 시도하기도 한다. 인간은 만물의 영장으로 미래를 예측하고 설계하는 능력을 갖는 창조적인 존재이기도 하지만 알 수 없는 미래에 대해 불안해하는 존재이기도 하다.

인간의 창조적이고 파괴적인 탐험 정신은 인간의 인식세계를 확장시키기도 하지만 더불어 미래에 대해 불안함을 확산시키기도 한다. 추론 혹은 지각 가능한 대상으로서의 삶이 가능하다면 삶에 대해 고민하고 불안할 필요는 없다. 그러나 인간의 미래는 감각기관이나 추론에 의해 전체와 부분, 원인과 결과, 본질과 속성 등이 일부분만 드러나거나 전혀 드러나지 않는 특성을 보인다. 그러기에 미래에 대한 불안함이 존재한다. 인간은 미래에 대한 불안함을 제거하고 보다 더 나은 대안을 찾기 위하여 많은 노력을 게을리 하지 않는다. 이러한 일들은 삶을 확장시키는 긍정적인 요인으로 작용하기도 하지만 그에 적응하기 위한 스트레스로 다가오기도 한다.

삶의 불안함을 감소시키는 삶을 살기 위해서는 각자가 지닌 유전

---

1 https://ko.wikipedia.org/wiki, 주로 청각을 중심으로 하는 시각적, 청각적, 촉각적, 후각적, 혹은 인지적 자극에 반응하여 나타나는, 형언하기 어려운 심리적 안정감이나 쾌감 따위의 감각적 경험을 일컫는 말이다.

적인 요인과 결합하는 '삶의 루틴'을 만드는 것이 중요하다. 삶을 '루틴'한다는 것은 삶에 대한 가치와 성장 과정에서 오는 다양한 환경들과의 체계에서 조작화될 수 있다. 삶은 경쟁과 극복의 대상이 아닌 상생을 통한 조화로움을 지녀야 한다. 부족한 부분이 있으면 넘치는 부분도 있다. 삶의 모든 영역에서 타인에 비해 모든 것들을 다 잘할 수는 없다. 특정 영역에서 남들보다 뛰어난 능력을 발휘하는 사람들도 알고 보면 다른 영역에서는 수준 이하의 일 처리 능력을 보이는 사례를 많이 볼 수 있다. 어떤 특정 영역에서 잘 한다는 것, 훌륭하다는 것은 '어려운 일들을 쉽게 처리하는 것을 의미하는 것'이다. 일상적이지 않는 것들을 일상적으로 의례 하는 일처럼 쉽게 처리하는 사람들에게 우리는 감동하고 찬사를 보낸다. 이러한 일들은 반복이라는 패턴에 의해서 형성된다. 얼마만큼 '과학적 정보를 가지고 규칙적으로 반복 훈련하는가'에 따라 다르게 나타난다.

헤어스타일을 예로 들어 보자. 우리는 헤어스타일을 보면서 헤어스타일에 대해 주관적인 평가를 할 수는 있다. 예쁘네! 혹은 어울리지 않은 것 같아! 등 그러나 그 헤어스타일을 완성하기 위해서 헤어스타일리스트는 5년이라는 현장실습 경험을 가져야 한다. 즉 우리는 어떤 대상을 보고 눈으로 혹은 머릿속으로 '훌륭함과 그렇지 않음, 어울림과 어울리지 않음'을 평가할 수는 있지만 실제로 헤어스타일링을 직접 작업할 수 있는 능력은 가지고 있지 않음을 알 수 있다. 삶과 관련되어 있는 모든 일들은 인지된 정보에 의해 평가할 수는 있지만 직접 시연하는 것과는 다르다는 이야기이다.

연출된 헤어스타일을 바라보고 다 예술 작품이라고 말하지는 않는다. 그러나 결혼식에 아름다운 신부를 위해 치장을 한 헤어스타일과 메이크업은 그 누군가가 말하지 않아도 "예술이네요"라는 감탄사를 연출한다. 이는 치장한 신부를 보고 심성의 변화를 일으키는 것으로 신부라는 대상으로 표현된 기능은 그동안 그 전문가가 지닌 모든 열정이 표현된 총합으로서의 기술이기 때문에 예술 작품이라는 평가가 과하지 않음을 알 수 있다. 생존을 위해 머리카락을 커트하는 것을 보고 우리는 예술이라고 표현하지 않는다. 요리 역시 마찬가지이다. 생존을 위해 음식을 준비하는 행위를 예술이라고 하지 않는다. 그러나 만찬을 위해 시각과 촉감, 후각 등 오감을 만족시키는 요리는 누가 말하지 않아도 예술이라고 말하는 것과 같다. 우리가 가볍게 운동하는 행위 역시 예술의 영역으로 표현할 수는 없지만 오랜 시간과 반복적 노력을 통해 경지에 오른 사람들을 보면 예술적 감각이라는 말이 무의식적으로 튀어 나오는 것 역시 마찬가지이다. 인간이 각자에게 주어진 삶을 예술적 영역으로 승화시키는 것은 각자에게 주어진 노동이라는 행위를 통해 최선의 노력을 경주했을 때이다. 주어진 일에 땀 흘려 매진하는 모습에서 우리는 인간의 아름다운 모습을 볼 수 있다. 가족 혹은 사랑하는 사람을 위해 정열적으로 일하는 모습에서 참됨을 느낄 수 있다. 그 모습은 누가 말하지 않아도 예술적이고 감동을 주는 과정이다. 우리의 삶에서 내 삶을 더 풍요롭고 더 깊은 울림을 갖고자 한다면 일하는 것에 대해 삶의 의미를 부여해야 한다. 노동에 대한 삶의 의미는 여러분 개인이 설정하는 것으로 삶의 다양한 경험을 기초로 하는 가치관과의 결합에 의해 이루어진다.

'삶이 이런 것이다'라고 말을 할 수는 없다. 그러나 살아가면서 주체성을 가지고 계획하는 삶을 사는 사람은 그렇지 않는 사람보다 노년기에 여유로움이 넘치는 것은 사실이다. 삶을 루틴 하는 사람과 그렇지 않는 사람과는 삶의 방향이 다르다. 만약 여러분이 보다 나은 삶의 질을 추구한다면 지금부터라도 부모에게 물려받은 내 몸 60조의 세포가 어떤 것인지를 아는 것으로부터 출발하여 목적과 목표를 분명하게 제시하는 삶을 영위해야 한다. 발달과정에서 '적절하게 이행해야 할 일들과 적절한 행동을 통해 가장 잘 할 수 있는 일'을 선택하여 '반복적이고 지속적인 행동'을 통해 여러분 자신 즉 한 인간을 완성해 나가야 한다. 나를 '알고 사는 것과 안개 속을 거니는 것처럼 거슴츠레 사는 삶'은 확연한 차이가 있다. 나를 이해하고 내가 진정으로 '잘할 수 있는 것'을 즐기면서 사는 삶은 누가 뭐라 해도 행복한 삶일 수밖에 없다. '잘하고 행복한 일'을 반복적으로 한다는 것은 개인에게는 아주 의미 있는 일이다. 더불어 일에 대한 '안정성과 보상, 발전 가능성' 등이 존재한다면 더욱 더 행복한 일일 것이다.

여러분의 발달과정에 따라 각자가 수행해야 하는 비전과 목적은 각기 다르다. 20대 청년기에 60대 장년기의 목표를 세울 수는 없다. 각자 처한 환경에서 "비전과 목적, 목표"를 제시하고 그것을 달성하기 위한 대안을 제시해야 한다. 여러분이 제시하는 '비전과 목적, 목표'는 오롯하게 여러분이 살아온 '삶의 궤적'과 같이 하는 여러분의 것이어야 한다.

'살아간다는 것, 산다는 것,' 어렵고 무겁게 생각할 필요는 없다. 그냥 하루하루를 성실하게 사는 것이 '나'다운 것이다. 그런 '나'의 일상들이 모여 작은 나와 작은 집단이 만들어지고, 작은 집단들이 모여 큰 집단을 형성하고 큰 집단들의 하는 일들이 '내가 하는 일'이 되면서 그 일의 기록이 역사가 되는 것이다.

'기시점'에서 시작하여 '도착점'에 이르렀을 때 '도착지점'에서 원하는 결과가 발생하지 않았다 하더라도 후회하지 않는 '당당한 나'를 맞이하는 일은 인생에서 매우 중요한 문제이다. 여러분 모두의 삶에 원하는 결과가 도출되면 좋겠지만 인생은 원하는 것보다 원하지 않는 결과가 더 많기 발생하기 때문에 나에게만 좋은 결과를 바라는 것은 바람직하지 않는 사고이다. 모든 사람들이 동일하게 원하는 모든 것을 성취했다라고 가정해 보라! 그런 일은 발생하지도 않겠지만 원해서도 안 되는 일이다. 모든 일은 상대적이기에 한 쪽의 결과가 크면 다른 한 쪽의 결과는 작아질 수밖에 없다. 큰 파장이 있으면 저 편 넘어 작은 파장이 자리하고 있는 것처럼 누군가의 성공이 있으면 누군가의 희생이 있음을 명심해야 한다. 삶에 있어 성공이 중요하지만 성공보다 더 중요한 것은 성장하는 삶이다. 만약 성공과 성장이 인간의 기본적인 욕구라면 그 욕구를 해결하는 방법에 대해 고민할 필요가 있다. 만약 여러분이 멋진 삶을 맞이하고 싶다면 지금부터라도 의미 있는 계획들을 구성하고 실천에 옮기는 자세가 필요하다. '행복하고 의미 있는 삶이란 멋진 계획들을 선택하고 좋은 사람들과의 관계 속에서 주도적인 내 삶을 실천하는 의미 있는 습관'에서 결정될 가능성이 높기 때문이다.

다음 아래의 글은 삶의 경험이 풍부한 사람들의 이야기이다. 삶의 방향을 어떻게 설정하는가에 따라 다르게 느껴지겠지만 인생의 후반

부를 살고 있는 지혜로운 사람들의 이야기를 통해 여러분의 삶의 방향을 설정해 보자.

'인생!
살아가는 것,
정말 힘든 일인 줄 알았어!
아프고 상처로 곪아 터진 삶을 살아 왔어!
고민하면서 살아왔고 수없이 나쁜 생각을 많이 했어.
그러나 내가 걸어 온 길 되돌아보니 별거 아니더라고!
그냥 나에게 주어진 하루 24시간을 적당하게 쓰는 거였더라고.
살면서 너무 무거운 짐을 지고 살 필요는 없었어.
한 번 오면 가는 것이었고 가는 것이 있으면 오는 게 있었더라고.
사는 거, 뭐 별 거 있어! 하루하루 즐겁게 지내면 돼!
잘난 사람은 하루 다섯 끼 먹나? 하루 먹는 거 다 똑같아!
각자에게 주어진 삶의 총합도 같을 거야!
먹고 소화하고 배설하고 잠자는 일 누구나 다 하는 일이잖아.
그냥 주어진 시간을 의미 있게 분배해서 잘 살면 되는 거였어!
하루 세 끼의 밥을 먹듯 하루에 해야 할 일들을 꾸준하게 하면 되는 거였어.
의식적인 평범한 행동하기, 운동하기, 친구 만나기, 여행하기, 놀기 등을 꾸준하게 하면 되는 일이었어!
크게 고민하거나 아파할 일이 아니었더라고!
크게 집착할 일이 아니었었어!
지나고 나서 생각해 보니 의미 없는 것들에 대해 너무 큰 고집을 부렸더라고!
'사랑 혹은 관심, 너를 위해서'라는 이유로 나 편하자고 상대방을 교묘하게 괴롭혔던 날들이 더 많았더라고!
지나고 나서 생각해 보니 그랬더라고.
인생! 까짓거 뭐 있어!
하루하루 즐겁게 잘 살면 되는 거지.'

1.1. 무용의 쓰임(無用之用)

다음에서 제시하는 "무용의 쓰임"은 여러분의 '삶의 비전과 목적, 목표 설정'시 도움을 줄 수 있는 글이다. 글의 내용을 숙지하고 '삶의 비전과 목적, 목표'를 설정한다면 물질만능주의 시대를 살아가는 데 스트레스를 감소시킬 수 있는 하나의 요인을 제공할 수 있다.

장자의 인간세 편에 등장하는 쓸모가 아닌 존재의 가치를 생각하게 하는 대목이다. 이 대화 내용 중 우리가 유추할 수 있는 것은 존재로서의 삶이다.[2] 인간은 어떤 대상을 바라볼 때 "쓸모 있음과 쓸모없음"으로 구분한다. 그러나 세상에서 '절대의 가치는 절대 존재하지 않는다'는 것을 우리는 시대의 변화를 통해 유추할 수 있다. 즉 상황과 시대에 따라 "쓸모 있음(有用)은 쓸모없음(無用)"이 되고 "쓸모없음이 또 변하면 쓸모 있음"이 되는 것을 알고 있다. "쓸모없음과 쓸모 있음"을 구분하지 않는 존재 그 자체를 인정하면 마음의 여유로움이 한층 더해진다.

"장석(匠石)이 제(齊)나라로 가다가 곡원(曲轅)에 이르러 사당나무에 있는 큰 상수리나무를 보았다. 크기는 소 수천 마리를 덮을 만 했고 둘레는 백 아

---

2 소유로서의 삶은 물질적 소유, 힘, 지배에 초점을 맞추고 사는 삶의 방식이며 존재로서의 삶의 방식은 사랑, 공유, 창조적 생산성에 초점을 맞추는 존재 양식을 말한다. 이는 에리히 프롬(Erich fromm)의 소유냐, 삶이냐(To be or to have) 저서에 등장한다.

름이 넘었으며 높이는 산을 굽어 볼 정도였다. 지상으로부터 80자 높이를 지나서 가지들이 달려 있는데 배를 만들 수 있는 것도 여남은 개가 넘었다. 이 나무를 구경하는 사람들이 시장바닥처럼 바글바글했는데 장석은 쳐다보지도 않고 그곳을 지나갔다. 그러자 장석의 제자가 왜 구경하지 않고 그냥 지나가는지 몰라서 "이처럼 훌륭한 재목을 본적이 없는데 왜 그냥 지나치십니까?" 하고 물었다. 제자의 물음에 장석은 다음과 같이 대답해 주었다. 그만두어라. 그건 쓸모없는 나무일 뿐이야! 그것으로 배를 만들면 가라앉을 것이고 관을 짜면 금방 썩을 것이고 그릇을 만들면 쉬이 깨질 것이고, 문을 만들면 진액이 줄줄 흐를 것이며, 기둥을 만들면 좀이 나지. 저건 재목도 못 되는 아무것에도 쓸모가 없어서 저렇게 오래 살 수 있는 거야!

장석이 집에 돌아와 잠을 자는데 사당나무가 꿈에 나타나 말했다. 그대는 나를 무엇에 비교하려 하는가? 세상 사람들이 좋은 나무라 하는 것에 비교하려 하는가? 아가위나무, 배나무, 귤나무, 유자나무 같은 유실수는 그 열매가 익게 되면 잡아 뜯기게 되고 뜯기면 부러지고 꺾여지고 잔가지는 찢겨져 열매를 맺는 능력으로 사는 것이 힘들어 지네. 그래서 타고난 삶을 다 살지 못하고 중간에 요절하니 세상살이에서 스스로에게 타격을 가하는 격이지. 대부분의 사물이 이와 같네. 나는 오랫동안 쓸모없는 존재가 되기를 바래왔네. 몇 차례 죽을 뻔하여 이제야 겨우 그 뜻을 이루었는데 이것이 내 자신에게는 큰 쓸모가 되는 것이지. 만약 내가 쓸모 있었더라면 이처럼 큰 나무가 될 수 있었겠는가? 또한 그대와 나 한 낱 사물에 불과한데 어찌 사물이 사물을 평가한단 말인가. 그대처럼 죽을 날이 멀지 않은 쓸모없는 인간이 쓸모없는 나무를 안단 말인가!(장자의 인간세 편 중 일부)"

윗글에서 사당나무는 장석의 꿈에 나타나 장석의 그릇된 생각을 비판한다. 배나무, 귤나무, 유자나무 같은 유실수들을 좋은 나무, 쓸모 있는 나무로 평가하지만 사람들의 인정을 받게 되는 열매 맺는 능력 즉 '쓸모'로 인하여 찢기고 부러지고 베이기도 한다. 그래서 사당나무는 '쓸모의 덫'으로부터 벗어나면서 자신의 존재 고유 가치를 깨닫게 된다. 즉 '쓸모 있는 존재'가 되겠다는 강박관념이 오히려 독이 될 수 있음을 깨닫고 '쓸모 있음과 쓸모없음'을 누가 판단하는지 묻는다. 즉 인간이 인간의 삶에 이용 가능한 가치 즉 '쓸모'로 모든 것을 판단하는 것에 위험성을 말하고 있다. 각각의 개별성을 지닌 독특함을 생략하고 '쓸모 있음과 쓸모없음'으로 판단하는 것에 대한 우려를 표현하고 있다.[3] 인간의 삶에 있어 정작 중요한 것은 존재하는 것의 가치로 판단되는 것이지 쓸모의 가치로 판단해서는 안 된다는 사실을 이야기하고 있다. 역설적이지만 시간의 흐름에 따라 쓰임은 언제든 변할 수 있음을 말하고 있다. '쓸모없는 것이 시간이 변함에 따라 쓸모가 더 커지고 쓸모 있는 것이라 여겼던 것들의 쓰임이 작아지는 것'을 경험으로 알 수 있다.

자본주의 사회를 살고 있는 우리는 때때로 존재 그 자체의 소중함을 잊어버리고 자신을 보잘것없는 하찮은 존재로 생각하는 경향이 많다. 물질을 추구하다 보면 당연히 그럴 수 있다. 그러나 "장자의 무용의 쓰임"을 보면 그럴 필요가 없음을 우회적으로 강조하고 있다. 삶을 살아가다 보면 사람들이 하는 일이 잘 풀리는 경우가 있고 그렇지 않는 경우가 있다. 잘 되고 안 되고의 문제보다는 얼마만큼 자신의 일을 잘 계획하고 조작화하여 최선의 노력을 경주했는가가 더 중요하다. 인생은 탄생과 더불어 성장, 투입, 생산과 확산, 퇴행과 후퇴, 명멸의 과정을 겪는 것을 전제로 한다면 여러분에게는 꼭 서너 번의 생산

3 이석명, 장자 나를 깨우다, 북스톤, 2015, 91-99.

과 확장이라는 기회가 주어진다. 삶에서 생산과 확장이라는 시기를 잘 관리하는 것과 그렇지 않는 것은 인생의 마무리에서 큰 차이를 가져온다. 이런 생산과 확장의 재생산을 유의미하게 하는 것은 각자의 몫인 것이다. 과거의 현상은 현재를 비추는 거울이고 현재의 삶은 미래를 유추하는 주춧돌이라는 싯다르타의 가르침을 차용하지 않아도 여러분은 경험을 통해 각자의 인생을 아름답게 할 수 있는 방법을 실행에 옮길 수 있는 자율적인 존재임을 명심하라!

1.2. 불행해서 행복한, 행복해서 불행한 일들

정신없이 바쁘게 지낸 한 주가 흘러가고 잠시의 여유로움에 나뭇가지 벤치에 앉는다. 갈바람 자리에 한 줄기 햇살이 슬그머니 내려와 따스한 포근함을 부여한다. 외관을 감싸던 스산함은 금새 사라지고 노란 단풍, 갈색 단풍들이 눈에 훅 들어온다. 마음의 여유가 생기니 주변의 것이 다르게 보인다. 마음의 평화가 모든 것들을 새롭게 보게 만든다. 새로 나타난 게 아니고 늘 그 자리에 있던 나무들이었는데 보이지 않던 것들이 갑자기 내게로 다가와 나를 여유로움 가득찬 지혜로운 사람으로 변모시켜 버렸다. 하드웨어라는 비어 있는 뇌를 통해 소프트적인 내 삶의 프로그램을 한층 더 여유롭게 만들어 준다. 치열하게 살고 있지만 가끔은 일상에서 벗어나 뒤돌아 보는 시간이 필요함을 말하고 있다.

나무를 하염없이 바라본다. 성하의 계절에 무더위를 식혀 주더니 어느새 한 잎 낙엽이 되어 바람에 휘날린다. 갑자기 슬픔이 밀려든다. 생존을 위하여 나뭇잎을 떨어트려 추운 겨울을 준비하나 보다! 봄을 준비하는 나무는 매서운 추위를 얼마나 견디어야 새싹을 틔울 수 있을까? 새로운 화려함을 위해 얼마나 움츠려야 할까? 나무를 보면서 화려함 뒤에 숨겨진 인내의 시간, 기쁨 뒤에 자리하고 있는 슬픔, 행복 뒤에 숨겨진 불행을 생각해 본다. 어쩌면 이들 가치는 동일 선상에 존재하는 감정이 아닐까? 불행하다는 것은 행복을 전제 조건으로 하는 감정이기에 오히려 행복보다는 더 즐거운 감정일 수도 있겠다는 생각을 해본다. '행복한 사람'은 아니 '너무 행복한 사람'은 '더 이상 바라는 행복이 없어서 불행할 수도 있을 것' 같다는 생각이 든다. '슬픔과 기쁨의 가치'도 마찬가지일 것 같다. '불행하지 않으면서 불행하다고 생각하면서 사는 사람과 불행한 것처럼 보이는 삶을 살고 있지만 아직은 이 세상이 너무 행복하다는 사람들'이 있다. 양극단에 마주하고 있는 양가감정들에 대해 생각해 보자.

다음은 음악을 들으면서 두 사람이 나누는 대화의 일부분이다. 내용을 읽어보고 여러분이 생각하는 행복한 삶에 대해 생각을 정리해 보자. 여러분이 생활 속 일상적인 것에서 행복을 찾아야 하는 메시지를 전달해 주고 있다.

아름다운 음악을 들으면서 …

강수: "불행해서 행복하데, 이게 말이 돼?"

소영: "불행한 일들을 겪으면서 일상이 주는 평안함에서 행복을 느낄 수 있어! 아픈 환자를 간호하면서 내가 이렇게 건강하게 살아 숨쉬는 거에 감사하듯! 우리는 자연이 아낌없이 주는 공기와 물, 모든 것에 감사하지 않잖아! 그게 인간의 삶에서 얼마나 소중한 것인지조차 파악하지 못하고 있지! 당연히 말이 되지!

소영: 불행한 사람은 잃을 게 없다고 생각하니까 행복한 거야! 행복한 사람은 이 행복이 언제 사라질지 몰라 불안해하지. 행복 속에 감추어진 불안감이야.

강수: "그래도 삶이란 그런 거 아니잖아. 누구나 행복함만을 찾지 불행을 찾지는 않잖아."

소영: "불행을 찾지 않지만 행복을 찾지 않는 사람들이 대부분이야. 일상을 행복하거나 불행하거나 이분법으로 바라보는 것만이 좋은 건 아냐. 그냥 주어진 삶에서, 사는 게 일이니까 살거든! 행복 혹은 불행 따위는 아주 가끔 떠오르는 감정이지."

강수: 그럴까? 그래도 사람들이 바라보는 보편적인 기준에서의 삶이 필요하지 않을까! 누군가가 인정하는 그런 멋진 삶은 아니더라도 평균적으로 제시되고 있는 평범한 삶, 그런 삶들을 추구하기 위해 열심히 노력하잖아.

소영: 삶에서 인정을 왜 받아야 하는데? 왜 평균적이고 보편적인 삶을 살아야 하는 거지? 또한 평범한 삶이라는 기준도 애매모호하지. 자기 스스로가 만족하고 좋아하면 되지, 타인에게서 꼭 인정받을 필요는 없지, '내가 누군가를 좋아하는 일, 어떤 음식을 선호하는 하는 것, 어떤 취미를 갖는 것' 등 모든 것을 다 남들한테 꼭 인정을 받아야 할까?

소영: 그럴 필요는 없을 거 같아. 타인에게 피해를 주지 않는다면 인정이나 보편적인 삶은 그리 중요하지는 않은 거 같아. 만약 '모든 사람들이 동일한 생각과 동일한 행동을 한다고 생각을 해 봐! 아마 인간다움이 사라져 버릴 거야! 모든 것들이 동일하게 되는 것은 바람직하지 않은 거 같아.'

강수: "꼭 그런 것은 아니지만 스스로 만족한다 할지라도 남들이 인정하고 지지해 줄 때 더 잘하고 더 즐거워하지 않나?"

소영: "사람은 누구나 다 같을 수는 없어. 타인의 인정에 의해 더 발전적이고 흥이 나겠지만 자기의 가치관이 확실한 사람은 그런 것들이 중요하지 않아. 한 번뿐인 내 인생을 스스로가 설계하는 삶을 살고 싶어 하지. 나의 마음과 권리를 타인의 기준에 맞추고 싶어 하지는 않을 거야!

사람들이 하찮은 직업이라고 생각 하는 일을 하거나 소득이 낮은 나라에서 생계를 꾸려나가기 위해 목숨 걸고 하는 위험한 일들, 그 일을 하는 것에 대해 불쌍하다고 말할 수는 없어. 있는 그대로, 즉 살고 있는 그 모습 그대로 바라봐 주는 것이 필요해! 그 사람들은 아마도 그게 그 상황에서 최선이라고 생각하고 일할 수 있어! 탈출구가 있었다면 다른 일을 하겠지. 타인이 바라보았을 때는 불행하다고 생각하지만 불행하지 않는 행복이야."

강수: 그렇긴 하지만…

소영: "불행하지만 행복한 일도 현실에서는 많아! 자식을 위해 목숨을 던지는 어머니를 봐! 타인들은 어머니를 가엾다고 생각하겠지만 어머니는 자식을 위해 행복한 죽음을 선택하는 거야. 불행하지만 행복한 거야!

또한 행복하지만 불행한 경우도 많아. 암컷 사마귀의 페로몬 향에 취한 수컷은 암컷의 등에 올라타 짝짓기를 시도한 후 암컷에 의해 잡아먹히지. 사랑하는 순간 수컷 사마귀는 행복하겠지만 그 행복은 곧 죽음이라는 불행으로 바뀌는 경우지. 아마도 삶은 동일선상에서 어떤 선택을 하는가에 따라 결과가 달라지는 것 같아! 그렇지 않아?"

인도 철학에서 삶과 죽음은 원래 동일한 개념 이래! "업보에 따라 윤회한다고 해! 물론 어떤 현실은 누군가가 보았을 때는 불행하게 볼 수도 있지, 하지만 그들 나름대로는 행복하게 살고 있는 거야. 아마 최고의 선이라고 생각하면서 사는 것 일수도 있을걸!"

강수; "아 그렇구나. 그렇구나! 난 불행하면 마냥 불행한 것인 줄 알았어, 음, 스스로의 만족이라, 고민해 봐야 할 말인 것 같아."

소영: 왜 "남이 인정해야 다 만족한다고 느끼는 거지? 그건 보이기 위한 치장된 삶이 아닐까 해. 남들에게 보이기 위해 내 안의 가치와 다른 삶을 살 필요는 없어. 비교하지 말고 그냥 있는 그대로 당당하게 멋지게 살면 돼."

강수: "그럴 수도 있지, 보여 주고 비교하는 삶에 익숙해서."

소영: "난 남들이 기대하는 삶에 전혀 개의치 않아, 남들이 이상하게 생각하든지 말든지 나만의 방식대로 사는 사람들이 좋아. 타인에게 피해를 안 주고 내 자율적 의지를 가진 나만의 삶을 살 거야."

강수: "모든 타인들에 대해 고민하지 못했어. 행복한 삶이란 무엇인가를 소유해야 행복해 질 수 있다고 생각했어."

소영: "그래! 맞아! 소유하는 것에 행복을 느끼는 사람도 많지. 그런 사람은 그런 사람 나름의 삶을 지지해주고 그렇지 않은 사람은 또 그렇지 않은 대로 지지해 주면 되는 거야! 당신은 선생이잖아!

당신 학과에서도 모든 학생들이 모두 다 당신을 좋아할 수는 없지. 싫어하는 학생들이 있을 수도 있어, 모든 학생들로부터 다 인정을 받을 수는 없거든. 그러나 가르치는 것에 최선의 것을 발견하고 최선의 것을 찾아야 해. 가르치는 것을 열정적으로 하고 학생의 입장을 헤아려 가르치면 돼.

마음을 다해 가르치고 교묘하게 학생의 마음을 세뇌하려 하지는 마.

당신은 가르치는 것에 대해 최선을 다하고 받아들이는 것은 학생의 몫이야.

가르침으로 인해 학생을 변화시킬 수 있을지 모르겠지만, 아니 변화시킬 수 없다 하더라도 언젠가는 그 의미를 알 수 있는 시간이 올 거야.

그 학생이 변화할 수 있도록, 변화될 수 있도록, 아니 변할 것처럼, 변화한 것처럼 의미 있게 최선을 다해 가르치고 기다려 주면 되는 거야.

그런 선생님이 멋진 선생님이야.

모든 것은 절대적이지 않아. 상대적으로 존재할 뿐이지.

변화는 바로 오기도 하지만 아주 먼 훗날에 나타날 수도 있는 거야!"

강수: 그래? 각자가 처한 환경을 이해하고 소유든 혹은 존재든 각자의 위치에서 최선의 것을 발견할 수 있도록 하는 것이 중요하다는 이야기이지?

소영: 그런 삶이 좋은 거 같아.

2. 환경속의 인간

(Person in environment)[1]

"급변하는 우리 사회" 생각해 보기

"호모 헌드레드(Homo hundred) 시대"[2]를 넘어 "알파 에이지(+α Age) 시대"[3]에 맞는 건강한 '삶의 의미' 설정하기

1 김동배, 권중돈, 인간행동이론과 사회복지 실천, 학지사, 2000. 인간과 환경을 분리된 실체가 아닌 하나의 통합된 총체로 이해하는 관점으로 인간과 환경사이에 일어나는 상호작용 영역에 초점을 두고 양자 간의 상호교환을 통하여 어떤 일이 일어나고 있는지 관심을 두는 것을 말한다.

2 2009년 유엔이 작성한 "세계 인구고령화 보고서"에 등장하는 100세 장수의 삶을 누릴 가능성에 대한 언급을 말한다.

3 http://www.un.org, http://www.kbs.co.kr/120세 시대 쇼크 1부 알파 에이지 시대가 온다. 2016.4.1. 어떠한 미지수가 늘어난다는 뜻의 '플러스 알파(Plus alpha)'와 '에이지(Age, 나이, 연령)'의 합성어로 평균 기대수명 80세를 넘어 120세가 기대수명이 되는 시대를 의미하는 말이다.

2.1. 삶의 의미 진단하기

2.1.1. 사회 변화 파악하기

인간 수명의 연장은 많은 사회 문제를 파생시킨다. 수명의 연장은 삶에 대한 패러다임의 변화를 필요로 하며 환경에 맞는 새로운 사회 질서를 요구 한다. 창조적 파괴(Creative destruction)[4]를 통한 문명의 진보는 인공 지능(Artificial intelligence)을 탄생시키고 인공 지능 시대의 도래는 인간의 삶에 있어서 사회·문화·정치·경제·예술·체육 등 모든 분야를 대규모로 변화시키고 있다. 이 파괴적 혁신(Disruptive innovation)[5] 기술은 산업의 모든 부분에서 효율성을 추구하면서 연관 산업에 대한 생산성을 증가 시키고 있다. 노동 생산이 증가하고 신규 일자리가 창출되며, 지식의 접근성 향상, 편의성 제고, 복지서비스 제공으로 삶의 질을 향상시키는 방향으로 변화하고 있다. 인공 지능의 응용분야는 지능형 비서, 의료진단 서비스, 택시, 음식배달, 배송 관리 서비스, 법률 제공 서비스, 지능형 금융서비스, 감시시스템, 신문기사, 뷰티 크리

4 기술혁신을 통하여 낡은 것을 버리고 새로운 것을 창조하여 변혁을 일으키는 과정을 말하는 것으로 조셉 슘페터(J. schumpeter)가 경제발전을 설명하게 위해 제시한 개념이다.

5 미국의 경영학자인 클레이튼 크리스텐슨 교수가 처음 사용한 용어로 혁신 기업의 딜레마(The innovator's dilemma, 1997)를 통해 제시한 개념이다. 단순하고 저렴한 제품이나 서비스로 시장의 밑바닥을 공략한 후, 빠르게 시장 전체를 장악하는 방식을 지칭한다.

에이터, 지능형 로봇 등 산업전반에 긍정적인 영향을 미칠 것으로 예상되나 부정적인 변화도 같이 동반된다.

인공 지능이 인간의 업무를 대체하면서 매뉴얼에 기반을 둔 전문적인 일자리가 위협을 받고 있다. 일자리의 대체, 자율성의 범위, 권리침해와 통제, 보급 불균형에 따른 형평성, 범죄 발생, 오작동, 부정확한 정보, 과도한 의존성에 기인한 위험, 개인정보나 사생활 침해와 같은 인간 권리침해 문제가 발생할 수 있다. 위급한 상황에서 인공 지능에게 허용해야 할 자율성과 사회적·윤리적 문제의 범위, 책임소재, 이슈에 대한 사회적 합의, 인간의 권리침해 등 통제할 수 있는 규제의 마련 등이 미흡한 상황임에도 불구하고[6] 이를 뒷받침할 수 있는 인간에 의한 사회제도의 개선은 불충분한 상황이다.

인공지능은 중간 소득 일자리 및 노동 시장의 양극화를 초래한다. 이에 따라 안정적이고 지속가능한 일자리를 잃지 않기 위해서는 '지각과 조작(Perception and manipulation) 능력 및 창의적인 지능(Creative intelligence), 사회적 지능(Creative intelligence)과 관련한 일'을 직업으로 갖는 것이 직업의 안정성을 가져다 줄 수 있다. 즉 뛰어난 손재주를 발휘하거나 비좁고 어색한 위치에서 능수능란하게 일을 처리할 수 있는 직업인 미술, 음악, 소설 창작과 같은 인간의 감수성을 자극할 수 있는 분야의 직업을 갖는 것이 필요하다. 물론 최근 AI 화가 및 작곡가, 작가가 등장하고는 있지만 직업적으로 그 분야를 대체하기는 어렵다. 인공 지능은 대부분 반복 훈련 분야 및 저 숙련, 저 임금 직종에 많은 영

6 배영임, 경제 이슈 : 인공 지능시대의 도래와 대응방안, 2016.

향을 미치고 있다. 인공 지능의 사회가 도래함에 따라 환경의 변화에 적응하기 위해서는 창의적이고 사교적인 지능이 요구되는 직업을 선택해야[7] 직업의 안정성을 확보할 수 있다.

인간이 새로운 사회현상에 대해 적응하는 데는 많은 시행착오와 스트레스를 동반한다. 시행착오에 의한 사회적인 문제가 발생할 경우 그 문제를 해결 할 수 있는 법과 질서의 확립은 항상 문제가 시작되고 난 후에 이루어진다. 실제로 문제를 예측하고 대비하는 경우는 그리 많지 않다. 만약 문제의 원인을 미리 예측하고 대비할 수 있다면 인간의 삶에서 사회 문제 발생 빈도가 현저하게 낮아질 것으로 생각된다. 여러분의 삶도 마찬가지이다. 긴 여정을 떠나는 길에 위험을 대비할 수 있는 능력을 가질 수 있어야 한다. 더 복잡해지는 사회와 인간을 둘러싸고 있는 시스템으로부터 나를 보호하기 위해서는 여러분 스스로 삶의 의미를 잘 설정해야 한다.

인간 수명 증가와 인공 지능 시대의 도래에 따라 삶에 있어서 예상되는 다양한 문제들에 대해 적응하기 위해서는 삶에 대한 구체성을 가지고 목적과 목표 설정에 따른 계획성 있는 삶을 필요로 한다. 미리 대비한다는 것은 그에 관한 지식과 정보를 미리 알고 대처한다는 것을 말한다. 이러한 대처 방법은 삶을 윤택하게 하는 윤활유와 같다.

인간의 평균 수명이 60세였던 시기에 무대의 주인공이 되었던 사람들은 지식을 습득하고 직장을 얻어 부모님을 공양하고 부인과 자녀를 양육하는데 많은 어려움이 존재하지 않았던 시기이다. 즉 10대 후

7 Carl benedikt frey and Michael A. osborne, The future of employment: How susceptible are jobs to computerisation?, 2013, 6-45.

반에 고등학교 졸업 후 직장을 얻거나 혹은 대학에 진학하는 것이 보편적인 현상이었다. 물론 지금도 그 법칙은 유효하다. 더불어 약간의 사회 생활을 경험한 후 20대 후반에서 30대 초반에 결혼을 하고 자녀를 양육하는 가족제도를 선택한다. 결혼 후에는 한 곳의 직장에서 평생 근무를 하면서 자녀들을 출가시키고 정년까지 근무를 하는 것이 보편적인 현상이었다. 그러나 지금은 어떠한가! 시대의 변화에 따라 직장을 얻기가 점점 더 어려워지고 있으며 대학을 졸업하고 한 곳의 직장에서 정년까지 맞이한다는 것 자체가 너무 어려워지고 있다. 80세까지 안정적인 생활을 유지하기 위하여 하나의 대학 혹은 두 세 개의 대학을 졸업하고 3~4개의 직장을 옮겨야 하는 현실에 직면하고 있다.

잡 코리아 통계조사에 따르면 직장인들은 10년 간 평균 4차례 정도 회사를 옮기고 있다. 생산과 소비 등 모든 영역에서 신자유주의(Neoliberalism)의[8] 경제활동을 거부할 수는 없으나 이로 인한 세대·계층 간 불평등은 다양한 사회 문제를 파생시킨다. 생산성 향상과 효율성의 추구는 상시적 구조조정이라는 명목 하에 직장의 이동을 가속화 한다. 이에 적응하지 못하면 고용한파에 시달리면서 불편한 노년기를 맞이해야 한다. 더불어 경제가 선진국형으로 진입하면서 경제성장에 따른 소득의 증가가 동반되지 않는 현실에 직면하고 있다. 과거 6~10%의 초고속성장을 하던 경제는 이제 2%의 성장도 어려운 선진국형으로 진입하고 있다. 고도경제성장이 뒤따르지 않는 경제현상은

---

8 대처리즘과 레이거노믹스가 대표적이며 해고와 감원을 자유스럽게 취하는 시장의 유연화, 작은 정부, 자유 시장 경제, 민영화, 규제 완화 등을 주장하는 정책으로 현대사회의 불평등의 원인을 제공한다.

실질적인 소득 감소로 이루어지고 있으며 세대·계층 간에 사회 문제를 일으키고 있다.

경쟁은 치열해지고 사회는 더 많은 것들을 요구하면서 소득불평등을 가중시킨다. 권력을 가지고 있는 지배계층보다 더 많은 지식을 소유한 피지배계층에서는 아무리 노력해도 탈출구가 보이지 않는 현실을 외면하고 있으며 사회 공동체 테두리 안에서 어울리기보다는 혼자만의 삶을 추구하는 삶을 선택하고 있다. 감정대리인을 통해 나의 마음을 부탁한다거나 소소하지만 확실한 행복(소확행)을 찾는 일, 또는 일과 삶의 균형(워라밸, Work life balance)에 따른 고용형태의 변화, 개인이 정치·사회적 신념을 표현하는 '미닝 아웃(Meaning out),[9] 페이크슈머(Fakesume)'[10] 등의 새로운 현상의 등장은 사회가 급격하게 변화하고 있음을 증명하는 사례들이다. 이러한 변화의 요인에 빠르게 대처하는 것은 국가 경쟁력을 강화시키는 하나의 요인으로 작용할 수도 있지만 다른 한편으로는 경쟁을 통한 공정성과 신뢰에 금이 간다고 생각했을 경우에는 성취를 저해하는 요소로 작용하기도 한다.

변화는 스멀스멀하게 다가오는 것처럼 보이지만 어느 순간 급격하

---

9 '의미, 신념'을 뜻하는 '미닝(Meaning)'과 '벽장 속을 나오다'라는 뜻의 '커밍아웃(Coming out)'이 결합어로 자기주도적인 표현방식을 선호하는 소비자 성향과 소셜미디어 영향력으로 인해 나만의 취향, 신념 등을 적극적으로 표현하는 것을 말한다.

10 김난도, 전미영 외 7인, 트렌드 코리아 2019, 미래의 창, 2019, 1-437. 가짜를 뜻하는 페이크(Fake)와 소비자를 의미하는 컨슈머(Consumer)의 합성어로 최소한의 비용으로 가치 있는 소비를 함으로써 최대 만족을 얻는 소비자라는 뜻으로 고가 제품과 비슷한 가짜 상품을 소비하거나, 진짜가 아닌 가상 경험을 통해 대리만족을 하는 소비자를 말한다.

게 폭풍처럼 다가오기도 한다. 어떤 변화가 오더라도 그 변화의 무게를 견딜 수 있는 삶이, 삶의 질이 좋은 삶이라고 볼 수 있다. 삶의 질이 좋은 국가에서의 보편적인 삶이란 특수한 상황이 발생하더라도 일부 특수계층에서 누리던 특별한 혜택들을 모든 국민들이 보편적으로 누릴 수 있는 혜택으로 주어지는 것으로 정의한다면 계층 간 소득의 불평등이 없는 사회, 소득의 불평등을 해소하기 위해 소득의 재분배 정책을 향해 노력하는 사회가 건강하고 바람직한 사회정의를 구현한다고 볼 수 있다. 개인 역시 이 상황은 동일하게 적용되는 것이 기본적인 사실이다.

인간의 의지와 상관없이 늘어만 가는 기대수명(Qualified life)과 기대여명(Average remaining lifetime, Life expectation)은[11] 인간 삶의 질에 어떠한 영향을 미칠 것인가? 어떤 이는 축복이라고 말할 수도 있겠지만 어떤 이는 불행의 시작이라고 말할 수 있을 것으로 예상된다. 축복 혹은 불행인지는 알 수는 없지만, 사람들이 어떤 방식으로 삶을 설계하고 실천해 왔는지에 따라 다르게 나타날 수 있으리라. 아마도 모든 사람들이 절대적으로 축복이라고 말하거나 혹은 절대적으로 불행하다고 생각하지는 않을 것 같다. 양극단 사이에서 중립을 유지하거나 중앙치를 중심으로 분산되어 있는 경우가 더 많을 것으로 예상된다. 다만 인간 삶의 오랜 경험에 의하면 삶은 '행복을 즐기는 것보다 행복하기 위

---

11 김성미, 김유정, 문효정, 유용호, 이석일, 이한기, 공중보건학(2판), 현문사. 2010, 426. 특정 연령에서 향후 생존할 것으로 기대되는 평균 생존 년 수로서 앞으로 "예상 잔여 수명을 의미", 즉 기대여명(Life expectancy)과 기대수명(Life expectancy at birth)이란 특정 연령에서 주어진 연령별 사망률이 지속된다고 한다면 앞으로 생존할 평균기간(연)수·출생당시의 기대여명을 기대수명이라고 한다.

하여 많은 노력을 경주하고 있음'을 보았을 때 '행복함보다는 그렇지 않는 일들이 더 빈번하게 발생하고 있는 것'은 자명(自明)한 일이다.

'행복은 일상적인 생활에서 기쁨과 만족을 느끼는 주관적인 감정' 이다. 같은 일을 하면서도 행복을 느끼는 사람과 그렇지 않는 사람이 공존한다. 이는 각 개인이 삶에서 어떤 경험을 했는가에 따라 다르게 지각하는 것으로 삶의 경험으로부터 오는 산물이다. 행복과 그렇지 않음은 각자가 살아온 삶의 경험을 반영하는 것이다. 보편적으로 좋은 일을 직업으로 가지고 있다고 생각하면 그 사람이 행복할 것이라고 예측하는 경우가 많고 그렇지 않는 경우에는 반대로 생각하는 경향이 높을 것이라고 예측한다. 그러나 과연 경제적으로 안정적일 때 행복감이 증가하는 것일까? 그렇지 않음을 우리는 연구 결과를 통해 알고 있다. 소득과 행복의 상관성을 조사한 연구 결과에 따르면 행복은 소득이나 재산에 비례하여 증가하지 않는다는 것으로 나타나고 있다.[12] 물론 최하위의 소득 분포를 보이는 집단에게서는 소득이 증가하면 어느 정도 행복감이 증가하겠지만 먹고 사는 문제가 해결된 후에는 소득과 행복과의 관련성은 나타나지 않는다. 행복은 '물질 혹은 정신을 포함하여 상대적인 박탈감으로부터 벗어났을 때 느끼는 자유스러움으로 표현'하고자 한다. 행복감의 표현 역시 사람마다 삶의 궤적이 다르기 때문에 관점이 다를 수 있음을 인정해야 한다.

인간은 모든 사물을 인간 본위로 해석하려는 보편적인 편견, 맹목

---

12 Daniel kahneman and Angus deaton, High income improves evaluation of life but not emotional well-being, https: / / doi.org / 10.1073 / pnas.1011492107, PNAS-US National academy of sciences, August 2010, 107 (38), 16489-16493.

적인 습관, 감정, 신앙에서 오는 편견을 가지고 있다.[13] 베이컨의 4대 우상론에 따르면 행복이란 보편적이고 절대적인 기준선이 아닌 상대적인 기준선을 갖는 것으로 볼 수 있다. 내게 주어진 일을 소명이라 생각하고 수용하는 사람과 그렇지 않는 사람들이 존재하듯 내 의지와 상관없이 선택되어진 삶을 숙명(宿命)이라고 생각한다면 우리 모두에게 주어진 삶이라는 숙명을 행복으로 잘 포장을 해야 하는 책무가 주어진다고 볼 수 있다. 이는 각자의 삶속에서 스스로가 해결해야 할 중요한 숙제이다. 행복과 불행은 내가 스스로 결정하는 것으로 당신도 고귀하고 나도 고귀하고 존재하는 모든 것은 고귀하다는 전제 조건에서 출발해야 한다. 자연 속 지구 별 인간 80억 중 유일무이한 '나'는 나의 자율적인 의지로 '타인'과 구별되는 독특한 존재임을 인식해야 한다. 어떠한 상황 하에서도 행복해야 할 존엄성을 지니고 태어났음을 자각하고 한 번뿐인 행복한 내 삶을 위하여 각자가 처한 환경에 맞추어 행복수명(Happy life years)을[14] 추구해야 한다. 행복수명은 삶

13 이석명, op.cit, 64-65. 프랜시스 베이컨의 4대 우상론/ 1. 종족의 우상 : 모든 사물을 인간 본위로 해석하려는 본편적인 편견. 맹목적인 습관, 감정, 신앙에서 오는 편견으로 붉은색 안경을 쓰고 보면 모든 세상이 붉게 보임/ 2. 동굴의 우상 : 각자 살아온 삶을 반영하는 개인적인 취미, 성격, 환경, 교육, 습관에서 오는 편견/ 3. 시장의 우상 : 인간의 접촉, 언어에 의하여 나타나는 편견으로 존재하지 않거나 애매하게 정의한 표현이 주는 한계/ 4. 극장의 우상 : 전통, 역사, 권위, 유명인의 권위를 이용하여 무비판적으로 믿는 편견이나 독단적 해설을 말한다.

14 생명보험사회공헌위원회와 서울대 노년 은퇴설계연구소가 공동 개발한 노후 준비 측정지표로 건강 상태, 경제적 여유, 사회적 활동, 인간관계 등 4개 요소에 대한 설문조사를 통해 노후 삶의 질적 수준을 측정하고 수명 개념으로 개량화한 지표로 생물학적으로 오래 사는 기간이 아닌 신체적 건강, 가족의 행복, 경제적 여유, 여가생활 등을 모두 갖추며 살아갈 수 있는 기간을 의미한다.

의 형식(Forms of life, The form of life, A form of life)과 지식의 형식(Forms of knowledge)이 풍부해 질수록 증가할 것으로 예상된다.

삶의 형식이란 인간이 지구에 등장한 이래로 끝없는 대화와 타협, 생활을 통해 발전시켜온 문명 즉 인간다운 삶의 형식을 발전시켜 온 것을 의미하며 지식의 형식이란 인간의 경험을 일반적으로 인정되는 방식으로 분류해 놓은 것으로 논리학과 수학, 자연과학, 철학, 역사, 종교, 예술 등이 해당 된다.[15] 삶의 형식과 지식의 형식의 확장은 지식을 통한 현상을 파악하는 데 도움을 줄 뿐만 아니라 인간다운 삶의 형식을 가능하게 하고 내가 전에 살았던 삶의 방식보다 더 나은 삶을 살 수 있는 삶의 방향을 제시해 준다.

아래의 표를 보고 급속한 사회 변화에 대처하기 위한 여러분이 생각하는 혹은 다가올 것이라고 예측되는 '사회 문제'를 제시해 보자.

15 김재춘, 박순경, 이동주, 교육과정 및 평가, 서울대학교출판부, 2010. 40-41.

급속한 사회 변화에 따른 *'사회 문제'*를 파악해 보기
인구의 변화에 따른 의식의 변화 파악하기
통일 한국을 생각하고 내 삶에 어떤 변화를 부여할 것인지 파악하기
성 역할의 변화 파악하기
세대 간 계층 간 갈등 요소 파악하기
초고령화 사회가 개인에게 미치는 변화 파악하기
시대의 흐름에 따른 가치관 파악하기
가족의 형태 변화 파악하기
출산 및 육아에 따른 일·가정생활 양립 방안 파악하기
가정해체에 관한 의식의 변화 파악하기
기후 변화에 따른 생활 환경의 변화 파악하기

여러분이 생각하는 *'사회 문제'*를 제시해 보기

2.1.2. 진로와 직업 선택하기

사회적 동물인 인간이 사회를 이루면서 살아가기 위해서는 사회가 원하는 형식에 맞는 진로를 선택해야 한다. 그에 따라 직업의 방향도 결정될 수 있다. 사회 조직은 변화가 없는 것처럼 보이지만 살아 숨쉬는 생물처럼 움직인다. 회오리보다 더 강한 역동성을 가지고 살아 움직이고 있다. 그 안에서 거대한 소용돌이를 일으키며 다가오는 변화를 예측하여 대비하거나 창조해야 한다. 사회가 원하는 인재가 되기 위해서는 효과적인 사회진출을 위한 목표를 수립하고 그 목표에 따른 진로를 결정해야 한다. 진로를 결정한 후에는 사회의 변화상을 반영하는 경력개발 계획을 수립하여 직업을 선택하는 것이 각자가 원하는 아름다운 삶을 사는 구체적인 방법 중 하나의 대안이 될 수 있다.

'삶의 형식과 지식의 형식을 통한 직업의 선택'은 개인의 성장과 발전에 관련되고 있다. 어떤 일을 노동으로 선택하는가에 따라 각자 다른 역할들이 부여되기 때문이다. 선택은 개인이 가지고 있는 가치를 반영하는 바, 각자가 지니고 있는 가치관은 진로에 따른 직업을 선택하거나 직업 안에서 적응하는 데 중요한 요소로 작용한다.

직업은 한 인간이 생계를 유지하기 위하여 자신의 적성과 능력에 따라 경제적 보상을 받으면서 자발적으로 직무에 종사하는 지속적인 활동이다. 사회적 역할의 분배인 지위나 직분인 직(職)과 먹고 사는 문제인 생업으로서의 일과 행위, 폭넓게는 불교에서 말하는 인연까지를 포함하는 업(業)을 말한다.[16] 직업은 먹고 사는 생계 수단과 개인과 사

16 조남두, 현대인의 직업윤리, 동문사, 2015.

회를 이어주는 자아실현의 통로로서의 역할과 사회적 봉사라는 기능을 지니고 있다. 즉 직업은 생계유지라는 측면과 자아실현의 도구로서의 중요한 의미를 지니고 있다. 특히 사회가 다변화하고 예측불가능한 상황이 지속되면서 좋은 직업을 갖기 위해 사람들은 시간과 비용적인 측면에서 다양한 노력을 경주한다.

사회가 급격하게 변화하면서 이제는 평생직장이라는 말은 통용되지 않는다. 평생직장의 개념보다는 평생직업의 개념이 우선시 된다. 직장(Workplace)이란 노동을 하는 장소를 뜻하며 직업(Work, Occupation, Job, Career, Vocation, Profession)은 수입을 기대하며 노동을 하는 행위를 말한다. 직장은 한정적이고 제한적인 반면에 직업은 유동적이고 약간의 자유가 허락됨을 알 수 있다. 전통적인 측면에서는 직장의 개념이 곧 직업을 의미했지만 현대의 사회에서는 직장이 직업이라고 하지는 않는다. 직장을 우선순위에 둘 것인가? 아니면 직업을 우선순위에 둘 것인가? 이는 중요한 문제이다. 좋은 직장을 다닌다고 할 때 좋은 직업을 갖고 있다는 뜻일까? 아마도 대부분의 직장인들을 그리 생각하지 않을 것이다. 좋은 직장인 것은 확실하나 좋은 직업이 아닌 경우도 많이 있기 때문이다.

직장 내 직업도 시대의 흐름에 따라 다양하게 직원을 다르게 채용하고 있다. 직업개념의 변화에 따른 현상으로 사회와 기업이 원하는 인재를 양성 채용하기 위하여 다양한 고용 형태를 만들어 내고 있다. 이제 평생직장과 평생고용이라는 말은 시장경제에서는 유효하지 않는 구시대적인 유물이다.

시장은 시대의 변화에 흐르지 않는 고여 있는 물을 원하지 않는다. 고용은 정규직과 비정규직의 두 갈래에서 이제는 호봉제와 연봉제, 계약직, 시간제 등 직업 내에서 다양한 고용형태가 파생되면서 세대 간에 많은 문제점이 야기되고 있다. 지금의 20~30대 젊은 층은 지식과 태도 등의 영역에서 남다른 재능을 보여주고 있으면서도 취업과 승진의 영역에서 수직적 계층적인 구조에서 차별을 받는다고 생각하고 있다. 권력을 가지고 있는 50~60대의 사회지도 계층이 신체적 노화와 사회 변화에 따라 일과 보수 등의 다양한 영역에서 권력을 분배해야 한다고 목소리를 키워가고 있다. 즉 수직적이고 위계적인 질서에서 탈피하여 각자가 하는 일에 따라 임금을 차등 적용하는 직무제 도입을 원하고 있다. 반면 50~60대 역시 나이가 있지만 아직은 신체 건강하고 할 일이 많은 나이라고 생각하고 있다. 부모 및 사회적인 역할을 유지하기 위해서는 일이 필요하다고 주장하고 있다. 이 상반되는 주장은 현재의 사회 문제로서 중요한 의미를 갖는다. 전통적인 가치관이 파괴되고 있는 이 상황을 제대로 맞이하지 않는다면 세대 간 계층 간 갈등은 더 심화하기 때문이다. 젊은 세대들은 보다 넓고 큰 세상을 향해 날개를 펼쳐야 함에도 불구하고 작고 소소한 것에서 희망을 찾으려 하고 있으며 나이가 든 어르신들은 "내 나이가 어때서"라고 항변하고 있다. 이러한 문제점을 해결하기 위해서는 각자에게 주어진 '삶의 의미와 목적을 시대에 따라 재정립'할 필요성이 있음을 알 수 있다. 정부가 개인에게 제도로 부양하는 것은 무엇이든 한계가 있을 수밖에 없다. 당당한 여러분이 되기 위해서는 삶을 완전하게 여러분 것으로 만들어야 한다.

가끔은 현장에서 고등학교 학생들에게 하고 싶은 일을 물어 보곤 한다. '우리의 학생이 하고 싶어 하는 일은 뭐야? 어떤 꿈을 꾸고 있어?'라는 질문에 학생들 거의 대부분 바라거나 원하는 답을 들을 수 없다. 주저하는 경우가 대부분이다. 물론 소통이 부족해서, 학생의 성격이 소극적이어서 그럴 수 있다. 그러나 대부분의 학생들은 강의식 교육에 너무 익숙해져 있어 자신을 표현하지 못하고 있다. 진로와 직업의 갈림길에서 자기주장을 적극적으로 표현하는 교육을 받지 못하고 있는 것처럼 느껴진다. 더불어 진로를 결정함에 있어 자신의 의견보다 부모의 의견을 더 중요하게 생각하는 학생들을 많이 접하고 있다. 부모가 자녀를 소유물로 보는 것이다. 물론 아직은 미성숙하기 때문에 부모의 의견을 일부 참조하는 것은 바람직한 방법이다. 그러나 본인의 가치에 반함에도 불구하고 부모의 의견을 따르는 것은 인생에 대한 자기효능감 혹은 적극성의 결여라고 볼 수밖에 없다. '여러 가지 대안 중 최적의 대안을 가지고 스스로의 길을 걸어가는 것이 현명한 미래 행복한 미래를 설계하는 지름길'임을 알아야 한다. 학생의 꿈을 물었을 때 '대기업 정규직 직원'이라는 답변은 일상적으로 듣는 이야기라서 이제는 그리 어색하지 않다. 꿈과 희망을 물었을 진데 답은 '좋은 직업'으로 대답한다. 희망이란 '하고 싶은 일 혹은 장래에 좋은 결과를 기대하는 바'라고 정의를 내린다면 '정규직 직원'이라는 답변은 직장을 이야기하는 것으로 보여 진다. 빡빡하고 치열한 경쟁 사회에서의 단면을 보여 주는 사례이다.

직업을 갖는다는 것은 행복한 삶을 영위하기 위한 하나의 전제 조건이지 필수불가결(必須不可缺)한 요소는 아니다. 좋은 직업이란 있을 수도 없으며 그 직업에 순위를 부여할 수는 없나. 더불어 어떤 직업이 좋은 직업인지 그렇지 아니한 직업인지 판단하기도 어렵다. 직업 안에서 노동의 강도에 따른 지식, 가치, 태도 등의 차이는 있겠지만 직업은 직무에 종사한다는 그 자체로써 소중한 의미를 지니기 때문에 가치판단의 대상으로 볼 수는 없다. 모든 노동에는 각자가 지닌 고유한 가치로서의 피와 땀이 녹아 있기 때문이다. 그럼에도 불구하고 사회 구성원들이 보편적으로 선호하는 직업에는 "직업의 안정성, 수입의 연속성, 직업의 발전 가능성, 직업 안에서의 개인의 성장과 발전, 직업 안에서의 행복" 등의 요소들을 유의미하게 충족시켜 주고 있을 때일 것이다.[17, 18] 물론 각기 다른 DNA를 물려받고 먹고, 자고, 노는 것이 서로 다르기 때문에 가치관이 동일할 수는 없다. 서로 다른 환경 속에서 성장했기 때문에 부와 직업, 직장, 건강, 여유, 운동 등 많은 영역에서 생각을 다르게 할 수는 있지만 '노동에 대한 가치는 인간의 삶에서 가장 중요한 가치이기 때문에 인간다움과 동일하게 좋고 낮음의 평가 대상'은 아님을 인식해야 한다.

개인의 성격에 따라 직업 가치 요인은 다르게 적용된다. 한국고용정보원에서는 직업 가치관 검사의 구성요인을 성격, 봉사, 개별 활동, 직업 안정, 변화 지향, 심신의 여유, 영향력 발휘, 지식의 추구, 애국, 자율, 금전적 보상, 타인을 인정, 실내 활동 등으로 분류화하여 제시하고 있다.[19]

---

17 https: // blog.naver.com / ohgisekkk / 220198144546

18 http: // www.keis.or.kr.

19 www.keis.or.kr, 직업별 재직자의 심리적 특성 III(직업상담용 연구자료), 2006, 40-46.

다음의 표를 보고 성격과 행동패턴에 맞는 요인과 그 요인에 따른 설명, 직업군을 살펴보자. 이 중 선호하는 직업과 설명하는 가치가 일치하는지를 살펴보고 진로를 결정하면 직업 및 진로 선택의 실패 가능성을 줄일 수 있다.

직업 가치관 검사의 구성 요인[19]

요인	설명	관련 직업
성취	스스로 목표를 세우고 이를 달성하는 것을 중시/자신이 하고자 하는 일에 대한 목적이 분명하고 그것을 이루기 위해 목표를 세워 실행해 나감/도전적, 진취적, 경쟁적임	대학교수, 연구원, 프로운동선수, 연구가, 관리자 등
봉사	다른 사람을 위해 일하는 것에서 보람을 느낌/따뜻한 마음, 희생정신과 동정심 많음, 적극적이고, 정의감이 있음/희생하여 일할 수 있을 만큼의 적극성과 도전정신이 있음	판사, 소방관, 성직자, 경찰관, 사회복지사 등
개별 활동	여러 사람과 어울려 일하기보다 혼자 일하는 것 중시/다른 사람으로부터 간섭받는 것을 싫어하고 자신도 다른 사람의 일에 간섭하는 것을 좋아하지 않음/협동하여 일하거나 다른 사람과 교류하는 것을 크게 좋아하지 않는 사람, 많은 부분을 스스로 결정하고 실행하는 것 선호/조용, 온순, 고집, 개성, 냉정한 사람으로 비춰질 수 있음/자기 내면의 세계를 즐기는 편으로 다른 사람에 적대감은 없음	디자이너 화가, 예술 분야, 운전사, 교수 등
직업 안정	일 자체가 변화가 많고 역동적이기보다는 반복적인 일이나 익숙한 일을 하기를 원함/도전하는 것은 그리 좋아하지 않고 평소에 해왔던 방식이나 체계대로 일하는 것을 더 선호/믿음직스럽고, 꾸준하고, 인내심이 많고, 차분한 편	연주가, 교사, 약사, 미용사, 변호사, 기술자 등
변화 지향	고정된 업무보다 변화 가능한 것을 중시/일상적인 업무보다는 늘 새로운 일을 선호/새로운 아이디어를 필요로 하는 일이나 새로운 사람을 많이 만나게 되는 일에 적합/밝음, 활달, 이야기하는 것 선호/똑같은 일이라도 자기만의 방식으로 풀어 내려함	연구원, 컨설턴트, 소프트웨어개발자, 광고 전문가, 메이크업 아티스트 등
심신 여유	마음과 신체적으로 여유를 가질 수 있는 업무나 직업 중시/자신만의 여가 시간을 갖거나 충분한 휴식 시간을 원함/자율적인 스케줄 관리가 가능한 직업을 선호함/일만큼이나 자신의 개인 생활을 중시함	레크리에이션 진행자, 대학교수, 화가, 교사, 조경기술자 등

[20] www.keis.or.kr

영향력 발휘	주도적, 자기주장 강함, 도전적, 다른 사람과 교류하는 것 선호함/자신의 의견이나 생각을 다른 사람들이 잘 따라주기를 원함/인정받기를 원하는 욕구 높음	감독, 코치, 관리자, 성직자, 변호사 등
지식 추구	새로운 것에 관심이 많고 궁금증도 많음/여러 가지 현상에 대한 지식을 얻는 것을 선호/학력 수준이 높은 사람들은 학력 수준이 낮은 사람들에 비해서 지식 추구를 중시하는 경향이 더 많이 있지만 항상 그렇지는 않음	판사, 연구원, 경영 컨설턴트, 소프트웨어 개발자, 디자이너 등
애국	국가를 위해 도움이 되는 것을 중시/개인의 이익보다 사회, 더 나아가 국가의 이익을 중시/희생정신 책임감 높음/규범적, 희생적, 소신이 명확함	사회단체활동가 군인, 경찰관, 검사, 소방관 등
자율	간섭받는 것을 싫어하고, 의사 결정 권한도 자신이 갖는 것을 선호/스스로 계획을 짜고 일을 수행해나갈 수 있는 능력이 있는 편이며 자기 통제를 잘하는 편/다른 사람들과 일하는 것을 좋아하면서도 자율성을 지향/협력을 통해 일하는 것은 괜찮지만 명령이나 지시에 의해 일해야 하는 것 선호하지 않음	레크리에이션 진행자, 연구원, 자동차 영업원, 광고전문가, 예술가 등
금전적 보상	일에 대한 정당한 대가로서의 돈을 중요시/성실, 열심히 일하는 사람들, 쾌활하고, 열정적이고, 도전적	프로운동선수, 증권 및 투자중개인, 공인회계사, 금융자산운용가, 기업고위임원 등
인정	사회적으로 명예로운 직업, 인기가 중요한 직업, 주목받는 일이 많은 직업을 선호/다른 사람 앞에 서는 것에 대해서 크게 개의치 않는 편이고, 말이 많고, 적극적이고, 자신의 일에 열심인 편	항공기 조종사, 판사, 교수, 운동선수, 연주가 등
실내 활동	신체활동을 덜 요구하는 업무나 직업을 중시/몸을 움직이는 일보다는 앉아서 할 수 있는 정적인 활동 선호/조용하고, 차분하고, 편안하고, 성실한 편/고등학생이 이러한 가치를 중시할 경우에 선호하는 교과목은 국어, 영어, 수학 등의 인문, 과학계열 과목이 많고 미술, 체육, 음악 등의 예체능 계열 과목을 상대적으로 덜 선호함/신체장애가 있거나 특별한 질병이 있는 경우에는 움직임이 덜한 직업을 선택하는 것이 중요	번역사, 관리자, 상담원, 연구원, 법무사 등

직업은 시대의 변화에 따라 역동적인 진화를 하고 있는데 현대에 이르러서는 직장(職場)보다는 직업(職業)의 개념이 더 강조되고 있는 추세이다. 패러다임의 급격한 변화는 평생직장과 평생 직업이라는 언어의 사용을 더 이상 수용하지 않는다. 평생직장이라는 개념은 사라

지고 십장생(10대도 장차 백수가 될 것을 생각해야 함), 이태백(이십 대 태반이 백수), 38선(38세도 명퇴를 수용), 사오정(45세 정년), 오륙도(56세까지 직장에 있으면 도둑)[21]라는 시대상을 반영한 취업 시장 신조어의 사용을 이상하게 생각하지 않는다.

환경의 변화에 적응하고 평안하게 늙어가기 위해서는 연령대에 어울리는 경력 개발 혹은 인적 자원 개발을 필요로 한다. 지금 여러분이 추구하고 있는 지식이 시대의 변화를 뒤따르지 못하다면 알파 에이지 시대에 어려운 인생의 후반부를 겪을 가능성이 매우 높다. 인생의 황혼을 아름답게 마무리하기 위해서는 평생 교육을 통해 시대의 흐름에 적응해야 한다. 시대의 흐름에 적응하는 것이 어렵고 매우 힘든 일임을 우리는 알고 있다. 그러나 태어나는 그 순간부터 인간은 환경에 적응을 해야 하며 동시에 지속적인 성장을 위해서는 학습을 하지 않으면 안 된다. 모든 것은 학습으로부터 출발한다. 더디고 힘든 과정이지만 사라지는 순간까지 적응에 어려움을 겪지 않으려면 사회 변화에 적응하려는 자세가 필요하다. 변화하는 사회에서 단 한 번뿐인 내 인생을 어떤 방법으로 잘 마무리를 해야 하는가에 대한 자기 성찰과 실천을 필요로 한다. 성찰을 전제로 선택의 기로에 섰을 때 선택은 우리 삶에 대한 방향을 제시하게 된다.

'인간의 삶이 존재하는 것의 내면과 외면을 보여 주는 현상이라면 내면은 가치적이고 감정적인, 실재하지 않는 면을 보여주는 것이며, 외면은 내면의 성품이 반영되어 투영된 이미지'라고 볼 수 있다. 내면

---

21 이형국, 권오관, 강기원, 진로탐색과 미래 설계, 한올, 2014, 121.

과 외면의 조화로움은 아마도 인간이 추구하는 삶의 근원적인 목적(Goal)으로 볼 수 있다. 인간 삶의 근본 목적은 '행복 추구'로 볼 수 있으며, 행복을 찾기 위한 노력으로는 '내면과 외면의 조화로움을 추구하는 일상적인 생활'에서 찾을 수 있다.

인간 삶에 있어서 '지식의 탐구는 아름다운 삶을 위한 진리로서의 탐구일 때 빛을 발산'한다. 그러나 상황에 따라 지식은 삶에 있어 생활을 유지하기 위한 하나의 도구로써 사용되기도 한다. 지식의 확장이 중요한 것인지 구체적 도착점인 직장을 얻기 위한 결과 중 어떤 것이 우선순위인지는 모르겠으나 지식의 확장과 과학의 발달에 의하여 개인의 의지와는 상관없이 진화해가는 인간의 기대수명은 많은 사회 문제를 발생시키고 있다. 이러할 때 우리는 사회의 변화에 맞는 건강한 육체와 건강한 심리·정신 상태를 견지해야 한다. 건강한 육체와 건강한 심리 · 정신 상태는 나 아닌 타인이 지켜주는 것은 한계가 있다. 나를 위해 누군가가 그려주는 삶의 그림들은 내가 그리고자 하는 그림과는 차이가 있기 때문이다. 지구에 존재하는 오직 하나뿐인 아름다운 내 인생을 살기 위하여 내게 맞는 인생의 목적과 목표를 설정할 필요가 있다.

'인생의 목적과 목표 설정'은 나이와 상관이 없다. 때때로 나이가 든 사람들은 이런 이야기를 하기도 한다. '지금 내 나이가 몇인데 이제 이럴 필요가 있냐고? 그냥 시간이 흐르는 대로 잘 먹고 잘 살면 되지! 언제 죽을지 모르는데 지금에 와서 내개 그래야 해?'라고. 그럴 땐 이렇게 이야기 하자. 지금 이 순간 하지 않으면 내일 혹은 다가오는 미래에 지금과 같은 상황에서 똑같은 이야기를 할 것이며, 부딪치고 있는 문제에서 그 문제를 해결하지 못하고 고민할 수밖에 없음을 이야기 하자. 그리고 오랜 시간이 흘러 동일한 상황이 반복되었을 경우 같은 상황에서 같은 말을 할 수밖에 없음을 상기시켜 주기 바란다. 우리보다 먼저 살다 간 모든 사람들이 공통적으로 하는 후회는 '그래, 맞았어! 그때 내가 생각하는 대로 그 일을 했어야 했었어! 시간이 없었다는 이유로 조금 게으름을 피워서 지금 후회만이 가득해!'라는 말이었음을 상기시켜 주기 바란다.

우리나라는 "2026년 경, 초고령화 사회[22]에 진입하고, 2030년부터는 아예 절대 인구가 감소하게 될 것이라고 예상하고 있다. 이처럼 급속한 인구 초고령화 현상은 어르신들을 허약하게 할 뿐만 아니라 장애 발생 가능성을 급격히 증가시킨다. 기존의 독립적인 삶으로부터 벗어나 점점 더 타인에게 의존하여 살아갈 수밖에 없을 것으로 판단된다."[23] 이러한 변화에 적응하기 위해서는 자연이 나에게 허락한 하루 24시간 1.440분, 86.400초를 유의미하게 사용해야 한다. '하루 정도는 괜찮겠지! 내 나이가 몇인데 이제 이런 걸 해야 해!'라는 고정적인 사고에서 벗어나 나에게 주어진 시간이 1주일 정도밖에 남지 않은 것처럼 의미 있게 살아야 한다. 의미 있는 삶을 설계하지 않았을 경우 십중팔구는, 앞으로 다가올 일상적인 생활에서 일상적인 문제들을 해결하는 데 많은 어려움을 겪을 수밖에 없을 것으로 예측된다.

---

22 http://100.daum.net/encyclopedia/view/31XXXXX15058. 초고령화 사회란 유엔 기준에 따라 전체 인구 중 65세 이상 고령인구 비율이 20% 이상, 고령사회는 14% 이상, 고령화 사회는 7% 이상인 사회를 가리킨다.

23 法과 政策, 제24집 제1호, 제주대학교 법과정책연구원, 정기간행물실 524호, 2018.03.30., 27-61.

보건복지부 "저출산·고령화에 대한 국민인식조사" 보고서에 따르면 국민 10명 중 8.28명은 고령화 현상이 심각하게 대두되고 있으며 사회에 적잖은 영향을 끼친다고 생각하고 있다. 노후에 가장 중요한 사항으로 경제적인 안정과 여유를, 두 번째로는 건강을 선택하고 있었다. 가족이라는 큰 주제는 일자리, 친구와의 관계, 취미 및 자원봉사, 여가활동보다 아주 낮은 순으로 나타나고 있다.[24] 이 결과는 '개인의 경제력과 건강'과 뒤따르지 않는다면 행복한 삶에서 멀어질 수밖에 없다는 결론을 제시하고 있음을 의미한다. 즉 성공적인 노화를 맞이하기 위해서는 노년기의 질병이나 장애와 관련된 위험수준을 감소시키면서 지속적인 지적 · 신체적 활동을 통해 높은 수준의 인지 혹은 신체적 능력을 유지하는 것과 더불어 인간 관계 및 생산적 활동영역에서 자신의 생활을 스스로 영위할 수 있어야 함을 제시하고 있다.[25]

다음에 제시하는 아래의 표는 한국고용정보원에서 제시하는 중장기 인력수급 수정전망으로 2027년까지 취업자 수가 증가할 것으로 전망되는 직업을 나타내고 있다. 사회의 변화에 따라 진로와 직업은 많은 변화를 겪고 있다. 사회 변화에 따른 변화를 알고 이에 대처하는 일은 안정적인 삶을 사는 하나의 유용한 도구일 수 있음을 명심하자.

24 http://www.daejonilbo.com/news

25 Rowe jw, Kahn rl, successful aging, pantheon books, 1998. 1986년 세계 노년학회에서 제안되기 시작한 이론/ 이수진, 송미순, rowe와 kahn의 모델을 바탕으로 한, 한국 노인의 성공적 노화: 지역사회 노인여가복지시설 활용법 집단 간 비교분석, 대한간호학회지 45권 2호, 2015, 232.

중장기 인력수급 수정전망 2017-2027

2027년까지 *취업자 수가 증가할 것으로 전망되는 직업* [26]

취업자 수가 가장 많이 증가할 것으로 전망되는 직업군	고령화에 따른 사회서비스 수요의 증대에 영향을 받는 보건업 및 사회복지서비스업/4차 산업혁명과 관련성이 높은 정보통신업, 전문, 과학 및 기술 서비스업/사회복지서비스업은 2017년에 1,921천 명에서 2027년에 2,410천 명으로 489천 명이 늘어날 것으로 전망됨/기술혁신과 관련성이 높은 정보통신업, 전문, 과학 및 기술 서비스업에서 각각 126천 명, 100천 명이 증가할 것으로 전망
소득향상에 따른 내수부문	숙박 및 음식업(142천 명), 도매 및 소매업(111천 명)에서 지속적인 취업자 수 증가 예상/제조업은 글로벌 경기변동, 급격한 기술혁신, 고강도 구조조정 등으로 인해 고용 변동 폭이 큰 폭으로 변화
공공서비스	공공행정, 국방 및 사회보장 행정에서 전망기간 동안 119천 명이 증가/저출산의 영향을 받는 교육서비스업의 취업자 수는 지속적으로 감소
제조업	사업시설관리, 사업지원 및 임대서비스업(생산자 서비스업)에서 비교적 높은 인력수요가 발생할 것으로 전망
건설업	국내 건설 및 토목공사 수주의 포화상태로 장기적으로 인력 수요는 정체될 것으로 예측됨
농림어업	생산인구의 고령화, 농지축소와 기계화의 도입으로 인해 지속적인 감소 예상
돌봄, 보건 및 개인 생활 서비스직(7차 개정에서 보건, 의료, 복지, 미용 및 예식, 장례 등 대인 서비스 직무 전반을 아우를 수 있도록 중분류 명을 '돌봄·보건 및 개인 생활 서비스직'으로 변경 1.4%)에서 인구구조 변화와 미용, 헬스 케어 등의 영향으로 고용 창출이 활발할 것으로 전망	
행정, 경영지원 및 마케팅 관리직(1.4%), 전문서비스 관리직(1.3%), 공학 전문가 및 기술직(1.3%), 법률 및 행정 전문직(1.2%), 문화·예술·스포츠 전문가 및 관련직(1.1%) 등에서 비교적 높은 취업자 증가율을 기록할 것	
섬유·의복 및 가죽 관련 기능직(-2.1%)의 취업자 감소 속도가 가장 빠를 것	
농·축산 숙련직(1.8%), 임업 숙련직(-1.2%), 섬유 및 신발 관련 기계 조작직(-0.9%), 금속 및 비금속 관련 기계 조작직(-0.8%), 법률 및 감사 사무직(-0.7%), 목재·인쇄 및 기타 기계 조작직(-0.7%), 건설 · 전기 및 생산 관련 관리직(-0.3%), 교육 전문가 및 관련직(-0.3%) 등에서 연평균 취업자 감소폭 증가	

26 이시균 외, 한국정보고용원, 한국장애인문회콘텐츠협회, 2018, 1-428.

2.1.3. 주체적인 삶을 설계하기 위한 가치관 파악하기

'인간이 늙어 간다는 것, 성장해 간다는 것, 혹은 자연스럽게 사라져 간다는 사실은 자연의 섭리이고 삶의 일부분이다. 이들 기존 명제는 아직까지 유효한 가설이고 불변의 진리이다. 인간 발달에 따른 성장과 퇴화는 아직까지는 신의 영역이라고 불리고 있지만, 과학의 발달에 따른 지식의 확장은 인간의 숙명이라고 여겨지던 '생노병사'를 '건강한 아름다움을 추구하는 치료 가능한 질병'이라는 명제로 전환함으로써 사회 트렌드를 전환시키고 있다.

인간의 '생노병사'를 유전으로 치부해 버리기엔 과학이 눈부시게 발전하고 있다. 인간의 수명뿐 아니라 질병의 관리, 환경과 관련된 모든 것들을 삶의 혁신적이고 창조적인 파괴 영역으로 끓어 들이고 있다. 공상과학 영화에 등장하는 소설 같은 이야기들을 현실에서 마주하는 것은 어려운 일이 아니다. 이에 따라 '삶의 적응' 혹은 '가치관의 변화'가 필요한 시점으로 볼 수 있다.

인간을 둘러싸고 있는 획기적인 환경의 변화는 인간이 사회에 적응할 기회 자체마저 박탈하고 있지는 않는지 혹은 적응할 시간마저 부여하지 않는지 주의 깊게 바라보아야 한다. 급격하게 변화하고 있는 사회에 변화된 규칙과 제도가 사회변화 후에 정착되는 것이 일반적인 사실이기 때문이다. 사회의 변화는 인간이 기존에 가지고 있던 가치관과의 충돌을 일으키고 전통적인 가치관은 새로운 가치관 안으로 전환되려는 속성을 지니면서 도입, 성장, 확산된다. 새로운 가치는 기존의 가치와 충돌을 일으킨다. 이 충돌은 긍정적인 측면을 제공하기도 하지만 때로는 부정적인 현상을 동반하면서 삶에 많은 스트레스를 부여 한다. '사회 변화 및 기대여명의 증가'는 때때로 긍정적인 부분으로 작용하기도 하지만 변화의 속도에 편승하지 못하는 개인 혹은 집단에게는 치명적인 약점으로 기능하기도 한다. 변화의 바람에 편승하기 위해서는 매 순간 스스로에게 엄격한 삶의 기준을 제시하는 것이 필요하다.

인간은 다른 포유동물과 구별되는 독특한 성질을 지니고 있다. 사회를 형성하고 계층적으로 집단을 구분하며 다양한 도구를 사용하여 문화를 후대에 계승한다. 또한, 사물을 바라볼 때 하나의 관점에서만 사물을 바라보지 않는 다양한 사고 체계를 가지고 있다. 이러한 인간의 다양한 사고 체계는 우리가 삶을 살아가는 길에 대해서도 동일하게 적용된다. 길을 가다 보면 곧은 길도 있고 굽은 길도 있으며, 오르막도 있으며 내리막도 있다. 평평하고 똑바로 펼쳐진 길은 걷기에는 쉬워도 지루하고 뭔가 재미없어 보인다. 오르막 길은 오를 땐 힘에 부치지만 오르고 난 뒤의 상쾌함은 그 무엇과도 비교할 수 없다. 구불구불한 길에는 많은 은밀함이 존재할 것 같은 비밀스러움이 있어 더 조심스럽게 걷는 것이 일반적이다. 길의 형태가 다양하듯이 인간 삶의 방식도 다양하게 나타난다.

인간의 눈에 보이는 것이라고 다 기억하고 말할 수는 없다. 눈으로 바라 본 형상과 다르게 인간은 다르게 표현하고 말할 수 있다. 눈으로 보았던 이미지 그대로를 말할 수도 있지만 머릿속에서 정리한 생각을 말하는 유일한 포유동물이 인간이 아닐까 한다. 울고 있으면서 웃을 수 있고 슬프지만 그 슬픔을 기쁨으로 승화시킬 수 있는 것이 인간이다. 인간은 양가감정을 가지고 상대방을 속일 수 있으며 가지고 있는 감정과 다르게 행동을 할 수도 있다. 인간은 삶에서 하기 싫어도 해야 하는 집단의 사회적 행동이나 규범 또는 사회적 역할인 페르소나(Persona)를[27] 수행해야 한다. 인간에게는 태생적으로 끌리는 것과 다르게, 끌림은 없어도 규범을 따르기 위해 써야 하는 가면이 존재하기도 한다.

인생에 있어 삶은 정확하게 주어진 정답이 없다. 아주 쉬운 것이 삶인 듯하지만, 또 매우 어려운 것이 삶이다. 인생이란 그럭저럭 살아가는 것처럼 보이지만 아주 많은 사람들이 주어진 시간을 유효적절하게 분배하지 못하고 방황하는 경우를 쉽게 볼 수 있다. 지금껏 살아온 경험에 비추어 볼 때 삶 속에서 길을 잃고 헤매는 경우를 많이 볼 수 있었다. 만약 지금이라도 새로운 길을 걷지 않는다면 앞으로도 그럴 가능성은 농후하다.

지금껏 만나 본 많은 사람 중 인생의 목적과 목표를 분명하게 제시하고 스스로가 원하는 자기 길을 제대로 가는 사람은 그리 많지 않았다. 많은 사람들이 마음속 생각으로는 목적과 목표를 분명하게 이야기 하고 있지만 구체적인 수치로 문서화하여 작성한 경우는 거의 없었다. 물론 인생이란 시행착오의 연속이며 '시행착오로 인하여 새로운 창조물과 성과물이 도출 된다'라고 보면 굳이 쉬운 방법을 두고 어려운 방법을 선택해야 하는 이유를 모르겠다는 사람도 있을 수 있다. 그럼에도 불구하고 중요한 것은 확률적으로 삶의 질을 높게 해주는 성

27 칼 구스타프 융(Carl gustav jung)은 페르소나가 무의식의 열등한 인격이며 자아의 어두운 면이라고 말하고 있다. 보편적으로 내면에 숨겨진 가면이라는 뜻으로 사용되곤 한다.

공의 가능성을 증가시키는 방법이 무엇인지 알 수 있고 그곳을 향해 인생의 목적과 인생의 목적과 목표를 분명하게 제시하는 것은 여러분에게 생산적인 방법이다.

인간의 일상은 매 순간 선택의 반복이다. 매 번 선택의 순간이 존재하는데 '세상이 원하는 것과 내가 원하는 것, 하고 싶어 하는 것, 잘할 수 있는 것과 좋아하는 것'의 사이에서 많은 고민을 한다. 다행히 '잘하는 것과 좋아하는 것'이 일치가 된다면 그 이상 바랄 것도 고민할 것도 없다. '잘할 수 있는 일과 좋아하는 일'이 같다면 그 일의 효과는 긍정의 배가 되기 때문이다. 그러나 대부분은 '잘하는 것과 좋아하는 것'이 일치하지 않는다. 이러할 때 우리는 선택을 해야 한다. '좋아하는 일을 해야 하는 것인가! 잘할 수 있는 일을 선택을 할 것인가!'

'잘 한다'라는 것은 못 함의 상대적 개념으로 훌륭함 혹은 익숙함, 능수능란을 포함하는 '만족의 개념'으로 태생적인 면을 포함하는 것으로 볼 수 있다. '좋아한다는 것'은 '나쁘다'라는 상대적인 개념으로 긍정을 포함하는 주관적인 개념으로 볼 수 있다. '잘 하는 것을 선택하는 사람도 있을 수 있으며 좋아하는 것을 선택하는 경우'도 있다. 둘 다 나쁘지 않는 길이다. 그러나 전문가가 되기 위해서는 좁고 깊고 세밀하게 파고들어야 한다는 전제 조건이 주어진다면 결과는 다르게 나타난다. 어떤 연구 결과에 의하면 연습이 결과에 미치는 영향력은 게임 25%, 음악 21%, 운동 18%, 교육에서 4%를 제시하고 있다. 그럼에도 불구하고 높은 성취도의 개발은 비선형, 상호 보강 및 미묘한 방식으로 서로 섞여있는 많은 개인적, 환경적 변수들의 복잡한 상호 작용을 포함하고 있음을 제시하고 있다. 더불어 발전의 가장 완전한 이해를 위한 전문성 개발을 가속화하는 도움이 되는 요인으로 사전 지식, IQ, 작업 기억, 지적 호기심, 체력 등 여러 가지 가능성을 제시하고 이 요소들 중 어느 것도 '타고난 것'은 아니며, 다른 모든 특성과 마찬가지로 자연의 복잡한 상호 작용을 통해 발달하고 있음을 제시한다.[28] 결과론적으로 잘할 수 있는 것을 통해, 좋아하고 선호하는 것을 일치시킬 수 있는 방법을 제시할 수 있다면 이보다 더 동기화를 촉진시키는 요소는 없을 것임을 알 수 있다.

주체적인 삶을 살기 위해서는 경제적인 부분을 피할 수 없다. 경제적인 부분을 충족시키기 위한 직업을 선택할 때, 선택의 순간에 우리가 가지고 있는 가치가 적용된다. 어떤 일을 진행할 때도 마찬가지이다. 잘할 수 있는 일을 선택할 것인가! 아님 좋아하는 일을 선택할 것인가! 선택은 자기결정권을 가진 각 개인이 선택하는 것이나 주변의 여러 변인들을 참조하여 결정하는 것이 필요하다. 그러나 세상을 크게 바라보고 자기만의 독특한 길을 창조하고자 하는 성격 유형을 지닌 사람이라면 타인의 삶에 피해를 주지 않는 범주 내에서 자기감각을 믿고 선택하는 것이 행복한 삶을 사는 방법이다.

삶에서의 일은 어떤 선택을 어떻게 했던 어떤 결과가 도출되던지 그리 큰 문제는 안 된다. 누군가는 선택을 잘해서 사회가 원하는 성공이라는 이야기를 들을 수도 있고 누군가는 바람직하지 못한 선택을 해 결과가 좋지 않을 수도 있다. 어떤 결과일지는 모르지만 매 순간 최선을 다하여 노력을 했다면 결과는 그리 중요하지 않다. 삶은 그리

28 Scott barry kaufman, Talent vs practice: Why are we still debating this?, The creativity post, 2014. 7.

짧은 것이 아니고 긴 여정이기에 실패와 성공은 공존한다. 한 평생 모든 것을 성공시킬 수 없고 한 평생 모든 것을 실패로 마무리 할 수는 없다. 실패와 성공은 공존 하는 바, 실패 했을 때 실패를 관리할 수 있는 능력과 성공 했을 때 성공을 지속시킬 수 있는 관리 능력이 삶에서는 필요한 능력이다.

삶을 잘 관리 할 수 있다는 것은 삶에서 특별함을 요구하는 것은 아니다. 부모님으로부터 물려받은 DNA와 주어진 환경 속에서 시간을 유효적절하게 잘 이용할 수 있는 것을 말한다. 주어진 하루의 시간을 잘 관리하여 보다 즐거운 마음으로 생활하는 것이 인생을 풍요롭게 하는 최선의 방법이다.

인간은 지구상 포유동물 중 모든 영역에서 최고의 능력을 소유한 것처럼 보이지만 그렇지 않는 경우가 많다. 다만 인간이 다른 동물과 다르게 독특하게 뛰어난 점이 있다면 집단을 형성하여 기록하며 후세에 전달하는 능력일 것이다. 삶에 있어 실패와 성공은 그리 큰 차이를 지니지 않는다. 실패는 누구에게서나 발생할 수 있는 일이며 성공이라는 이름이 꼭 나에게 적용되어야 한다는 것 역시 바람직하지 않은 생각이다. 세상 사람 모두가 원하는 결과를 다 가질 수 있는 것이 인간의 삶이 아니기 때문이다.

지구상에 존재하는 모든 사람들이 모두 성공이라는 결과를 만들어 낼 수는 없다. 만약 모든 사람들이 동일한 결과를 만들어 낸다고 가정을 해 보라. 이는 생각만 해도 끔직한 일일 것이다. 성공이라는 것과 실패라는 양극단에 무수히 많은 명제들이 존재한다. 1에서 100이라는 숫자를 제시했을 경우 1을 성공시키는 사람과 50을 성공시키는 사람 사이에 얼마나 많은 스펙트럼이 존재하는지는 누구도 알 수 없다. 1을 성공시켰던 사람이 1을 기회삼아 100을 뛰어 넘는 효과를 발휘하는 경우를 주변에서 빈번하게 목격한다. 실패는 성공의 어머니라는 말도 이와 동일하게 적용되는 경우이다. 정말 중요한 것은 지금 이 순간 우리가 어떤 생각을 하면서 어떻게 살고 있는지가 중요하다. 지금 이 순간 에너지의 흐름이 찰나가 되고, 찰나(刹那)가 모여서 초분시를 이루어 24시간이라는 하루를 만들어 내듯이 그 순간에 최선의 노력을 경주하면 되는 것이다.

살다보면 좋을 때도 그렇지 않을 때도 있지만 그것 역시 삶의 일부분이다. 중요한 것은 살아온 흔적들을 되돌아보면서 지나온 과거가 스스로의 삶에서 만족스러웠는지 되새겨 볼 필요가 있다는 사실이다. 지나온 길에 아쉬움이 있다면 한 번뿐인 내 인생을 바람직하게 살지 못했다는 증거일 수 있기 때문이다.

재능이 있으면서 성공에 이르지 못하고, 반대로 재능은 부족하지만 성공하는 사람이 있다. 열정 어린 끈기는 지속적인 노력으로 개발할 수 있고, 이를 통해 성공할 수 있으며, 자신이 하고 있는 것을 진정으로 즐기고(관심), 매일 더 나은 결과를 이뤄내도록 노력하며(실행), 자신이 하고 있는 일이 중요하다고 확신하고(목적), 노력이 더 나은 미래로 이끌 것이라는 기대를 품으면(희망) 성공은 반드시 따라오는 것이 기본적인 사실이다.[29]

가치관이란 행위의 이용 가능한 목표, 수단 및 양식의 선택에 영향

---

29 http://news.hankyung.com/article/2016070595941, 앤절라 더크워스, 김미정 옮김, 성공의 진짜 열쇠는 재능 아닌 '열정적 끈기' 그릿(Grit), 비즈니스북스, 2016.

을 미치는 개인이나 집단이 특유하게 소유하고 있는 바람직한 것에 대한 명시적 혹은 묵시적 개념이다. 가치는 한 사회의 문화체계의 일부로서 사회화를 통해 개인 성향 속에 내면화되고 사회구조와 밀접하게 관계되는 것으로 개인 성향, 문화, 사회 구조를 연구하는 중요한 속성이다.[30] 이러한 가치관은 시대와 환경의 지배를 받을 수밖에 없다. "한국인의 가치관은 집단적에서 개인적으로 권위주의적에서 평등적으로 변화하고 있으며 세대 차 및 세대 간 간격이 크게 나타나고 있다."[31]

어떤 가치가 삶에서 가장 긍정적으로 기능하고 있는지는 사람마다 가치판단의 기준이 다르기 때문에 동일하게 평가할 수는 없다. 가치는 기질적인 측면 뿐 아니라 사회문화적인 측면, 선택의 요인에 따라 상이하게 다르게 나타나기 때문이다. 그러나 중요한 것은 긍정적인 가치관을 소유하는 사람들이 그렇지 않는 사람들보다 더 많은 이해와 배려를 통해 사회에 더 많은 공헌을 하고 있다는 사실이다. 긍정 혹은 부정 또는 중립적인 가치를 통해 행동에 관한 정체성을 드러내듯 인간은 모든 것들에 대해 원인을 찾고자 하는 동물이다.[32] 대부분의 일에 가설을 설정하고 증명하려 한다. 때로는 부정확하게 검증된 가설을 신념으로 확신하는 오류를 범하기도 한다. 우리는 세계를 있는 그대로 인식하다고 믿는다. 그러나 사실 실제로 존재하지 않는 것을 보거나 듣는 경우도 있다. 인간의 인식작용을 제대로 이해하려면

---

30 임희섭, 한국사회 변동과 가치관, 나남, 1994, 98.

31 노형신, 고령화 사회에서의 효과적 고용정책을 위한 커뮤니케이션 연구 : 개인의 삶에 대한 인식 및 행동 분석을 통해, 서강대학교 석사학위논문, 2008, 20.

32 M, sherrner, why people belive weird thing, 1997, 72. The belief module, skeptic 5, no, 4, 1997, 83.

우리가 보는 이미지가 실제와 동일하다는 생각을 포기해야 한다. 인식은 단지 두뇌에서 이미지를 복사하는 것이 아니라 두뇌의 판단 행위를 필요로 하는 것이다. 실제로 인간의 눈에 비치는 망막에 도달하는 이미지는 전혀 변함이 없는데도 그 이미지를 사람마다 다르게 해석하는 경우가 대부분이다.[33] 가치관이 반영된 결과임을 알 수 있다.

우리의 삶이 아름다움을 발산하기 위해서는 우리가 하고 있는 모든 행동에 의미를 부여해야 한다. 아무리 사소한 행동이라도 그 행동 하나가 모여 큰 회오리를 일으킬 수 있음을 알고, 오늘 내가 행하고 있는 모든 것들에 대해 감사함을 느끼며 살아야 한다. 내 피부에 박혀있는 가시 하나에 온 신경이 쓰여 온 몸의 신경이 불편함을 느낄 때 우리는 있는 그대로의 건강한 존재에 감사함을 느끼듯이 평상 시 열심히 일할 수 있게 도와주는 열 손가락과 발, 우리의 인체를 구성하고 있는 모든 조직(組織, Tissue)과 우리를 둘러싸고 있는 건강한 환경에 감사함을 느껴야 한다. 내 몸의 행동은 수십 조 세포들의 통일된 의사결정체이다. 고로 모든 일에 행동거지를 조심스럽게 해야 한다. 때때로 피곤한 자신을 위해 조직에게 휴식을 부여해야 하며 오롯하게 나만을 위하는 시간들도 선물해야 한다. 삶 그대로 존재함에 감사하며 하루가 스스로에게 어떤 존재의 의미를 가져다주고 있는지 반추하며 살아야 한다. 만약 지금까지 살아온 삶이 수동적이고 위계적인 사고 체계에 적응하기 위하여 스스로가 가진 본질적인 창의성을 희생하고 있었다면 지금 이 시점에서 다시 한 번 여러분의 삶을 되돌아 볼 필요성이 있다.

33 V.s. ramachandran, phantoms in the brain, quill-william morrow, 1998, 67.

전통적인 삶의 방식을 현대적 가치체계에 적용한다면 그것은 때대로 어리석음으로 해석되기도 한다. 인공지능 정보화 시대에서 요구되는 항목은 느림의 미학보다는 빠른 적응을 요구하고 있으며 과정보다는 효율성을 추구하는 게 일반적 패턴으로 다가온다. 시대에 적응하는 것과 나름 삶의 철학을 가지고 원칙을 정하면서 사는 것 중, 무엇이 옳고 그른지 혹은 바람직한 지 못 한지 알 수는 없다. 그럼에도 불구하고 삶에서 항상 재미있고 흥미로워 했던 일들은 앞서 간 세대 사회구성원들이 하지 말아야 한다고 했던 것들이다. 우리에게 더 재미있었고 흥미로웠던 것은 우리의 부모들이 대부분 하지 말아야 한다고 하는 일들이었으며 우리의 삶에서 꼭 해야 한다고 사람들이 말했던 것은 나에게 힘들고 귀찮았던 것임을 알 수 있다. '힘들고 귀찮은 일들 즉 먹는 것, 입는 것, 세수하고 양치하는 것 등의 태도적 행위를 매일 적용함으로 인하여 습관을 형성시켜 버리듯, 일상적으로 귀찮다고 하는 행동들을 습관적인 행동으로 변화시킬 수 있다면' 여러분의 삶은 여러분이 생각하는 것 이상의 멋진 생활이 될 것이다. 일상적이고 작고 소소한 것에서 삶의 의미를 찾는다면 영화 속의 한 장면처럼 아름다운 삶이 될 것이라 생각한다.

인간이 한 평생을 살아가면서 가장 중요한 것들은 무엇일까? 어떤 삶을 살다 어떠한 방법으로 생을 마감하는 것이 행복한 삶인지 정확하게 제시되고 있는 것은 없다. 다만 인간은 우주 속 티끌처럼 미약한 존재라는 사실이다. 인간은 우주 자연 속 일부분으로서 끊임없는 성찰과 반성을 통해 삶의 최고 목표인 행복을 추구하기 위해 요람에서부터 무덤까지 부단하게 노력을 하며 살고 있다. 인생의 '최고 선'인 행복을 추구하기 위하여 모든 에너지를 집중하고 있다. 그러나 행복이라는 것은 주관적이고 조작화 할 수 없는 측면이 강해 계량화하여 나타내기 어렵다.

사람이 살아온 삶의 궤적은 있는 그 사실 그대로 기억되기도 하지만 때론 전혀 다른 방향으로 기억하고 기록될 수도 있다. 지구상에서 인간으로 한 순간 존재한다는 것, 자연이라는 선물과 접촉하는 것, 이 모든 것들이 자신 스스로의 의지에 의해 결정되지는 않았지만 세상이라는 정글에 있는 이상 각자가 원하는 삶을 살아야 한다. 삶에 있어 지름길은 없다. 인간의 상상력에 의해 만들어 놓은 제도와 규칙은 때때로 어떤 사람들에게는 혜택이라는 선물이 주어지겠지만 대다수 사람들에게는 일반적인 흐름이라는 방향으로 제시된다. 삶에 있어 좋고 나쁨이 존재할 수는 없다. 삶을 영위하기 위해서는 노동이라는 것을 해야 하며 그 대가로 주어진 이익이 우리가 사는 방식의 차이를 가져온다. 노동을 재미있게 하기 위해서 부모로부터 물려받은 유전자가 탐색적 혹은 탐구적, 희생적, 활동적인지를 아는 것이 중요하다. 내 몸이 원하는 일을 하면 일이, 일이 아닌 즐거움이 되기 때문이다.

어떤 일을 하던지 일에 있어서 차이는 없다. 좋은 일이라고 생각하는 것, 혹은 그렇지 않는 일이라고 생각하는 것, 다 생각의 차이에서 기인하는 것이다. 일이라고 하는 노동은 다 신성한 것으로 보아야 한다. 어떤 일을 하고 있는 것이 중요한 것이 아닌 어떤 생각을 가지고 어떤 일을 하고 있는지가 중요하다. 길거리에 쓰레기를 치우는 일이 하찮은 일이라고 생각하는 사람들이 있을 수도 있겠지만 관점을 달리 적용해 보면 지구의 미래를 위해 환경을 보호한다고 생각하면 지구에서 인간의 생존을 위해 엄청난 일을 하고 있는 아주 의미 있는 일이 돼 버린다. 관점을 다르게 생각하면 더 좋은 일이 될 수도 있고 더 많은 행복과 마주할 수 있다. 어떤 일을 하던 간에 그 안에서 나름의 방식으로 타인에게 피해를 주지 않고 사는 삶이 가장 멋진 인생이다.

모든 사람들이 스스로가 원하는 방향으로 삶을 디자인하고자 노력하지만 때로는 원하는 결과가 나오지 않을 수도 있다. 이럴 때 우리는 스트레스라는 상황에 직면하겠지만 이 역시 삶을 행복하게 살기 위한 촉매제라고 생각하면 마음이 편안해 질 수 있다. 한 평생 길을 가는 데 모든 길이 다 좋을 수는 없다. 오르막이 있으면 내리막이 있음을 우리는 기억해야 한다. 여러분에게 운명을 스스로 결정할 수 있는 권리가 주어지지는 않았지만 그 운명의 끝을 아름답게 장식하기 위해서 우리는 '삶이라는 디자인'을 멋지게 적용할 필요성을 요구 받는다. 태어남이 각자의 선택에 의해 선택되어지지는 않았지만 살아 있음의 과정만큼은 스스로가 책임을 지고 자율적 의지를 지닌 사람으로 책임을 져야 한다.

사람들의 태어남이 다양하듯 살아가는 패턴도 다양하게 나타난다. 주어진 생활을 편안하게 수용하고 살아 있음을 행복이라고 말하는 사람, 반대로 스스로에게 주어진 상황을 부정하면서 삶을 왜 살아야 하는지 하루하루 주어진 시간을 부질없는 것이라고 말하는 사람, 온 세상의 고민과 번뇌를 다 짊어지고 삶의 이유를 모르겠다는 사람, 있는 그대로를 수용하고 생각 없는 것처럼 사는 사람 등 삶 속에서 다양한 가치체계들이 존재하겠지만 가장 중요한 것은 "요람에서 무덤까지(From the cradle to the grave)"의 순간에도 그 무엇인가를 생각하고 자각하고 있어야 한다.

2.2. 인간 이해하기

2.2.1. 발달(Development)과 성숙(Maturation) 이해하기

발달이란 임신부터 사망에 이르는 동안 일어나는 체계적인 활동을 말한다.[34] 인간을 형성하기 위하여 한 개의 정자(Sperm)와 난자(Ovum)가 태 내 혹은 인공 수정이라는 번식(Reproduction) 통하여 이동방법을 조절하면서 세포의 모양을 변화시킨다. 정자와 난자가 만나 수정(Fertilization)을 형성하고 수정란이 된 후, 단세포 수정란(Fertile eggs)으로부터 배아(胚芽, Gemmule, Embryo bud, Germ), 포배(胞胚, Blastula), 낭배(Gastrula) 형성을 통한 내배엽(Endoderm), 중배엽(Mesoderm), 외배엽(Ectoderm)으로 분화한다. 이 조직(Tissue)들이 모여 기관(Organ)을 형성하고 기관들이 모여 체계(System)를 형성한다. 이 각각의 체계들이 충실하게 역할을 이행했을 때 복잡한 단계를 지나 약 350종류의 조직과 기관으로 나누어지는 형태 세포로 인간(Organism)이라는 육체(Body)를 형성한다.[35] 인간의 육체는 유기체이지만 독립된 각각의 세포들이 스스로의 역할을 수행하는 조직으로 구성된다.

인간은 생명 현상을 유지하기 위해 성장, 번식 및 움직임에 따른 대사의 기본적 특성과 호흡, 순환, 소화, 흡수, 배설과 같은 고차 구조

34 김희자, 인간 발달 단계에 따른 다례 교육 연구, 성신여자대학교 석사학위 논문, 004, 5.

35 오강수, 류은주, 모발 미용학의 이해, 신아사, 2009.

의 특성을 갖는다. 생명 현상인 생체는 통일성 있는 기능을 발휘하기 위하여 모든 세포들 간에 일정 기전인 '세포 신호전달(Cell signalling)'을 통하여 이루어진다. 세포의 신호전달 과정은 '전기적 신호전달 과정(Electrical signal transduction)과 화학적 신호전달(Chemicall signal transduction)' 과정으로 구분된다. 신호전달은 화학적으로 교신하여 종말단추까지 전기적으로 전달된 신호에 의해 다시 화학물질이 분비되어 필요한 지점에까지 신호전달이 반복된다.

인간의 발달은 현 단계에서 해석하는 과학 이론을 차용 했을 경우 단계적으로 일어나며 특정한 발달 단계를 뛰어 넘어 다른 단계로 진입할 수 없는 특징을 지닌다. 발달은 인간의 삶의 있어 규칙적이고 체계적인 순서에 의해 환경과의 조화 속에서 육체적·심리적·정신적 요인들의 상호작용 안에서 '성장(Growth)[36] 혹은 성숙(Maturation)[37]되어 가면서 퇴행(Regression)'[38]적인 변화를 맞는다.

인간이 삶은 발달 단계마다 이루어야 할 과업(Task)이 존재하는데, 그 과업을 이행할 수 없는 정신·심리·물리적 스트레스 상태에 놓이거나 긴장 상태에 놓일 경우 다른 발달 단계에서 문제를 겪게 되는 경우가 발생한다. 발달 단계는 인간의 성장에 있어 매우 중요한 문제로 발달 단계에 따른 과업의 수행은 각 학자들마다 상이하게 제시되고 있다.

발달과정에 따라 어떤 관점으로 보는가에 따라 환경 속에서 인간이

---

36 존재하던 그대로 크기가 증가하는 양적인 팽창을 말한다.

37 유전 암호(Genetic code)에 의해 일어나는 규칙적인 변화이다.

38 과거의 상태로 되돌아가는 현상을 뜻한다.

자유롭게 의사결정을 하는 존재로 보는 학자들도 있는 반면에, 발달 초기에 인간 삶의 전체를 결정하는 무의식적 본능의 지배를 받는 존재로 보는 학자들도 있다. 초기 결정론에 따른다면 인간의 운명은 이미 정해졌을 수도 있다는 생각이 드는 반면 환경 속에서 성장하는 자유스런 의지를 갖는 관점에서 인간을 이해한다면 인간의 점진적인 발달과 성숙은 계속 진행될 것임을 알 수 있다. 그럼에도 불구하고 발달과정이 어떤 방법으로 어떻게 제시되었다 할지라도 순차적이고 점진적인 과정이 필수적임은 부인할 수 없다. 점진적인 발달과정 없이는 한 인간이 사회 속에서 기능하고 성장하며 사라질 때까지 안정적인 생활을 유지하는데 어려움을 겪을 수 있다. 인간은 지금 현재보다 더 인간다움을 갖기 위한 스스로를 위해 혹은 지금의 상황보다 더 나은 대체(Replace)[39]를 위하여 적절한 발달과정을 맞이해야 한다.

인간의 발달과정이 각 개인마다 차이가 존재하듯이 발달과정을 제시하는 학자마다 발달 단계 구분도 다르게 제시하고 있다. 발달 단계에 따라 삶에서 매 순간 꼭 해야 하는 기본적인 일들이 있듯이 성숙하면서 인간이 꼭 수행해야 하는 일들에 대해 정리해 보는 것이 한 번뿐인 내 인생을 아름답게 사는 방법이 아닐까 한다. 삶을 대하는 혹은, 행하는 방법은 각기 발달의 특성의 다르듯 각자의 삶을 다르게 설계할 것으로 예측한다. 중요한 것은 삶을 대하는 태도에 의해 삶의 방향이 다르게 나타난다는 사실이다.

지그문트 프로이트(Sigmund freud)는 '정신분석 모델'을 제시하면서

39 삶과 죽음에 있어서 자연스런 바뀜의 과정을 말한다.

인간의 발달과정은 5세 이전이 매우 중요함을 강조하는 결정론을 제시하고 있는 반면, 하비거스트(Havighurst)의 '발달과업 모델'은 연령을 기반으로 하는 실용적 기능을 제공하고 있다. 다음의 표를 주의 깊게 살펴보자.

지그문트 *프로이트의 발달과정* [40]

단계	나이	기본 갈등	갈등 요소	성격 특성
구순기 (Oral~sensory)	탄생 12~18개월	신뢰 대 불신	수유 (Feeding)	낙천-비관/어수룩함-의심/능동적-수동적/감탄-시기
항문기 (Muscular~anal)	18개월~3세	자율성 대 수치심, 의심	배변 훈련	인색-관대/고집-순종/청결-지저분/정확-애매
운동기 (Locomotor)	3~5세	주도성 대 죄책감	오이디프스/일렉트라 콤플렉스	허영-자학/자신-소심/저돌-우유부단/모양냄-수수함/순결-음란/남성적-여성적
잠재기(Latency) ~사춘기 전 (Adolscence)	6~18세	근면성 대 열등감/자아정체감 대 역할혼돈	학교 생활/친구 관계	성본능은 잠재되어 있으며 다양한 경험에 의한 체험의 장 펼침
생식기 (Young adulthood)	19세	친밀감 대 고립감	사랑 관계	성숙-미성숙/적응-부적응

하비거스트의 발달과정 [41]

발달 단계	발달 과업
영·유아기	보행 학습/고형분 음식의 섭취 학습/언어 학습/배설 통제 학습/성차 인식/생리적 안정 유지/환경에 대한 단순 개념 형성/타인과의 정서적 관계 형성 학습/양심의 발달

40 김동배, 권중돈, op.cit, 202.

41 김동배, 권중돈, op.cit, 32.

아동기	놀이에 필요한 신체 기술 학습/자신에 대한 건전한 태도 형성/친구 사귀는 법 학습/성 역할 학습/기본 학습(읽기, 쓰기, 셈하기의 3R)의 습득/일상 생활에 필요한 개념 학습/양심, 도덕, 가치 체계의 발달/사회 집단과 제도에 대한 태도 발달
청소년기	자신의 신체 및 성 역할 수용/동성 또는 이성 친구와의 새로운 관계 형성/부모와 다른 성인으로부터 정서적, 경제적 독립의 필요성 인식/직업 선택 및 준비/유능한 시민으로서의 기본적인 지적 기능과 개념 획득/사회적 책임에 맞는 행동/결혼과 가정생활 준비/세계관에 근거한 가치 체계의 발달
청년 · 성인초기	배우자 선택/배우자와의 생활 방법 학습/가정 형성/자녀 양육과 가정 관리/시민으로서의 의무 완수/친밀한 사회적 집단 형성
중 · 장년기	사회적 의무의 완수/경제적 표준 생활 확립과 유지/10대 자녀의 훈육과 선도/적절한 여가 활동/배우자와의 친밀한 관계 유지/중년기의 생리적 변화 인정 및 적응/노년기 부모에 적응
노년기	신체적 건강 및 은퇴와 수입 감소, 배우자의 사망에 적응/동년배와의 유대 관계 재형성/사회적 시민의 의무 수행/생활에 적합한 물리적 환경의 조성

또한 에릭 홈부르거 에릭슨(Erik homburger erikson)은 인간은 합리적이며 자유스러운 존재로 규정한다. 에릭슨은 지그문트 프로이트가 주장한 심리성적 발달의 다섯 단계를 연구하면서 이에 대한 반론으로 태어나서 죽기까지 인간의 전 생애에 걸친 발달을 강조한다. 생애 8단계를 걸쳐 심리·사회적으로 발달 단계를 거치는 창조적인 존재로 규정하고 있다.

이 책에서는 다양한 발달 단계 모델 중 '에릭슨'의 심리·사회적 발달 모델을 차용하여 수행해야 할 과업들을 정리해 보고자 한다.[42, 43]

42 김희자, op.cit, 6-16.

43 https://ko.wikipedia.org/wiki/에릭_에릭슨

2.2.2. 에릭슨의 심리·사회적 발달과정 이해하기

탄생과 더불어 건강한 죽음을 맞이해야 하는 것이 인간의 숙명이다. 건강하고 아름다운 인생을 설계하고자 한다면 인간의 발달 단계를 이해하고 각 발달 단계마다 수행해야 할 적절한 과업이 있음을 알고 이에 대처하는 현명함이 요구된다. 경험하지 않고도 안다는 것, 알 수 있다는 것은 다른 동물에게는 경험할 수 없는 큰 축복임을 알고 나에게 주어진 매 순간에 감사하는 마음을 갖는 태도가 필요하다.

1 신뢰감 대 불신감(영아기, 0~1세)

이 발달 기간에는 부모의 신체적·심리적 건강 상태가 태아에게 많은 영향을 미친다. 부모 특히 임산부가 고민을 많이 할 경우 그 임산부로부터 태어난 아이는 발달이 느리고 허약하며 이상행동을 나타내고, 임산부의 불안 수준이 높을수록 신생아가 많이 우는 것으로 나타나고 있다.[44] 이 시기에 사회적 관계는 어머니와의 관계이므로 어머니가 유아의 신체적, 심리적 욕구와 필요를 적절히 충족시켜 주는 것이 신뢰감을 형성하는 중요 요소이다. 어머니가 거부적이거나, 주의를 기울이지 않거나, 일관성이 없을 때는 불신감을 형성하게 된다. 이 시기의 신뢰감은 생의 후기에 맺게 되는 모든 사회 관계의 밑거름으로 기본적 신뢰와 불신 간에 균형을 이루었을 때 생기는 힘은 '희망'이다.

---

44 김희자, op.cit, 6.

2 자율성 대 의혹(유아기, 2~3세)

이 시기에는 움직임이 많으며 자기주장이 강해진다. 스스로 계획을 수립하고 이를 행하려는 등의 활동성이 매우 강하게 나타나며 자아의식을 갖게 됨으로써 좀 더 자율적이고 독립적 존재가 되어간다. 부모 행동을 모방하고 친숙한 사물을 상징화하여 단순한 놀이를 하지만, 점차 동화나 TV에서 보고들은 이야기들을 상징화하는 놀이로 확대된다. 이러한 놀이를 통해 신체 및 내적 세계와 사회적 관계를 실험하고 이해하며 언어적인 제한점을 보충해 갈 수 있게 된다.

이 시기에는 상충되는 상황에서 본인이 원하는 상황을 선택할 수 있으며 이 선택을 통해 자신의 의지를 보여 준다. 대소변의 통제가 가능할 정도로 조직의 기능이 강화되며 직립을 통해 주변을 탐색하는 호기심을 보인다. 누군가로부터 도움을 받고 섭취하던 음식도 혼자 해결하려 하고 '나' 혹은 '내 것', '싫어' 등의 단어를 통해 자기주장을 피력한다. 이 시기에 적절한 훈육과 통제를 행하지 못했을 경우 아이는 수치심과 회의감을 갖게 된다. 수치심이란 타인들이 나쁘게 생각하는 것을 말하며, 유아기 때 부여하는 자율성의 사회적 대응물은 법과 질서이다.

3 주도성 대 죄책감(유치기, 3~6세)

이 시기에는 가족과 지내던 일상 패턴에서 벗어나 좀 더 넓은 세계를 경험하게 되는 시기이다. 사물에 대한 호기심이 극대화되는 시기로 보육원 혹은 유치원에 입학하면서 또래 집단과의 접촉을 통하여 사회화를 배우게 되며 자신과 자기 세계를 구성하는 것에 책임의식을 느끼게 된다. 관찰 학습을 통하여 사회적으로 용인하는 행동과 그렇지 않는 것을 학습하면서 바람직하지 않은 일들을 억제하게 된다.

이 시기에는 타인의 관점을 수용할 수 있는 능력의 발달 즉 타인의 입장, 관점, 사고, 감정을 추론하고 감정이입적으로 이해하는 능력인 사회적 관점 수용능력(Social perspective taking ability)에 따라 사회적 발달 정도가 결정된다. 양육할 때 지나치게 엄격한 훈육이나 윤리적 태도를 강요할 경우에는 죄책감을 형성하기도 한다.

4 근면성 대 열등감(아동기, 6~11세)

이 시기에는 신체의 체계가 안정되는 시기로 신체의 성장과 발달이 비교적 완만하게 진행되는 시기이다. 학교에서 읽기, 쓰기, 셈하기 등의 인지적 기술을 획득하며 보존개념, 분류화, 서열화, 탈중심화 등이 발달한다. 자기중심적인 사고에서 타인의 시각으로 옮겨 지각할 수 있으며 다른 사람의 인지, 사고, 감정 등을 추론해서 이해하는 능력을 갖게 되는 시기이다.

아동기는 지능발달에 지능을 형성하는 매우 중요한 시기이다. 지능은 유전요인과 환경요인에 의해서 영향을 받는데 환경요인 중에서도 가정환경, 학교환경, 문화환경 등은 아동 지능발달에 크게 도움을 미칠 수 있는 요소들이다. 그러므로 아동의 지능발달에 도움이 될 수 있도록 풍부한 경험과 창의적 활동을 격려하는 가정환경, 지적 호기심을 자극하고 충족시켜 줄 수 학교환경, 잠재능력을 발휘할 수 있도록 하는 문화환경이 잘 어우러지게 적절한 환경을 제공해야 한다. 더불어 이 시기는 자아 성장의 결정적인 시기이며 또래와 같이 놀고 배우는 시기로 세상의 중심이 부모로부터 친구 동료 사이로 변화해 가는 시기이다.

이 시기의 아동은 부모 혹은, 동료 및 친구들로부터 칭찬과 수용, 지지를 받게 되면 외부로부터 오는 도전을 스스로 극복할 수 있는 성취 혹은 경험, 경쟁심을 강화시키는 근면성을 발달시키는 시기이다. 근면성의 발달은 또래와의 관계 형성 및 학교생활의 적응, 의사소통 등 모든 영역에서 자신감을 확장시키는 계기를 갖는다.

5 정체감 대 정체감 혼미(청소년기, 11~18세)

이 시기는 신체적 정신적으로 급격하게 변화하는 질풍노도의 시기이다. 부모로부터 벗어나 친구나 스스로에게 헌신을 하는 시기로 남성과 여성의 역할이 확연하게 드러나는 시기이다. 이 시기는 남성을 더 남성답게, 여성을 더 여성스럽게 변화시키는 시기로 정서적으로 매우 민감하게 반응하는 시기이기 때문에 정서적 인내심 부분에 많은 훈련을 필요로 한다. 자기 존재에 대해 많은 고민을 하며 인생에 대해 경험과 탐색을 시작하는 시기로 이 시기의 중심 과제는 자아 정체감(Ego identity)의 확립이다. 자아정체감이란 자기 동일성에 대한 자각인 동시에, 자기의 위치, 능력, 역할 및 책임에 대한 분명한 인식으로 일생을 통해 개인에게 영향을 준다. 이 시기에 성 정체감(Gender identify)

형성을 못하면 양성 혼란을 초래한다.

이 시기에는 사회에서 요구하는 것과 스스로가 원하는 것의 차가 많은 시기로 여행 혹은 독서, 운동 등 세상에 대해 다양한 경험을 할 수 있도록 주변에서의 많은 원조를 필요로 한다. 이 시기의 신체적 정서적 특성을 고려하지 않는 부모의 지나친 간섭은 정서적으로 바람직하지 않은 결과를 가져올 수 있으므로 적절하게 통제해야 하며 교육적인 부분에 많은 압력을 가할 시 우울증 및 히스테리 증상을 겪을 수 있다.

이 시기에 부모는 자녀의 교육 혹은 진로에 대해 자녀들에게 쓴 소리만 할 것이 아니라 부모 자신이 걸어 왔던 길을 생각해 보고 자녀들을 위해 한 걸음 물러나 있는 현명함을 필요로 한다. 자녀가 잘할 수 있는 것을 찾을 수 있도록 도와주는 것이 부모의 역할이다. 능력이 부족함에도 불구하고 그 능력을 극대화하기 위하여 자식을 세뇌(Indoctrinate) 시키다 보면 자식도 능력발휘를 못할 뿐 아니라 부모자식 간의 사이도 소홀해 지는 경우가 많다. 자식을 부모의 소유물로만 보지 말고 친구 혹은 사회 생활을 하는 동료로 바라보면서 적극적인 수용과 지지를 보낼 필요가 있다. 이 시기에 가장 심각한 고민을 하는 사람은 청소년기를 보내고 있는 자녀이지 부모가 아니기 때문이다. 이 시기는 자녀가 평생 먹거리를 장만할 수 있도록 의미 있는 경험에 투자를 하는 부모가 되어야 한다. 돈과 관련된 것보다 미래에 자녀가 널리 세상을 이롭게 할 수 있도록 사회적인 의미 있는 경험에 투자할 수 있도록 원조해야 한다. 의미 있는 경험이란 꼭 돈과 관련되어 있지 않아도 할 수 있는 다양한 체험활동들을 말한다.

주변에는 자연으로부터 얻을 수 있는 소중한 것들이 존재한다. 너무 흔해서 마치 당연한 것처럼 여기고 소중함 자체도 망각하고 있는 많은 것들이 있다. 무료로 제공되는 산소와 물, 자연 경관, 운동하기, 자전거 타기, 계절의 변화를 만끽하기, 산책하는 일, 여행하기, 책 읽기 등 주변을 조금만 살펴보면 돈을 들이지 않아도 삶을 풍요롭게 해주는 의미 있는 경험들을 만들어 낼 수 있는 많은 것들이 존재한다. 자연에 순응하면서 여러분이 좋아하는 다양한 놀이를 만들고 자연스럽게 살아가는 방법은 인간을 평화롭게 해준다. 이 시기는 인생에 있어 매우 중요한 시기로 청소년 자신에 대한 새로운 지각으로부터 출발하여 학교생활 더 나아가 집단 생활에서 소속감을 확장 발달시킬 수 있는 중요한 시기이다.

6 친밀성 대 고립감(청년기, 18~40)

이 시기는 공식적으로 성인생활을 시작하는 단계이다. 완전한 행위능력자가 되는 연령인 만 19세를 성년이라(민법 제4조) 할 때 직업을 선택하고 배우자를 선택하여 출가를 하는 일, 흡연 및 금연 등의 제한이 해제되는 나이이다. 부모의 동의 없이도 모든 일을 책임지고 결정할 수 있는 나이로 자율적 의지를 가지고 타인과의 관계에서 친밀성을 이룩하는 일이 매우 중요한 시기이다.

친밀성은 동성과 이성 간의 인간관계, 친밀감, 연대의식, 공동의식 등의 따뜻한 인간관계에서 형성되는 것이다. 친밀성은 심리적 고립감과는 상충되는 개념으로 심리적 고립감은 과도한 인간관계의 형성 혹은 형식적인 인간관계에서 형성된다. 친밀성은 '나를 나답게 즉 있는 그대로의 나, 자연스러움 그 자체를 표현하는 것'이다.

청년기에 긍정적인 정체감을 확립한 사람은 진정한 친밀성을 이룰 수 있으나 정체감을 확립하지 못한 사람은 자기 자신에 대하여 자신감을 가지지 못하므로, 타인과의 관계에서 친밀성을 형성하지 못하고 고립하여 자기 자신에게만 몰두하게 된다.

인간의 신체적 성숙은 청년기인 22~23세 경 거의 완성된다. 이 시기에는 머리카락의 수가 최고의 정점을 찍는 시기로 가장 부드러운 머릿결과 피부를 보여주고 있으며 최고의 신장과 근력을 유지하는 최상의 신체적 상태를 유지한다. 즉 청년기는 전 생애에 걸쳐 힘과 건강, 에너지의 흐름이 최고 수준을 유지하는 시기이다.

20대 초반에는 대학을 진학하고 진로에 대해 고민을 하고 남성들은 군에 입대하는 시기이다. 대학에서 전공과 관련된 지식, 기술, 태도 등의 능력을 함양하고 학과와 관련된 직업을 갖고 그 직장에서 근무하는 것이 일반적인 형태이다. 그러나 요즘처럼 사회의 변화가 급변하는 시기에서는 전공과 관련되지 않은 직장에서 일을 하는 것도 일반적인 현상이다. 탐색적인 창조성을 가진 사람이라면 융 · 복합을 통한 창조적인 곳에서 새로운 직업에 도전하는 것도 나쁘지는 않다.

직장은 자신의 정체성을 드러내는 하나의 수단일 수도 있으며 정체성과 상관없이 먹고 사는 문제를 해결하는 유용한 도구일 수도 있다. 만약 직장이 먹고사는 문제와 관련된 도구라면 그 직장을 선택하는 것을 고려해 보아야 한다. 물론 일을 하다 보면 익숙해지고 편안해질 수는 있겠지만 의지와 상관없는 일을 한다면 그 일에 대해 행복한 감정을 느낄 수 없다. 대부분의 사람들에게 있어서 직장생활은 인생의 반 이상을 보내야 하는 일로 매우 중요한 의미를 지닌다. 직업을 선택하고 직장에서 그 직업이 요구하는 전문적인 지식과 기술, 태도 등을 익히는 것이다. 직장은 그 직업에서 요구하는 특성과 인간관계, 요구나 위해(危害) 여부 등을 파악하고 그 직업이 우리에게 가져다주는 장단점을 분석하는 다양한 관점에서 평가가 이루어져야 한다.

요즈음 젊은이들이 좋아하는 공무원도 시대에 따라 좋고 그름이 바뀔 수 있다. 불과 20년 전에만 해도 벤처 창업 열풍이 불었던 것에 비하면 직업은 시대의 흐름에 영향을 많이 받는다. 지금 여러분이 일하고 있는 직장이 10년 뒤에 사라져 버리거나 먹고 사는 문제로 고민할 수 있다고 생각해 보라. 지금 여러분이 생각하는 것보다 미래 직업에 대한 패러다임은 아마도 '창조적 파괴 영역'이 될 것임을 알아야 한다. 직업에 관하여 여러분은 여러분의 성격에 따라 여러분과 잘 어울리는 전문분야를 파악하고 자신의 고유한 직업 역할을 미래와 연결시켜 생각하여야 한다.

20대 후반 혹은 30대 이 시기에는 직장을 구하고 결혼을 준비해야 하는 시기이다. 결혼은 관습 혹은 법률에 따라 부부의 연을 맺는 사회적 관습이다. 결혼은 문화 · 인류학적으로 역할 맡기와 관계 맺기를 하는 인생의 반려자를 찾는 행위이다. 때로는 문화적으로 2명 이상의 남편이나 부인이 허용되기도 하나 보편적으로 일부일처제가 수용된다. 어떤 나라에서는 10대에 장려되기도 하나 산업이 발달한 나라에서는 평균적으로 20대 후반을 지나 아이를 낳는 것이 보편적이다.[45]

---

45 로버트 윈스턴 저, 김동광, 이용철 옮김, 인간, 사이언스북스, 2006, 209.

이는 친밀감과 성숙한 사회적 관계를 나타내는 주요 요인 중 하나로 성인초기의 삶의 질을 결정하는데 매우 중요한 요인으로 작용한다.

결혼과 더불어 발생하는 출산은 인간의 일생에 있어서 매우 중요한 의미를 지니고 있다. 두 사람 사이에서 탄생한 자녀는 부부의 인생 뿐 아니라 세대를 계승하여 인간의 생활을 전달하는 전달자로서의 중개자의 의미를 지니는 측면에서도 매우 중요하다. 인간 탄생의 중요한 의미를 더 의미 깊게 하기 위해서는 결혼에 대한 부모의 역할과 태도, 육아와 관련된 교육, 부부로서의 책임과 의무 등에 대한 선행 학습이 동반되어야 만족스러운 부부 생활을 영위할 수 있으며, 육아로 인한 인생의 참된 의미를 발견할 수 있다.

이 시기는 인생에서 가장 중요한 시기이다. 이 시기에 삶을 얼마나 의미 있게 사는가에 따라 삶의 방향이 달라진다. 나이 40은 세상 주변 일에 정신을 빼앗겨 판단을 잘못하거나 갈팡질팡하지 않는다는 불혹(不惑)[46]에 접어드는 시기로, 신수인 몸가짐(體貌)과 말씨인 언변(言辯), 글씨의 필적(筆跡), 사물의 이치를 깨달아 아는 판단력인 문리(文理)의[47] 네 가지를 완성해야 하는 시기이다. 즉 이 시기는 삶에서 황금기를 구가할 수 있도록 내외적인 토대를 닦아 놓는 시기로 볼 수 있다.

---

46 공자 논어 위정편(爲政篇)

47 중국 당나라 때 관리를 등용하는 시험에서 인물평가의 기준으로 삼았던 "신언서판"을 말한다.

7 생산성 대 침체감(장년기, 40~65)

이 시기는 '살아 온 날과 살아갈 날이 비슷한 인생의 중간(Half)에 서 있는 세대로서' 기혼자라도 다시 반쪽(Half)이 되고 싶은 세대, IMF위기의 어려움(Hard)을 어느 누구보다 진하게 겪어낸 세대, 가정과 직장에 막중한(Heavy) 책임을 느끼는 세대, 컴퓨터·인터넷·외국어 회화 등을 미처 익히지 못해 복잡하고 분주한 머리(Head)에다 무엇인가에 쫓기듯 모든 일을 서둘러 성취하고자 조급(Hurry)해 하지만 확실한 결정을 내리지 못하고 주저(Hesitate)하는 세대로 가정과 직장을 먼저 생각하고 남의 아픔을 함께 느낄 줄 아는 인간성(Humanity)이 풍부한 세대이면서 그래도 세상은 살 만한 곳이라고 자위하면서 모두에게 희망(Hope)을 갖자고 외치는 세대이다.[48]

이 시기는 인생에 있어 가장 중요한 시기일지도 모른다. 본인의 건강·사회·경제적인 모든 것을 포함하는 일뿐만 아니라 가족을 위해 생업을 책임지고 자녀를 양육하는 것 등 모든 것을 완수해야 하는 중요한 시기이다. 이 시기에는 직업적인 안정성과 성취 및 만족이 가장 정점에 이르는 시기이나 이 시기의 위기를 잘 극복하지 못할 경우 인생의 황혼기에 건강하지 못한 노년을 보낼 가능성이 매우 높다. 이 시기에 건강한 생활을 유지하기 위해서는 직업에 대한 재교육과 사회 변화에 대해 빠르게 적응하는 방법을 필요로 하는 시기이다. 이 시기 역시 청소년기 때와 마찬가지로 급격한 신체적 변화에 적응해야 한다.

48 정성호, 중년의 사회학, 살림지식총서, 2006, 26-37.

이 시기의 표면적인 건강 상태는 매우 양호해 보이지만 전반적으로 신체적 흐름은 퇴화하는 과정에 있다. 정신 · 심리적 · 사회적 기능은 증가하나 신체적 기능은 근감소증이 나타나면서 여러 질병에 노출되는 시기이다. 근감소증은 노화에 따라 과도하게 근육량이 감소되는 상태로[49] 근감소증(Sarcopenia)은 신체 노화에 있어 신체 비만보다 더 심각한 영향을 미치고 있다. 근감소증을 겪고 있는 사람은 전반적으로 체력이 저하되어 있으며 생활습관병과 염증을 일으키는 지표가 악화되어 있으며, 비만과 동반될 때는 심각한 건강상의 문제를 보이고 있다.[50]

신체의 근육은 태어나면서 급속하게 발달해 30대 남성의 경우 체중의 약 40~45%, 여성은 약 35~40%를 차지한다. 근육량은 25~30세 최고에 달했다가 40세 무렵부터 해마다 1%씩 감소해 80세가 되면 절반으로 줄어든다. 특히 엉덩이, 넓적다리 근육과 같이 하체의 큰 근육이 눈에 띄게 줄어든다. 통계적으로 보면 70세 미만에서 15~25%, 80세 이후에는 여성 40%, 남성 50%에서 근감소증이 나타나는 등 연령이 높을수록 발병률이 높다. 근육의 양은 30세쯤 정점에 달하고 40세 이후 해마다 1%씩 감소해 평균 수명에 해당하는 80세가 되면 절반으로 줄어드는 현상이 나타나는 바, 건강한 노년을 보내기 위해서는 늦어도 40대부터 근육운동을 해야 한다.[51] 근감소증 예방을 돕는 영양소

---

49 Siparsky, p, n, K irkendall, d, t, & Garrett, w. e, 2014, Muscle changes in aging: understanding sarcopenia, sports health, 6(1), 36-40.

50 정원상, 조현석, 이만균, 노인 여성의 근감소증과 비만에 따른 체력, 생활습관병 지표 및 근육의 생화학적 특성의 비교 분석, 체육과학연구. 28(4) 통권112호, 2017, 808-823.

51 https://www.mk.co.kr/news/it/view/2017/03/144939

는 양질의 단백질과 비타민 D, 오메가 3, 지방산, 셀레늄 등으로 보고 되고 있으며 영양소가 모두 풍부하면서 가격이 싸고 소화가 잘되는 식품은 계란으로 나타나고 있다.[52] 물론 음식의 섭취로만 근력을 유지할 수 있는 방법은 없다. 숨이 찰 정도로 한 주에 5일 이상, 한 시간 이상 꾸준하게 운동을 지속적으로 해 주었을 때 근력이 유지될 수 있음을 간과해서는 안 된다. 대체적으로, 남성들이 운동을 할 경우에는 수영 등의 유산소 운동을 통하여 근육의 유연성을 유지하는 것이 적절하며 여성은 남성에 비해 근력의 강도가 약하므로 근력을 증가시킬 수 있는 헬스 등을 추천한다. 만약 여러분이 육체적으로 건강한 노년을 맞이하고 싶다면 허벅지의 근육 등 근육을 강화하는 운동을 실시해야 한다. 근육은 통증으로부터 자신을 보호해 줄 뿐만 아니라 피부미용과 질환을 포함하는 모든 요소에서 건강한 노년을 준비하는 필수 요소임을 기억해야 한다.

어떤 운동을 하던지 지속적으로 운동을 하는 것은 근육을 유지하는 것에 도움을 준다. 근육을 유지하기 위해서는 고강도 무산소 운동을 해야 한다. 인체 세포는 외부 환경에 쉽게 적응하는 경향이 있으므로 세포가 적응할 수 있는 시간을 주지 않는 운동이 필요하다. 지속적이고 반복적인 운동이 근육을 성장시키는 것에 도움을 주고 있지만, 근력의 유지력과 체중을 조절하는 것은 반복적인 운동 패턴보다는 심장에 약간의 무리가 갈 수 있는 반복적이지 않는 즉 인체의 세포들이 적응할 시간을 주지 않는 운동들을 추천한다. 예를 들면 걷기를 지속

52 https://www.mk.co.kr/news/it/view/2016/08/612005.

적으로 하는 사람들에게 똑같은 강도로 걷는 것보다는 걷다가 약간의 숨이 차는 정도로 뛰기를 하는 것을 반복적으로 행할 경우 운동의 효과는 배가 됨을 알 수 있다.

이 시기에는 신체 변화에 대한 적응으로부터 출발하여 부부 상호 간에 사랑의 의미를 재정립해야 할 필요성도 대두된다. 전통적인 환경에서 이 시기에는 조금은 여유로움을 느낄 수 있는 시기이나 삶의 기대수명 및 기대여명이 증가하고 있는 현대사회에서는 결혼 생활 및 전반적인 생활의 변화에 대한 재정립이 필요한 시기이다. 특히 시대의 변화에 따른 가치관과 생활 양식의 적응, 부부 간의 고전적인 결혼 생활에 대한 가차판단 및 애정의 재확립이 필요한 시기이다.

이 시기에는 가족 규모의 축소로 인하여 부부와 자녀로 구성된 2세대 가족과 자녀가 없는 부부나 어르신으로 구성된 1세대 가족 등이 증가하는 하고 있는 시기이다. 더불어 편부모 가족인 한부모 가족, 재혼 가족, 무자녀 가족, 독신자 가족, 동거 가족, 공동체 가족, 동성애 가족, 수정확대 가족, 수정핵 가족 등의 가족의 형태가 다양화 되는 추세이기 때문에[53] 이 시기를 적절하게 넘기지 못하면 가정이 위기에 봉착할 수 있다. 현대에 들어서 1인 가구의 폭발적 증가로 인하여 반려동물도 가족의 범위 내로 확산하고 있다. 많은 사람들이 이 시기를 적절하게 넘기지 못하고 가정의 불협화음을 겪고 있는 사례들을 볼 때 이 시기에는 직업과 여가, 결혼 생활에 대한 의식의 변화가 중요 발달과업이라고 볼 수 있다.

53 이정숙, 가족문제, 교문사, 2006, 20-25.

중년기는 자신과 타인의 행동방향을 제시하고 미래를 계획하며 타인의 욕구를 예측할 수 있는 능력이 요구되는 시기로 규정할 수 있으며, 이 시기에 직면하게 되는 심리사회적 위치를 생산성 대 침체라고 한다. 생산성이란 자녀를 양육하고, 능동적으로 직업에 몰두할 수 있으며, 사회의 발전에 관심을 갖는 것 즉, 자신보다 타인, 현재보다는 미래를 위한 일에 대해 몰두하는 것을 말한다. 개인이 다음 세대에 전달하고자 하는 복지뿐 아니라 다음 세대가 일하며 살아 갈 사회의 성격에 대한 관심과 그에 따른 자기 개인의 만족감, 기술적 생산품, 아이디어, 책, 예술 작업 등에서 재현되는 것을 말한다. 이 시기에 생산성을 제대로 발휘하지 못하거나 안 하게 되면 모든 활동 영역에서 침체감을 경험하면서 주변 환경들에 대한 관심보다는 자신에 대한 개별적 욕구에 더 치중하게 된다.

이 시기에는 남에게 대한 관대함이 결여되지 않도록 훈련을 받을 필요성이 있으며, 사회적으로는 안정된 가족생활을 위해서 가족성원들의 성장과 발전을 지원할 수 있는 환경을 조성하여야 할 의무를 지닌다. 자식들을 사회구성원으로 적절하게 성장할 수 있도록 법과 제도에 맞는 문화시민으로써 성장할 수 있도록 적절한 교육 및 훈육 혹은 인독트리네이션(Indoctrination)[54]을 적용할 수 있어야 한다. 이 시기는 직업 활동을 유지하면서도 교육(Education, Training, Teaching, Instruction)과 여가(Recreation), 생리적 욕구 충족, 가족과의 긴밀한 관계, 사회적 안정 및 개인의 성장을 위한 발전 등의 영역에서 자기계발을 추구해야 하

54 https: / /terms.naver.com, 사람들에게 특정의 교의(敎義)나 가치를 내면화시키는 행위로 주입(注入)이라고 한다.

는 중요한 시기이다. 신체적 변화에 따른 건강관리도 게을리 하지 않아야 하며 부부 및 자녀와의 관계에서 오는 위기극복을 성공적으로 완수해야 하는 시기이다. 이러한 위의 요인을 성공적으로 이행하지 못할 경우에는 침체의 시기를 겪을 가능성을 증가시킨다.

이 시기의 침체란 심리·정서적인 성장의 결핍으로부터 오는 것으로써 각 개인이 지니고 있는 특수한 자질을 지역이 지닌 특수한 체계와 교류하지 못하고 자신의 에너지를 오롯하게 자신을 위해 사용하거나 자기만족을 위해 사용하는 것을 의미한다. 이러한 침체는 직장에서의 부적응, 부모·형제·자매 간의 관계, 부부와 자녀 간의 갈등과 이혼 등으로 인하여 무능력을 경험할 때 형성된다. 더불어 사회의 급격한 변화에 대처하지 못하고 주변과의 교류가 원만하지 못할 경우에 침체 상태에 이르게 된다. 이 시기에 이러한 생산성을 확립하지 못하면 사회생활에 대처하는 능력이 저하되며 노년기에 어려움을 겪을 가능성을 증가시킨다. 이 시기에 생산성을 확립하기 위해서는 부모로서의 사회적 역할에 충실하기 위한 안정적인 직업과 직업으로부터 오는 만족감을 향상시키기 위한 준비를 게을리 하지 않아야 하며 존재하는 그 자체 즉 고유한 한 인간으로서의 사회 공헌 등의 활동에 적극적으로 참여해야 한다.

인생을 마무리해야 하는 시기에 건강한 노년을 맞이한다는 것은 인생의 아름다움을 더 아름답게 연출했던 자신의 삶에 대한 최고의 선물이다. 대부분의 인간은, 미래의 안락한 삶을 핑계로 내 몸의 세포가 원하지 않는 많은 일상들을 수행해 왔다. 만약 불편함을 참아내고 건강한 상태로 노후에 원하는 것을 얻었다면 혹은 얻을 수 있다면 참고

견디는 것은 그리 큰 문제가 되지 않는다. 그러나 반대의 경우라면 정작 노년기를 맞이하였을 때 자신을 위한 삶이 있었는지, 그 삶에 후회는 없었는지에 대한 후회가 밀려올 수 있다. 몸을 혹사시켜 가면서 희생한 대가가 모든 것에 대한 결핍을 초래할 수 있다면 삶의 방향을 재설정 할 필요가 있다. 더불어 노후 생활이 문제가 될 경우 배우자와 자녀, 혹은 주변 체계로부터 어떤 평가를 받을 것인가에 대한 고민도 필요하다.

보편적이지는 않지만 자식의 허물은 감추고 상대의 허물을 험담하는 배우자가 증가하고 있다는 사실을 알고 있어야 한다. 자식을 위해서 모든 것을 희생하는 아가페적 사랑이 적절한 것인지를 생각해 볼 필요가 있다. 자식의 나이 20이 넘으면 떠나 보낼 준비를 하는 것이 바람직한 삶의 방식이다. 부모가 자식의 모든 일에 관여를 하기 시작하면 어디까지가 관여를 해야 하는지에 대한 문제가 생긴다. 저자의 경험상 대부분의 학생들은 부모가 대학 졸업 시까지만 경제적 원조를 해주길 바라고 있다. 졸업 후에는 본인이 경제적 활동에 대해 책임을 지는 것에 그리 부담스러워 하지 않는다. 그럼에도 불구하고 대부분의 부모는 자식에 대해 더 많은 경제적 지원을 하려한다. 모든 부모들이 다 그런 것은 아니지만 결혼 이야기가 오고 가는 동시에 주택자금 및 혼수비용을 걱정하고 지원하는 것이 대한민국의 보편적인 부모들의 생각이다. 결혼 후에는 임신 축하금 및 출산 장려금, 산후 조리원 비용 지원에서 출발하여 100일이 되었을 때 100일 축하금, 돌이 되었을 때는 돌 축하금을 지원해야 한다. 또한 자식의 자녀 양육이 어려운 상황이 될 때면 육아까지 책임을 다하는 경우를 종종 보곤 한다.

어떤 사람들에게서는 부모의 능력은 기본이고 할아버지 할머니의 능력으로 대학 입학 시 축하 선물로 차량을 선물 받는다고 한다. 도대체 어디까지 자식을 위해 희생해야 하는지 알 수 없다. 이런 현상은 자식이 원하지 않지만 자식의 배우자가 관여 되어 있을 경우에는 더 심하게 나타난다.

8 통합성 대 절망(노년기, 65세 이상)

이 시기는 인생의 마지막 단계로 노년기이다. 이 시기에는 개인의 삶에 대해 편차가 심한 편이다. 인생을 어떤 방식으로 설계하고 계획했는가에 따라 이 시기의 삶은 확연하게 다르게 나타난다. 사회에서 무대를 주름잡던 주인공에서 물러나 주변인으로 자리하게 되는 이 시기에는 소득의 감소 및 자아존중감의 저하, 사회구성원으로서의 역할 감소 및 여가 시간의 증가 등과 같은 삶의 변화를 맞이하게 된다.

이 시기는 지금까지 각 개인이 지녔던 삶의 패턴이 지배적으로 드러나는 시기로 그동안 살아왔던 삶의 방식대로 행동 및 태도가 고착화 되어가는 시기이다. 이 시기의 발달과업은 내려놓아야 할 시기이다. 소유하려하지 말고 지나온 삶에 대한 지식을 기초로 지혜로움을 발휘해야 할 시기이다. 노년을 가치가 없고 하찮고 귀찮게 보이게 하는 주된 이유는 노년의 고집스러움에서 시작된다. 젊었을 때, 힘이 세고 권력을 가졌던 시기의 사고 체계에서 벗어나 지혜롭게 인생의 아름다운 뒷모습을 보여 주어야 한다. 약간의 지혜로움만 가진다면 노년은 현명함이고 모든 누군가는 꼭 거쳐야 할 아름다운 끝 마무리인 것이다. 그 아름다움을 더 아름답게 빛나게 하기 위해서는 소유보다는 베푸는 것에 초점을 두어야 하는 시기이다.

발달과정에 따라 계획성 있는 삶을 보낸 보편적인 사람들이라면 평안한 노년을 맞이할 것이나, 그렇지 못한 대부분의 사람들에게는 이 시기의 삶 자체가 스트레스일 수 있다. 인생의 황혼기로서 발달과정에 적절하게 대응하지 못한 사람들에게서는 신체적인 노화로부터 오는 우울감과 상실감, 직업으로부터 은퇴, 주변에 존재하는 친구 및 동료 혹은 배우자를 떠나보내는 것 등으로부터 삶에 대한 무기력함을 느끼는 시기이다.

이 시기는 인생에 있어 무엇인가를 취하려 하기보다는 하나 둘씩 내려놓아야 하는 시기이다. 이 시기는 누군가에게 도움을 주던 존재로부터 도움을 받아야 하는 처지에 놓아는 경우가 대부분이다. 발달이 적절하게 이루어진 사람이라면 삶의 성숙을 이해하고 젊었을 때 가졌던 권력과 책임으로부터 모든 것을 내려놓는다. 그게 정답인 것이다. 그러나 살아온 삶의 패턴을 한 번에 바꾼다는 것은 매우 어려운 일이다. 바꾸기 위해서는 지속적인 반복 훈련을 통하여 일상생활을 유지하기 위한 것 외에 사회적 권력 및 가정의 권력 모든 것을 내려놓아야 할 준비를 해야 한다. 권위란 내가 갖고 싶어 하는 것이 아닌 주변 사람으로부터 자연스럽게 부여되어야 한다. 힘이 있던 젊은 시절을 회상해서는 절대 안 된다. 과거는 과거일 뿐이다. 그러나 대부분의 사람들은 권력이 떠나가고 있음에도 불구하고 집단에 대한 소속감을 느끼고 싶어 하며 자식을 통제하고 권력을 가지고 싶어 한다. 이 시기에는 이것들로부터 벗어나야 하는 시기이다.

노년기에는 모든 기능이 저하되면서 신체의 기능을 유지하기 위한 운동과 음식의 섭취가 중요한 화두로 대두된다. 일상적인 생활을 유지하는 것이 아무렇지도 않았으나 이 시기에는 먹고 소화시키고 배설하고 잠자는 것이 걱정이 될 정도로 신체적인 기능이 완벽하게 달라지는 시기이다. 음식 섭취 시 약간의 무리에도 위 운동의 약화와 소화효소 분비량의 감소에 의해 문제가 발생된다.

두뇌는 어떠한가! 명석했던 두뇌는 퇴화와 함께 인지 기능에 문제를 일으키며 치매에 노출될 가능성을 증가시키고 있으며, 치아는 잇몸에 문제가 생기면서 다양한 상태의 불완전에 노출된다. 근육 운동을 적절하게 하지 않았을 경우에는 근육량이 감소하며, 피부는 주름지고 모발은 광범위하게 탈락하는 등 신체 전반적으로 기능이 퇴화한다. 신체뿐 아니라 경제력, 학습 등 모든 능력에서 퇴화하는 시기이다. 신체적으로는 근력 감소에 따른 질병의 발병이 증가하며, 사회집단으로부터 관계의 약화, 가족 간 친밀감의 감소 등 모든 영역에서 전반적으로 감소가 일어나면서 다양한 문제를 파생시킨다. 따라서 노년기에는 무덤에 이르기까지 건강하게 삶을 영위할 수 있는 방법을 강구해야 한다.

지지받는 노년의 삶을 위해서는 20대부터 노년의 신체변화와 감소 등에 대비하여 철저한 준비를 해야 한다. 노년기에는 삶에 대한 평가가 다시 이루어져야 하며 가족 간, 관계 및 역할에 대하여 새로운 기준을 적용해야 한다. 모든 것을 원조하던 시기에서 원조를 받는 삶으로 전환되기 때문에 삶에서의 여가 시간 활용하기와 가치 있는 죽음을 대비하기 위한 의미 있는 활동 등에 대해 고민하고 신체가 활동하기에 적절한 생활 환경을 조성하여야 한다.

이 시기에는 특히 재산과 관련한 유산의 분배 및 형제자매 간, 손자 및 손녀 간의 다양한 관계에 대해 확실하게 마무리를 해야 한다. 이는 건강한 육체와 정신에 관련된 것으로 사후 예측되는 다양한 문제로부터 가족의 화합을 유지하는 지름길이기도 하다. 가족 간에 약간의 문제라도 발생이 될 경우 남들보다 사이가 더 멀어지는 상황이 올수도 있기 때문에 이러한 상황을 예측하고 미리 대비해야 한다. 더불어 나와 나의 배우자가 건강이 나빠질 경우를 대비해 수발에[55] 관한 계약서를 꼭 작성해야 한다. 계약서는 구두로 작성하는 것보다 전문가의 도움을 받는 것을 기본으로 한다. 특히 자녀와 며느리로서의 의무를 다하지 못했을 경우에는 유산에 관련된 모든 것을 환원하다는 조항을 삽입하고 공증까지 완벽하게 처리해야 할 필요성이 요구된다. 이는 부모와 자녀 간의 문제를 떠나 자녀의 배우자 혹은 사위와 관련된 문제이기 때문에 철저함을 요구한다. 시대와 상황이 변하고 있기 때문에 온정주의로 흐를 경우 불편한 현실과 마주할 가능성은 증가할 수밖에 없다.

삶에 있어 다양한 위기를 극복하고 건강한 삶을 유지하는 경우에는 배우자와 자녀 간 유대 관계가 친밀성을 담보하지만 그렇지 못할 경우에는 홀로 살아가면서 일상적인 문제를 해결하는 데 많은 어려움을 겪을 수 있는 시기이다. 내가 나의 생활을 유지하지 못할 경우를

55 지근거리(至近距離)에서 여러 가지 시중을 들면서 보살핀다는 순수한 우리말이다.

대비하여 '죽음에 대한 관점'과 '죽음에 대한 태도' 등을 미리 생각해 보는 것도 이 시기에 중요한 과업이라고 볼 수 있다. 때때로 우리 주변에서는 핵가족화에 따른 경제적 어려움과 외로움에 의하여 '무연사'로 생을 삶을 마감했다는 소식을 접하곤 한다. 이러한 상황을 맞이하지 않는 방법은 자녀와 부부 간의 적절한 유대 관계와 사회서비스 체제를 잘 이해하고 이를 이용할 수 있는 현명함을 지녀야 한다.

이 시기를 현명하게 넘기기 위해서는 각자가 지닌 삶의 과정을 과거로 회귀시키지 말고 지나온 삶의 과거가 각 개인이 정말로 하고 싶었던 일에 대해 가치를 부여하는 의미 있는 시간이 되어야 한다. 내가 걸어온 길이 혼자만의 것이 아닌 주변인으로부터의 도움이 있었음으로 지금의 내가 있었음을 이해하고 자신의 생애가 가치 있는 삶이었는지를 되돌아보는 시간이 되어야 한다. 자신의 삶이 무의미한 것이었다고 후회하기보다는 한 인간으로서 자녀를 양육하고 그 자식을 양육함으로써 한 세대를 이끌어 왔다는 자부심을 갖고 삶에 대해 의미 있는 경험을 전달해 주는 전달자로서의 삶을 살아왔다는 사실에 감사함을 느껴야 한다. 이런 삶은 지혜로운 삶에서 드러나는 특성이며 지혜란 지나온 삶의 상황에 맞게 나를 표현하는 것으로 자연스러움의 수용을 통해 삶의 마지막을 의미 있게 정리하는 것이다.

다음 아래의 표는 50대 후반인 저자의 발달과정에 따른' 인생계획표'이다. 저자의 사례를 참조하여 여러분 발달 상황에 맞는 '여러분의 인생계획표'를 작성해 보자.

50대 후반인 *저자의 인생계획표*	
건강	일주일에 4일 이상 하루 90분 정도 새벽 운동하기
가족	시대 변화에 따른 정서적 · 심리적 · 경제적인 협력 관계 구현하기
직업	인생의 3부작을 위한 주춧돌 쌓기
대인관계 애경사	상대의 입장에서 생각하기/가족과 함께 하는 조촐한 행사 진행하기
버킷리스트	지구촌 곳곳을 여행하면서 기록하기
학습	책 읽기 및 평생 학습하기
안락한 죽음	의지대로 신체가 반응하지 않을 경우 대책 마련하기/유언장 작성하기

여러분 연령대에 따른 *인생계획표 제시해 보기*	
진학	
직업	
취업	
결혼과 육아	
가족	
재산관리	
집 마련	
돈 모으기	

○ 여러분이 수행해야 할 중요한 일들[56]과 시급한 일들[57]에 대해 정리하기
예) 진학/직업/취업/결혼과 육아/가족/재산관리/집 마련하기/경제/건강 등

56 중요한 일이란 비전에 맞는 삶의 목적을 말한다.

57 시급한 일이란 매 순간에 예상하지 못했지만 발생하는 일로 갑작스레 발생하는 일이다.

2.3. 행복에 접근하는 가치관 선정하기

2.3.1 삶의 태도 선정하기

인간은 일상생활 모든 경계에서 스트레스를 자각하지 않고 자율적 의지로 삶을 살아가는 것에 많은 관심을 가지고 있다. 특히 주어진 환경에서 각자에게 삶에 의미를 부여하고자 많은 노력을 하고 있다. 철학 및 경영학, 의학, 심리학, 미용학 등 모든 학문의 영역에서 스트레스 및 인체와의 상관관계에 대해 많은 연구를 진행하고 있다. 이 중 심리학 및 실험 심리학, 상담 심리학 분야에서는 문헌연구를 통해 스트레스를 극복하는 삶의 의미에 대해 명확한 답을 제시하고 있다. 삶에 있어서 가장 중요한 것은 (1) 개인적으로 존재하는 것에 대해 자아존중과 가치감, 중요함을 느끼는 중요성(Mattering or Significance), (2) 인생에서 자신의 목적을 알고 내적인 동기를 불러일으키는 목적/목표(Purpose or Goals) 설정, (3) 삶의 과정을 통일감 있게 이해하고 연결하는 일관성(Coherence)을 제시하고 있다.[58] 즉 인생을 살아가는 데에 있어서 가장 중요한 삶의 의미는 존재에 대한 자아존중의 중요성을 느끼면서 삶의 목적과 목표를 가지고 상황에 대한 어떠한 곤경이 존재한다 하여도 심리적 · 정서적 · 태도적인 측면에서 일관성 있는 원칙을 보이

---

58 Heintzelman, S. J., & King, L. A, Life is pretty meaningful. American psychologist, 69, 2014, 561-574.
Zika, S, & Chamberlain, K, On the reation between meaning in life and psychological well-being, British journal cf psychology, 83, 1992, 133-145.

는 것이다.

인간에게서 삶의 의미는 주관적인 각자의 감정에 의해 긍정적일 수도 있고 부정적일 수도 있다. 삶을 어떤 가치관을 가지고 대하는가에 따라서 삶을 대하는 태도는 확연하게 차이가 있다. 물론 부모로부터 어떤 DNA를 물려받았는지에 따라 전체적인 특성이 드러나겠지만 그보다 더 중요한 것은 어떤 환경에서 성장하였는지 혹은 성장하고 있었는지가 더 중요하다. 과학적으로 완벽하게 증명되지는 않고 있지만 후성유전학(Epigenetics, 後成遺傳學, 후생유전학, 後生遺傳學)[59]은 오랫동안 선대들이 삶속에서 강조해 왔던 일상적인 물음에 대해 답을 제시하기 시작하고 있음이 좋은 예이다. 좋은 환경과의 경계면에서 성장한 사람들이 그보다 바람직하지 못한 경계면에서 성장한 사람들보다 삶에 대해 더 긍정적이라는 것들이 일반적인 견해이다. 즉 일상생활에서 보다 더 행복함을 느끼는 사람들은 긍정적인 감정을 가지고 자기 성취를 위한 부단한 자기계발을 추구하는 사람들이라는 것이다. 더불어 건강하게 장수하는 어르신들을 분석해 보면 더 많이 웃거나 일상을 긍정적으로 대하면서 감사하는 마음을 직접적으로 표현하는 어르신들이 더 건강하고 행복한 삶을 영위하는 것을 종종 만나 볼 수 있다.

아프리카 초원의 원시적인 삶에서부터 출발한 인간 사회는 인공지능의 초연결사회로 이동하면서 급격한 변화를 초래하고 있다. 인간의

59 DNA 염기서열을 기초로 연구하는 유전학과는 다르게 세포표현 또는 유전자 발현의 변화가 환경 혹은 외부요인에 의해 어떤 방식으로 변화하는지 그리고 유전자를 때때로 불규칙적으로 바꾸는 외부는 환경요인으로부터 초래된 세포 및 생리학적 표현 특성의 다양성을 연구하는 학문이다.

끝없는 욕구는 도전정신이라는 미명하에 자연을 거스르며 수많은 변화를 일으키고 있다. 아프리카 사바나 초원에서 직립보행을 출발한 인간은 이제 광활한 우주에로의 순간 이동을 마다하지 않는다. 우주에서의 유영(游泳)은 먼 미래에 일어나는 일이 아닌 가까운 현실에서 마주하고 있다. 사회는 빛의 속도로 진화하고 있으며 인간은 그 변화에 속도에 동참하기 위한 노력을 게을리 하지 않는다. 더불어 인간의 욕구 단계도 더불어 진화하고 있다. 인간의 욕구는 매슬로우의 욕구 단계에서도 5단계의 상위 단계로 진화하고 있다. 1차 산업혁명은 생존의 욕구를, 2차 산업혁명은 안정의 욕구를, 3차 산업혁명은 사회연결의 욕구를 충족시켜온 혁명이다. 이제 4차 산업혁명은 자기표현을 충족하는 혁명이 될 것이라고 주장하고 있다.[60]

자기표현을 충족하는 혁명적인 욕구의 삶과 전통적인 삶 중, 어떤 삶이 행복한 삶인지는 알 수가 없다. 중요한 것은 환경 속에서 어떤 교육을 어떤 방법이나 어떤 방식으로 받이 어떤 가치관을 형성하고 있는지에 따라 다르게 나타난다. 행복의 척도를 평가할 때 아마도 물질적인 것을 추구하는 사람과 비물질적인 것을 추구하는 양극단에서 각자가 다를 것으로 예측한다.

인간은 인간을 지구상에서 만물의 영장이라고 치켜세우면서 인간 중심적인 사고 체계를 형성시켜 왔다. 인간이 다른 생태종(Ecospecies, 生態種)[61]에 비해 인간의 행동을 기록하고 저장을 통해 문화를 후대에

---

60 이민화, 4차 산업혁명 시대 행복의 조건, Economist. 통권1468호, 2019.01.2., 8-9.

61 생육장소는 다르지만 교잡에 의한 생존력이나 임성(稔性)의 저하를 초래하지 않고 서로 자유교배 하는 다수의 생태형 또는 집단을 말한다.

전달하는 능력이 다른 종에 비해 탁월한 것은 사실이나 모든 영역에서 다른 포유동물보다 탁월한 능력을 보이는 것은 아니다. 인간이 귀하게 여기지 않는 다람쥐와 어치는 도토리가 여물기 시작할 때부터 겨울까지 도토리 같이 잘 썩지 않는 열매를 파묻어 놓은 수백 곳의 위치를 기억해 낼 수 있으며,[62] 개는 인간에 비해 코의 길이가 길고, 후각상피 표면적이 10~50배 넓을 뿐 아니라 후세포 수가 40배 이상 더 많아서[63] 인간의 암을 진단하는데 높은 적중률을 보이고 있다.

인간은 다른 동물에 비해 눈으로 보고도 볼 수 없는 것들이 많고, 듣고도 못 듣는 무수히 많은 현상 속에 살고 있으며, 느끼고도 자각할 수 없는 수많은 물질들과 접하고 있다. 인간은 지나온 역사를 기록하고 정리하는 것과 미래를 계획하고 연구하는 다양한 관점에서 사물을 바라보고 해석하는 고차원적 지능에 있어서 다른 포유동물에 비해 절대적 우위를 지니고 있지만 다른 포유동물보다 모든 영역에 있어서 절대적 우위를 지니고 있는 것은 아니다.

자연은 모든 것을 다 주지는 않는다. 부족한 그 무엇이 존재하면 다른 영역에서 채워지고 절대적으로 완벽한 것처럼 보이지만 세밀하게 들여다보면 완벽함이란 존재하지 않음을 알고 있다. 자연에 존재하는 현상이 절대적이지 않듯 인간의 의식 역시 절대적으로 동일한 체계를 지니고 있지는 않다. 어떤 하나의 사물을 놓고 그 사물을 표현하기 위한 방법을 제시 했을 때 인간은 본인이 성장한 환경과 사물과의 조화를 통해 각자 다르게 표현을 하는 경우가 대부분이다. 어떤 사람은 사

---

62 로버트 윈스턴 외, 김동광, 이용철 옮김, op.cit, 19.

63 http://nownews.seoul.co.kr/news.

물의 형상에 대해 이야기하고 어떤 사람은 '사물의 쓰임, 사물의 제작 방법, 사물의 폐기 방법, 사물에 대한 디자인 구성 요소' 등 수도 없는 다양한 표현들을 이야기 한다. 이는 하나의 사물을 똑같은 시간에 똑같이 바라보고 있으면서도 생각이나 표현 방법, 바라보는 관점 등의 요소가 각기 다르다는 것을 알 수 있다. 행복이라는 요소 역시 사물을 각기 다르게 바라보는 것처럼 주관적이고 상대적이며, 환경 속에서 어떤 관계를 맺고 있는가에 따라 결정될 수 있음을 알 수 있다.

인간의 삶에 있어 인간이 자각할 수 있는 주변 요소들은 그리 많지 않음을 우리는 수많은 연구들을 통해 알 수 있다. 인간이 다른 포유동물들에 비해 독특한 존재이기는 하지만 어떤 삶을 살다가는 것이 행복한 삶인지는 그 누구도 결정하기 어려운 이유이다. 지구상 80억이라는 인구 중에 자신 스스로의 의지에 의해 태어난 사람들은 없겠지만 세상이라는 정글에 태어난 이상 경쟁하기보다는 각자가 지닌 다양한 사고를 존중하면서 각자가 원하는 삶을 사는 것이 중요하다. 중요한 것은 '타인의 삶에 위해를 가하거나 생명을 빼앗는 일, 사람의 마음을 교묘하게 속이거나 위협을 가하는 일, 남의 물건에 손을 대는 일' 등의 요소를 제외하면 거의 대부분의 일들은 상대적인 관점에서 서로의 이해를 필요로 한다. 먹고 마시고 뛰놀던 환경이 다를진대 각자가 동일한 생각을 갖는다는 것을 있을 수 없는 일이다. 일상적인 행위에서 우리는 '옳다 그르다'를 찾을 것이 아니라 다양한 사고 체계를 인정하고 '다름'을 말할 때 마음의 평화를 찾을 수 있다. '옳고 그름 즉 사물을 시비의 대상'으로 바라보는 순간 삶은 피곤해 질 수밖에 없다. 인간 그 자체 고유한 인간으로서의 존엄을 인정한다면 생활 그 자체에서 부딪침이 없다. 나의 가치 기준으로 상대를 끌어 들이려 할 때 스트레스 상태에 놓이게 되며 논쟁을 불러일으킬 수 있다.

만약 여러분이 '진정으로 행복한 삶을 영위하고자 한다면 주변과의 조화로움 속에 내 안의 평화로움을 추구하는 것'이어야 한다. 내 안에서 내가 평화로울 때 사물을 바라보는 관점이 다르게 보인다. 우리가 매일 접하는 일상적인 사물들도 내 안의 기분상태에 따라 표정이 달라진다. 모든 사물들은 자연 그 자체로 그 모습을 유지하고 있지만 내가 어떤 관점에서 보는가에 따라 느낌이 다르다. 내가 우울할 때 부는 약간의 서늘한 느낌을 주는 바람은 나의 감정을 혼란스럽게 하지만 기분이 좋다고 느끼는 상태에서의 그 바람은 상쾌함을 동반하면서 폐부 속 깊은 곳까지 부드러운 행복을 선사한다.

'슬픔과 행복, 평화와 혼란, 미와 추함' 등의 가치는 양극단에 존재하는 서로 다른 가치이지만 상대적으로 나타난다. '감정을 좋은 방향으로 강화시키면 삶이 평온해지고, 감정을 부정적인 방향으로 강화시키면 투덜거리는 삶'을 영위하게 된다. 약간의 투덜거림이 삶에서 필요는 하겠지만 미끄러운 경사면의 오류(Fallacy of slippery slope)[64]처럼 한 번 허용하는 순간에 계속적으로 용인해야 하는 상황이 올 수도 있다. 될 수 있는 한 인간의 뇌에서 인간의 행동에게 지시하는 우울한 감정은 폐기처분하려 하는 행동패턴이 중요하다. 뇌에서 지시하는 '기분

64 미끄럼틀에 한 번 올라타서 내려가기 시작하면 되돌아 올 수 없는 것처럼 부정적인 어떠한 일을 경미하다고 한 번 허용하는 순간에 그 경계면에 있는 사안들에 대해 어떤 방식으로 대처해야 하는지에 대한 연쇄반응의 오류 혹은 도미노의 오류라 한다.

저조함을 행동과 감정에서 그대로 적용하는 경우에는 우울한 삶이 될 가능성을 증가'시킨다. 회색빛 우울한 생각에 나의 행동이 속을 필요는 없다. 만약 여러분이 우울한 생각이 든다면 그 우울한 생각들을 떨쳐 버릴 다양한 대안들을 미리 준비해 놓아야 한다. 사람마다 그 대안들은 각기 다르다. 그러나 진짜 중요한 것은 생각만 하고 말로만 해서는 안 된다. 즉시 즉각적으로 일상적인 어려움을 극복해 낼 수 있도록 생각을 실천으로 옮기는 것이 매우 중요하다. 반대로 친구가 어려움을 호소하고 있다면 실재적으로 같이 어울려 주는 것이 필요하다. 말로 위로해 주는 것은 아무런 의미가 없다. 누구나 달콤한 위로의 말은 할 수 있다. 친구가 어려울 때 같이 있어 주고 친구의 이야기를 경청해 주고 친구와 함께하는 시간이 진정으로 친구를 위하는 것이다.

시간이라는 것을 인생에서 계속 반복되는 우주 속 상상의 수레바퀴일 수도 있다는 생각을 해 보라! 아마도 인간의 운명은 이미 정해져 있을지도 모른다. 인간이 의도적인 경험을 위헤 수레바퀴를 뛰져나가지 아니하면 영원히 반복되는 수레에 갇혀 버리는 게임 속 소모품처럼 살아 갈 수도 있다. 만약 여러분이 갇혀 버린 삶을 산다면 처음 선택한 그 삶에 순응하며 살아야 한다. 처음 선택한 그 삶이 긍정적인 경험이었다면 별 문제가 안 되지만 원하던 것과 다르다면 빨리 해결 방안을 찾아야 한다. 그 시간이 지나고 나서 후회하면 아무 의미도 없는 것이 세상사라는 시간들이다.

지나고 나면 비로소 모든 것이 다르게 보이고 그때의 혼란스러운 상황 하에서 명확하게 대처하지 못한 스스로를 후회하는 것이 삶이다. 즉 시간이 흐른 뒤 감정을 배제하고 난 후에는 그 상황을 이해하기 시작하고 후회를 하는 경우가 많다. '나의 일보다 상대방의 일에 보다 더 현명하게 대처하고 감정적이지 않는 이유는 멀리서 냉철하게 바라보는 것' 때문이다. 어려운 문제가 내 안에 가득할수록 가끔은 그 상황에서 벗어나 여유로움 속에서 그 대안을 찾아내는 것이 필요하다.

삶에 있어 중요했던 대부분의 일들은 시간이 지나고 세월이 흐르면 보이기 시작하는데 그 때, 그 상황에서는 인지하지 못하는 경우가 대다수이다. 아니 바쁘다는 핑계로 지나치거나 무시하는 경우가 대부분이거나 우선순위에서 밀려서 다른 일을 하고 있었으리라 생각한다. 인간은 일이 끝난 후에야 그 일에 대한 사고 체계가 정리정돈 되는 경우를 많이 보곤 한다. 아마 감정에 흔들려 현상을 제대로 파악하지 못했기 때문이리라. 그때는 보이지 않던 것들이 일이 종료된 후에야 잘 보인다. 일이 끝나고 상황이 종료된 후에 후회할 필요는 없다. 바로 그 '일이 발생하기 전, 바로 그 때, 그 상황, 그 때가 가장 중요한 것이 삶'이다. 그러한 삶이 모여서 내가 사는 인생이 되는 것이기에.

여러분은 기분 저조할 때 어떤 생각과 어떤 행동을 하는가? 아래의 항목은 저자가 기분 저조할 때 혹은 스트레스와 같은 긴장 상태에 놓일 때 스스로에게 주는 선물이다. 기분 저조할 때 기분을 환기시키는 다양한 방법들이 존재하겠지만 때로는 열심히 살고 있는 아니 살았던 나를 위해 내가 나에게 조그마한 선물을 주는 것이 인생을 아름답게 사는 하나의 방법일 수 있다. 여러분도 기분 저조 할 때, 스스로에게 어떤 선물을 부여할 것인지 미리 메모해 놓는다면 여러분 삶이 한결 더 행복해지리라 생각한다.

다음은 항목은 저자의 기분 저조할 때의 대처 방법이다. 여러분도 다음의 표를 보시고 여러분의 기분을 전환시킬 수 있는 방법들을 정리해 보도록 하자.

기분 저조할 때 *기분을 전환시킬 수 있는 방법들*
열심히 살고 있는 나에게 내가 원하는 선물 부여하기
승패가 갈리지 않는 적절한 운동하기
행복한 음악을 들으며 산책하기
특별한 친구와 커피 마시면서 수다 떨기
숲속의 친구들과 대화하기
좋은 친구와 만찬 즐기기
적절한 휴식과 명상하기
특별한 사람과 여행하기
자연이 나에게 주는 일상적인 것들에 대해 감사하기(바람과 공기, 건강함, 산, 물 등)
남과 비교하지 않는 나만의 삶을 살아가기

여러분이 기분 저조할 때 *기분을 전환시킬 수 있는 방법들 제시해 보기*

2.3.2 행복에 이르는 가치관 선정하기

인간은 우주속의 먼지와 같은 아주 미약한 존재이지만 각자가 지닌 에너지를 어떻게 사용하는가에 따라 엄청난 폭발력을 지니는 존재이다. 우주가 존재하고 우주 속 은하, 은하 속 태양계, 태양계에 존재하는 지구, 지구에 존재하는 무수히 많은 식물과 동물들. 그 안에 존재하는 인간이라는 포유동물, 그리고 각각의 개인, 그 개인들의 일상, 각 개인을 구성하고 있는 인체와 계, 조직, 세포, 분자, 원자, 쿼크, 그리고 쿼크를 구성하고 있는 에너지, 그 에너지를 사용하는 방법에 따라 행복하다고 느끼는 감정과 그렇지 않다고 느끼는, 각기 다른 양가감정이 드러난다. 인간의 삶은 주어진 현실에서 각자가 지닌 에너지 중 어떤 에너지를 사용하는가에 따라 삶의 방향이 결정된다. 긍정적인 에너지를 선택하면 긍정적인 사람이 되고 부정적인 에너지를 선택하면 부정적인 사람이 되는 것이다. 어떤 일을 추진할 때 긍정과 부정은 공존한다. 아무리 어려운 상황 하에서도 긍정을 선택하는 사람이 있는 반면 반대로 쉬운 조건 아래에서도 부정적인 에너지를 선택하는 사람이 있을 수 있다. 선택의 방향은 각자가 지닌 삶의 태도로써 어떤 사고 체계를 지니고 있는가에 따라 결정된다.

행복한 삶은 각자가 지닌 가치관에서 드러난다. 돈이 많아서 행복한 사람과 돈이 없어도 행복한 사람들이 있다. 현 자본주의 체제에서는 돈이 많으면 행복할 가능성이 증가할 수는 있으나 돈이 없는 나라가 행복지수가 가장 높은 것을 보면 꼭 그런 것만은 아닌 듯하다. 돈이라는 경제적인 요인은 삶에 있어서 행복을 측정하는 하나의 변수가 될 수는 있지만 어느 정도의 한계를 지나면 오히려 독이 됨을 알고 있다.

인간의 사고 체계에서 만족이란 결코 끝나지 않는 치킨게임이다. 신은 한 인간에게 완벽이라는 선물을 부여하지 않았다. 하나가 넘치면 다른 하나는 필연적으로 부족함으로 채워진다. 그 누구도 각자가 원하는 패턴대로 모든 삶을 그릴 수는 없다. 삶에는 원하지 않는 수많은 장애물들이 수시 때때로 등장한다. 그 장애물을 헤쳐 나가면서 삶을 즐기는 사람이 있는 반면 장애물에 막혀 삶에 대해 힘들어 하는 사람도 있다.

삶이 모든 인간에게 주어진 숙명이라면 각자 처한 상황에 따라서 삶을 표현해야 한다. 아름다움이라고 표현하는 사람, 주어진 시간 실존 그 자체로 존재하는 삶을 사는 실존주의적인(Existentialisme, 實存主義) 사람, 삶 그 자체를 부질없는 것이라고 부정하는 염세주의적인(Pessimism, 厭世主義, 페시미즘)[65] 사람, 온갖 쾌락을 추구하며 삶의 유희를 좇는 쾌락주의(Hedonism, 快樂主義)적인 사람, 인간이 지니고 있는 욕구나 욕망을 억제, 금욕하면서 사는 금욕주의적인(Asceticism, 禁欲主義) 사람 등 다양한 삶의 방식이 존재한다. 어떤 삶도 완벽할 수는 없다. 삶에서 가장 중요한 것은 요람에서 무덤까지(From the cradle to the grave)는 누구나 실존하는 것이고, 그 삶을 행복하게 유지하기 위하여 스스로를 가치 있는 사람이라고 생각하고 살아야 한다는 것이다.

삶에는 수많은 스펙트럼이 존재한다. 이 스펙트럼 속에는 다양한 요소들이 공존하고 있음을 이해하고 우리의 가치와 행동이 때론 타인

65 인간과 사회를 비관적으로 바라보는 비관주의(悲觀主義)이다.

의 가치와 행동과 충돌하고 다르다는 것을 인정해야 한다. 가끔은 그런 행위들이 슬프고 우리를 힘들게 하지만 그 또한 우리의 또 다른 삶의 방식이라는 것을 인정해야 한다. 여러분 각자가 추구하는 삶의 방식은 다 다르다. 삶에는 물질을 추구하기 위해 노력하는 사람, 권력과 욕망을 추구하는 사람, 자신의 안녕을 추구하는 사람 등 각자의 방식에 의하여 각기 다른 삶을 실천한다. 이들 각자가 다른 삶의 방식을 추구하지만 사회라는 시스템을 구성하면서 서로가 서로를 인정하고 인정받는다. 이러한 생태균형(Ecological balance, 生態均衡)은 우월을 추구하려는 사람들에게 기쁨이라는 선물을 선사하고 때로는 슬픔이라는 다른 선물도 주고 간다.

어떤 대상을 바라보고 그 대상에 대해 의미를 부여하는 것은 인간을 더 인간답게 하는 하나의 중요한 행위이다. '바라본다는 것, 생각할 시간을 갖는다는 것'은 그 대상에 대해 감정을 드러내는 것으로 '오마주(Hommage)[66] 하는 것'이다. 그 대상에 대한 속성들을 결정하는 것은 '우리가 지니고 있는 가치관과 시각적 요인이라는 감각정보를 동원해 감성적으로 전환시키는 것'으로서 감정은 첫인상이라는 기억을 선물하는 것이다.

우리는 알고 있다. 까마득하게 잊혀 가던 이가 내게 전화하고 차 한 잔의 안부를 묻는다는 사실은 상대방이 나를 간절하게 원하고 있다는 사실이다. 즉 '나 니가 지금 필요해! 나를 제발 도와줘'라는 구호의 메시지가 담겨 있음을 알 수 있다. 필요하다는 것은 꼭 경제

66 불란서어로 존경(Respect), 존중을 뜻한다.

적인 것만을 의미하는 것이 아닌 당사자의 심리 상태를 포함하는 총합이다.

우리는 어떤 방식으로든 우리 앞에 주어진 삶이라는 명제 앞에서 자유스러울 수는 없다. 그 명제를 해결하는 방식은 내 앞에 놓인 나라는 사람과 나와 관계하고 모든 사람들, 사물과의 관계 기억을 들여다보아야 한다. 나와 관계하고 있는 모든 사람들, 사물과의 관계를 들여다본다는 사실은 상대방을 이해하고 배려하려 하는 것으로 상대방이 가지고 있는 고유한 사고 체계 즉 상대가 지금껏 살아온 삶의 방식을 들여다보고자 하는 것이다. 이는 상대를 이해하는 것으로 이해를 바탕으로 배려라는 선물이 등장하는 것이다. 배려(Care)는 관심을 가지고 상대방에게 베풂을 선사하는 긍정적인 마음으로 정의할 수 있다. 배려는 물질적 풍요와 정신적 풍요를 기초로 이루어지는 선함을 지칭하는 것으로 나보다 상대방의 관점에서 상대방을 이해하고 해석하려는 진보적인 사고 체계로 볼 수 있다. 그러나 현실에서 먹고 사는 문제가 해결이 안 된 몇몇의 보편적인 사람들에게서도 '배려와 베풂'이 이루어지는 것을 종종 목격할 수 있다. 이는 삶에서 이타적이고 희생적인 패턴을 보이는 순수한 사람들로 진보적이고 통합적인 내재적 교육(Internal curriculum, 內在的敎育)[67]을 통해서 발현하는 인간의 속성을 실천하는 고귀한 삶을 사는 사람들로 볼 수 있다. 때때로 이런 특별한

67 김재춘, 박순경, 이동주, op.cit, 26. 듀이는 수학을 공부하는 사람이 문제 푸는 것이 재미있어서 또는 문제를 푼 결과로 더 큰 성장이 기대된다면 이는 내재적 가치에 기인하는 것으로 보고 반대로 수학을 공부하는 이유가 옆에 있는 사람보다 공부를 잘하기 위하여 혹은 더 좋은 대학에 가기 위하여 공부를 한다면 외재적 가치에 기인하는 것으로 보고 있다.

삶을 사는 사람들로 인해 세상을 아름다운 그림으로 그려 낼 수 있다.

특별한 인생을 살고 싶다면 아니 남들과 차별성 있는 나만의 고유한 방식으로 성공이라는 것을 이루려 한다면 생각으로만 머물러 있지 말고 먼저 손을 내밀어야 한다. 삶속에서 인간과의 관계에서 성공을 원하든 혹은 금전적인 측면에서 성공을 원하든 아님 또 다른 모든 관계에서 성공을 추구하고자 한다면 먼저 다가가기는 필수적으로 요청되는 항목이다. 필요로 하는 그 어떤 것이 있다면 사람 혹은 물질 등 모든 대상을 초월하여 먼저 다가가야 한다. 먼저 다가서기는 필수적인 행동이다. 결과는 그리 중요하지 않다. 어떤 행동을 실행에 옮겼을 때 결과가 발생하는 것이지 행동으로 옮기지 않고 결과를 원하는 것은 바람직하지 못한 가치이다. 누군가가 나에게 긍정적으로 다가오기를 기다리는 것은 생명체들이 가진 보편적인 행동패턴이겠지만 먼저 다가서면서 친밀성을 표현하는 것은 그리 쉬운 일은 아니다. 나와 함께 같은 공간에서 생활하고 있는 가족 혹은 반려동물, 화초를 대하면서 우리는 얼마만큼 다가서기를 하고 있는지를 생각해 보라. 진심을 담아 '사랑한다 혹은 고맙다'라는 말로 상대방에게 다가서기를 하고 있는지 생각해 보자. 너무 가까워서 혹은 나와 상관없는 일이라는 이유로 생략하고 있지는 않은지 생각해 보자. 하루라는 24시간 속에 우리는 많은 선택의 기로에 선다. 어떤 선택을 하는가에 따라 하루를 보내고 대하는 태도가 달라진다. 그 하루는 한 달이 되고 한 달이 모여 일 년이라는 한 해를 보내게 된다.

인간의 행동은 가치체계의 영향을 받는다. 어떤 가치를 가지고 있는가에 따라 사물을 바라보는 관점이나 해석하는 방법이 다르게 나타난다. 어떤 대상을 놓고 그 대상을 설명할 때도 사람마다 설명하는 방식이 각기 다르다. 생각이 다르기 때문에 설명도 다르고 그 설명에 따라 각자가 이해하는 방식도 다르게 나타난다. 가치체계는 생각에 영향을 미치고 생각은 행동을 결정하고 행동은 이미지를 결정하는 중요한 변수로 이는 미래를 유추할 수 있는 하나의 근거를 제공한다. 한 예를 들어 보자. '오강수'라는 사람을 두고 사람들이 아는 사람이라고 물어보는 경우가 있다. 설명을 할 때 어떤 사람은 외모와 얼굴 형태, 사는 곳에 핵심을 두고 설명하는 사람이 있는 반면, 또 어떤 이는 성격을 가지고 어떤 행위를 주로 하는지에 대해 설명을 할 수 있으며, 어떤 이는 성장 배경을 기반으로 이야기를 할 수 있다. 시골에서 성장 후 어떤 대학을 졸업했는지가 주요 관심사일 수가 있다. 이는 인간이 지니고 있는 가치 프레임이 어떤 것인지에 따라 바라보는 관점이 다르게 나타나기 때문이다. 한 사람을 두고 '성격, 성장 배경, 얼굴 형태, 사람과의 관계, 업무추진 능력, 지적능력, 경제력' 등 다양한 관점에서 해석을 할 수 있다. 이는 인간이 지니고 있는 자기중심성(Ego-centrism, 自己中心性)에서 기인한다.

인간은 스스로가 지닌 가치에 따라 행동한다. 어떤 목적을 달성하기 위하여 스스로가 생각하고 있는 가치를 우선시 한다. 상대방의 입장에서 바라볼 때 바람직한 행동이 아닐지라도 상대방의 가치를 고려하여 행동하는 경우는 그리 많지 않다. 이는 인간이 지닌 자기중심성에 기반하는 것으로 나쁘다고 말할 수는 없다. 다만 어떤 선택을 하더라도 상대방 가치에 대한 다양성을 존중하는 자세를 잊으면 안 된다.

보다 '진보된 사회는 선택의 기로에 서 있을 때, 다양한 기회를 주고 최적의 선택을 할 수 있도록 많은 대안들이 존재하는 사회'이다. 나와 다르다고 폄훼하고 비난하고 세뇌시키려 하기보다는 선택 그 자체를 존중해 주는 현명함이 필요하다. 물론 다양성을 확보하고 '다양한 가치를 존중하기 위해서는 시간과 기회의 비용이 많이 소요되는 단점들이 존재'하기는 하지만 최적을 선택하기 위한 과정이라고 생각하면 그리 큰 문제는 아니다.

인간의 삶은 다양한 가치체계에서 나오는 수많은 디자인으로 삶을 설계할 수 있다. 어떤 디자인을 선택할 것인가는 각자의 몫이다. 직선형의 디자인을 선택할 수도 있고 곡선형, 사선형, 다각형, 원형의 디자인 등 각기 디자인을 각자의 취향에 따라 선택할 수 있다. 물론 삶이라는 디자인을 선택할 때 부모의 의사결정과 지인들에 의한 다양한 정보, 대중매체에 의한 수많은 정보들이 선택에 영향을 줄 수도 있다. 미래지향성을 가진 삶을 디자인할 수도 있으며, 현실중심적인 삶의 디자인, 향수를 지향하는 삶의 디자인을 선택할 수도 있다. 그러나 정말 중요한 것은 각자의 삶은 스스로가 주인이어야 한다는 사실이다. 삶에 있어 삶의 방법을 결정할 때 스스로가 삶에 있어 능동적으로 삶의 디자인을 구성할 수 있어야 한다. 물론 삶이 생각하는 대로 되지 않는 것이 일반적이다. 모든 사람들이 원하는 모든 것을 이루면 좋겠지만 거미줄처럼 얽혀 있는 세상에서는 변수들이 너무 많다. 목적지에 정확하게 안착하기 위해서는 많은 장애물을 헤치고 나갈 수 있는 에너지를 가지고 있어야 한다. 부모가 원하는, 사회가 원하는, 누군가가 원하는 삶을 살 필요는 없다. 주변에서 원하는 삶을 살고 난 후, 후회하지 않을 자신이 있다면 그리 하는 것도 나쁘지 않다.

대부분의 사람들은 현재의 삶에 만족하기보다는 가지 않는 길에 아쉬움을 드러내는 특징을 지니고 있다. 그렇다면 누군가가 원하는 삶을 살기보다는 각자의 학습경험을 기초로 형성된 가치를 반영하는 본인의 삶을 사는 것이 가장 멋진 삶을 사는 하나의 방법이다. 모든 삶의 주인은 나이다. 나를 중심으로 세상이 돌아가야 하는 것처럼 주체적인 삶을 사는 것이 행복한 삶을 사는 하나의 방법이다.

때때로 주어진 삶에 최선을 다하고 있음에도 불구하고 어떠한 문제로 인하여 내가 원하는 결과가 도출되지 않을 수도 있다. 내가 그들보다 더 많이 노력하고 더 많은 땀을 흘렸음에도 불구하고 결과가 바람직하지 않는 경우가 종종 존재한다. 노력의 부족과 DNA의 차이라면 충분하게 이해하고도 남음이 있다. 그러나 노력의 부족과 유전적 요인을 떠나 부모의 능력에 의해 결과가 뒤바뀌는 경우라면 문제가 된다. 이러한 문제는 인간의 모든 영역에 걸쳐 존재한다. 이러한 문제의 요인들이 복합적으로 작용할 때 이를 '사회 문제'라 한다. '사회 문제'는 경쟁의 취지를 퇴색시키기도 하지만 집단의 성장과 진화를 저하시키는 주요 요인으로 작용할 수 있으므로 강력하게 규제하는 것이 필요하다.

어떤 현상을 사회 문제로 규정하려 할 때는 몇 가지 사항이 충족되어야 한다. 첫째, 문제의 원인이 개인의 결함이라기보다는 사회 환경이나 구조적인 문제에 기인하는 경우가 높을 것이어야 한다. 둘째, 많은 사회 구성원들에게 영향을 미칠 수 있어야 한다. 셋째, 개인 및 사회에 부정적인 영향을 미칠 수 있는 것이어야 한다. 넷째, 이러한 조건

에 대해 집단적으로 사회적 개입이 이루어지기를 희망하고 그것이 가능한 것이어야 한다.[68]

건강한 사회는 치열한 경쟁을 기초로 결과보다는 과정이 투명하고 모든 절차가 공평한 것을 알 수 있다. 공평은 '평등(Equality)'을 의미하는 것으로 모든 일에 있어서 '구별이나 차별'이 있어서는 안 된다는 것을 뜻한다. 평등에는 수량적 평등(Numerical equality, 비례적 평등(Proportional equality), 기회의 평등(Equality opportunity)이 존재한다. 수량적 평등이란 결과의 평등(Equality of result)으로 모든 사람을 똑같이 취급하여 사람들의 욕구나 능력의 차이에 관계없이 사회적 자원을 똑같이 분배하는 일을 말하며, 비례적 평등은 개인의 욕구, 노력, 능력, 기여에 따라 사회적 자원을 상이하게 분배하는 일로 공평(Equality)함을 말한다. 기회의 평등은 가장 소극적인 평등으로 결과가 평등한가 아닌가는 완전 무시하고 결과를 얻을 수 있는 과정상의 기회만을 동일하게 부여하는 것으로 과정상의 기회만 평등하다면 그로 인한 결과의 불평등은 아무런 상관이 없는 것을 말한다.[69]

평등하다는 말은 동일하다는 뜻이지만 그 자체의 속성을 들여다보면 이미 불평등을 내포하고 있다. 만약에 모든 것이 평등하다면 평등의 의미와 공정을 굳이 강조할 필요성이 있을까? 모든 것이 평등하지 못함을 알고 있으므로 평등과 공정을 강조하는 것이다. 장자크 루소에 의하면 불평등을 두 가지로 분류하고 있다. 첫 번째는 자연적·신체적 불평등으로 선천적인 불평등이다. 두 번째는 사회 안에서의 상

68 현와성, 조추용, 이은희, 윤은경, 한국노인복지학 강론, 유풍출판사, 2003, 58.

69 송근원, 김태성, 사회복지정책론, 나남출판사, 2000, 209-211.

호 간의 약속으로 성립하는 도덕적·정치적 불평등이다. 두 가지 불평등 중에 정치적 불평등이 인간이 사회적으로 만든 인위적인 진짜 불평등이라고 말한다.[70]

자본주의의 가치로 내걸고 있는 평등은 이미 불평등이라는 전제조건을 생성시킨다. 자본주의 시장경제 체제에서는 자본주의의 가장 큰 단점인 부의 재분배 문제를 해소하기 위한 다양한 정책들을 도입하고 있지만, 소득의 양극화는 쉽게 해결할 수 없는 사회 문제 중 가장 큰 문제이다. 평등과 소득의 양극화, 이는 인간의 기본적 욕구의 문제로 이를 해결하지 못하는 집단에서는 이러한 문제로 인하여 집단의 존립 자체가 위기에 직면할 수도 있다. 어떠한 집단이 생태적으로 건강함을 입증하기 위해서는 부와 직업, 교육 환경 등 모든 분야에서 수직적·수평적 이동이 자유로워야 한다. 기회는 공평하게 주어져야 하며 결과 역시 투명하게 제시되어야 한다. 기회는 제시되고 있지만 과정이 불투명하고 결과가 공평하지 않는 것에 대해 침묵하고 있던 다수가 이제는 목소리를 내기 시작하고 있다. 엄마 찬스 혹은 아빠 찬스[71]를 사용하여 경쟁으로부터 특별한 혜택을 확보하는 일에 대해 공정하지 않다고 목소리를 내기 시작하고 있다. 세대 간 불평등뿐만 아니라 세대 내에서의 불평등에 대해 침묵하지 않고 있다. 불평등의 결과가 사회 문제에 대한 것이라면 소외계층과 사회구성원 모두를 위한 사회안전망을 구축하여 제도적으로 보완하면 된다. 사회보장은 만일의 예상치 못한 사회

70 장 자크 루소 저, 고봉만, 주경덕 역, 인간 불평등 기원론, Discours sur l'origine et les fondements de l'ine'galite' parmi les hommes, 책세상, 2018. 1-230.

71 부모의 사회 경제적인 능력에 의해 자녀들이 특별한 혜택을 보는 현상을 말한다.

적 위험으로부터 제도적으로 보조를 하는 것으로 최소한의 인간다운 삶을 유지할 수 있도록 원조하는 인간의 이타적인 행위로 사회를 건강하게 만드는 제도적인 장치이다. 사회안전망의 적극적인 구축은 사회 문제를 사전에 차단할 뿐 만 아니라 사회생태계의 건강함을 증명하는 자료이기도 하다.

"부유한 정도가 아무리 대단하여도 다른 사람을 매수할 정도가 되어서는 안 되며 또 아무리 가난하다고 할지라도 자신을 팔 정도로 가난해서는 안 된다[72]"라는 루소의 말을 빌리지 않더라도 좋은 일이란 '적절한 사람에게 적절할 정도로 적절한 때에 적절한 동기를 가지고 적절한 방법으로 옳은 일을 하는 것'임을 주지하며 사는 것이 중요하다.

'건강한 사회는 올바른 가치를 바탕으로 긍정적인 행동을 실현하는 조직'이다. 많은 구성원들이 가지고 있는 다양한 가치들을 통해 최적의 대안을 찾아서 실현 가능한 정책들을 수립하는 사회가 건강한 사회라고 볼 수 있다. 우리가 살고 있는 이 상황을 보다 나은, 보다 더 좋은 환경으로 변화하길 바란다면 구성원들이 소유하고 있는 가치가 부정적인 가치보다 긍정적인 가치를 많이 소유하고 있어야 한다. 공정하게 행동해야 공정한 사람이 되고 절제된 행동을 해야 절제하는 사람이 되고 용감한 행동을 해야 용감한 사람이 된다[73]는 명제를 생각하라. 그러면 그 어떤 어려움과 곤란한 상황 하에서도 흔들림이 없으리라.

여러분 각자가 추구하는 삶의 가치가 무엇인지 정리해 보자. 다음

72 한겨레 21, 제1044호, 2015. 12, 52.

73 마이클 샌델, 정의란 무엇인가(What is the right to do), 김영사, 2009.

표는 저자의 삶에 대한 가치관을 정리한 것이다. 여러분도 다음의 표를 보고 가치관에 대한 여러분의 생각을 정리해 보도록 하자.

나에게 *행복을 선물하는 가치관 제시하기*
나만의 방식으로 삶을 설계하기
존재 그 자체를 인정하는 비교하지 않는 삶 살아가기
모든 사람을 동일하게 대하는 따뜻한 마음
존재하는 그 자체로서의 대상을 인정하기
모든 사물을 사랑하기
비난하기보다는 격려하기
상대를 지지하기
상대의 입장을 헤아려 배려하기
모든 대상에 대해 감사하기
끊기와 열정을 가지고 지속적인 사고를 통한 보다 좋은 태도 형성하기

여러뷰에게 *행복을 주는 긍정적인 가치관 제시하기*

3. U&I학습유형 진단하기[1]

부모로부터 물려받은 나의 성격의 장점을 파악하여 강점을 유지하고 약점을 보완하기

"U&I학습성격유형 검사" 등을 통한 학습 방식 진단하기

검사 개발 배경 및 소개

U&I학습유형검사는 학습에 어려움을 겪는 학습자의 심리 상태에 대해 연구한 다이앤 히콕스(Diane heacox)의 연구와, Keirsey & bates(1978)의 기질론을 토대로 임상심리전문가이자 심리학 박사인 김만권 박사(現 연우심리개발원 대표)가 개발한 검사이다. 개인의 성격에 따라 학습 시 개인이 보일 수 있는 행동 양식을 종합적으로 진단함으로써 개인의 학습 능력 향상에 도움이 되는 제반 정보를 제시하기 위해 개발되었으며, 국내 표준화 작업을 거쳐 2001년 출시되었다. U&I학습성격유형은 모두 14가지로 분류되어 있으며, U&I학습행동 유형은 모두 6가지로 구성되어 있다.

U&I학습유형 검사는 학생이 학습 과정에 보일 수 있는 행동 및 태도, 성격 양식을 알아보는 검사이다. 학생이 공부 문제에 관해 고민하는 심리적인 변인과 성격적인 요인을 바탕으로 그 학생에게 가장 적합한 학습 방법이 무엇인지를 파악할 수 있기 때문에, 학습장면에서 개인이 보이는 성격적인 특성과 심리적인 상태를 분석하여 자존감과 효능감을 향상하여, 학습 동기를 고양하는 도구로 활용할 수 있다.

---

1 연우심리연구소, https://unitest.kr/product/intro.php?type=study#overview, 학습 과정에서 보여지는 행동 및 태도, 성격 양식을 알아보는 검사 도구이다.

3.1. U&I학습성격유형 파악하기

'학습성격유형'은 성격에 따른 학습방식을 유추할 수 있다. 학습방식의 하위 척도로는 행동형, 규범형, 탐구형, 이상형 네 종류로 분류할 수 있다. 즉 U&I학습유형 검사는 성격이론의 세계적 권위자인 데이비드 커시(David keirsey)와 학습 행동에 관한 다이앤 히콕스(Diane heacox)의 연구를 바탕으로, 학습 심리와 관련된 연우심리개발원의 오랜 임상 경험을 바탕으로 재구성한 학습유형검사 척도를 말한다. 학습 진행 시 성격에 따라 나타나는 행동 양식을 종합적으로 진단함으로써 개개인의 학습 능력 향상에 도움이 되는 제반 정보로 학습 과정에서 나타나는 행동 및 태도, 성격 양식을 알아보는 검사이다. 심리적인 변인과 성격적인 요인을 바탕으로 학습 장면에서 개인이 보이는 성격적인 특성과 심리적인 상태를 분석하여 자존감과 자기효능감을 향상시켜 줄 뿐만 아니라 학습 동기를 고양하는 개별화된 학습 증진 프로그램을 개발 도구로 활용할 수 있는 프로그램이다.

이 프로그램은 여러분의 '학습성격유형'을 파악하여 진로와 직업 선택 시 가장 잘할 수 있는 일을 선택할 수 있도록 도움을 줄 수 있다.

3.1.1. 학습성격유형 분류에 따른 특성 파악하기

1 행동형

행동형이 갖는 기본욕구는 자유이다. 활동적이고 즉흥적이며 계획성이 부족하고 관습과 규칙에 얽매이거나 지시나 통제 받는 것을 싫어한다. 경쟁적이고 모험적이며 변화와 자극적인 것을 좋아해서 매일 반복되는 일에 쉽게 싫증을 느낀다. 몸으로 직접 체험하거나 경험을 통해서 성장하고 에너지를 충분히 발산할 수 있는 동적인 활동을 좋아한다.

2 규범형

규범형이 갖는 기본욕구는 책임이며, 이를 위해 신중하고 꼼꼼하게 계획을 세워 성실하게 일한다. 아침에 일어나면 오늘 해야 할 일이 무엇인지를 검토하며 빠뜨리지 않고 수행하는 성격으로 늘 자신의 행동을 되돌아보니 부족한 점이 발견되면 반성하는 편이다. 반복적인 학습을 통해 성장하며, 소극적이고 소심하여 정적인 활동을 좋아한다.

3 탐구형

탐구형이 갖는 기본욕구는 지식의 추구이다. 조용하고 말이 적은 편이나 늘 호기심으로 가득 차 있으며 생각이 깊고, 세상에 존재하는 것, 일어나는 일들의 원인과 법칙들에 대한 관심이 많다. 비사교적이라 대인관계의 폭이 매우 협소하고 가끔 상황에 맞지 않는 엉뚱한 행동을 하며 몇몇 관심 있는 분야에만 몰입하는 경향이 강하고 주로 정적이고 혼자서 하는 활동을 선호한다.

4 이상형

이상형이 갖는 기본욕구는 인간성이다. 자신이나 타인에 대한 배려와 이해심이 깊고 인격적인 관계를 중시하며 늘 조화롭고 평화로운 상황을 선호한다. 마음이 여려 작은 것에도 상처를 잘 받고 감정이 풍부하고 감수성이 예민하며 따뜻하고 친밀하며 자신을 알아주고, 인정해 주는 상황에서 잘 성장한다. 정적이고 감성적인 활동을 선호한다.

5 행동-규범형

행동규범형이 갖는 기본욕구는 정의구현이다. 불의를 참지 못하고 사명감이 투철하며 의협심이 강하며 규칙과 원칙을 중시하고 어떤 일을 조직하고 추진하는 능력이 뛰어나며 큰 조직을 다스릴 때 능력발휘를 잘한다. 때로는 직설적이고 융통성이 부족해서 대인관계에서 갈등이 생길 수 있으며 모험적이고 자극적이며 동적인 활동에 관심이 많다.

6 행동-탐구형

행동탐규형이 갖는 기본욕구는 진리탐구이다. 직관적이고 독창적이며 창의력이 뛰어나며 지식에 대한 탐구력이 강해 세상을 돌아다니며 진리를 찾는 성향이 강하다. 개성이 강하고 독립적이며 자기주장이 강하며 어떤 성격유형보다 고집이 강한데, 이런 성향 때문에 독선적이라는 평을 자주 듣는다. 관습과 규범을 따르기보다는 자신의 원칙에 따라 행동하기를 원한다.

7 행동-이상형

행동이상형이 갖는 기본욕구는 즐거움이다. 명랑하고 쾌활하며 재기발랄하고 사교적이며 유머가 뛰어나며 말에 재치가 있어 주변에 많은 친구들이 있다. 구속당하거나 얽매이는 것을 싫어하고 재미가 없거나 지루한 것을 싫어한다. 하고 싶은 일이 많으며 마음만 먹으면 정열적으로 수행하며 동적이면서도 타인들로부터 인정받을 수 있는 활동을 선호한다.

8 규범-탐구형

규범탐구형이 갖는 기본욕구는 냉철한 양심이다. 공손하고 예의바르며 관습이나 규범을 잘 준수하며 매사가 신중하며 빈틈이 없는 완벽주의 성향이 강하여 실수가 거의 없는 편이다. 때로는 겉으로 보기에 냉정하고 차갑게 느껴지나 갈등상황에서도 흥분하지 않은 채 자신의 생각을 끝까지 주장한다. 정적이면서 꼼꼼하고 세심한 주의가 요구되는 활동을 선호한다.

9 규범-이상형

규범이상형 갖는 기본욕구는 봉사와 헌신이다. 조용하고 공손하며 예의가 바르며, 따뜻하고 온화하며 인정이 많다. 모든 행동이 타의 모범이 되고 성실하고 맡은 바 책임을 다하며 타인에 대한 배려가 많고, 조화롭고 평화로우며 협력적인 따뜻한 분위기 속에서 능력을 더 잘 발휘한다. 조용하게 혼자나 소수가 하는 일이나 타인을 도와주는 일을 좋아한다.

10 탐구-이상형

탐구이상형이 갖는 기본욕구는 개성존중이다. 자기만의 멋을 낼 줄 알고 사고나 행동 양상이 매우 독특하다. 행동이 느리고 게으른 편이나 생각이 깊고 독창적이고 창의적이며 새로운 것을 만들고 창조하는데 관심이 많다. 관습이나 규범과 같은 틀에 얽매이거나 변화가 없는 생활을 싫어하며 소수와 친하게 지내며 예술이나 과학과 같은 정적이면서도 생각이 요구되는 분야를 선호한다.

11 행동-규범-탐구형

행동규범탐구형이 갖는 기본욕구는 유능성이다. 성격유형 중 가장 정확하고 빠르며 적극적이다. 남보다 뒤떨어지는 것을 매우 싫어하며 하고 싶은 것이 많고 목표지향적이다. 사소한 것에 연연하지 않으며 맺고 끊는 것이 분명하고 상황 판단력과 리더십이 강해 큰 조직을 이끌어나가는데 탁월하다. 동적이면서도 늘 성과가 있는 활동을 선호한다.

12 행동-규범-이상형

행동규범이상형이 갖는 기본욕구는 명예존중이다. 활발하고 적극적이며 예의바르고 규칙적인데다 매사가 계획적이고 체계적이어서 조직을 이끌어가는 능력이 뛰어나다. 목표가 분명하고 의지가 강하며 자기관리도 뛰어난 편이다. 간혹 인정이 많고 사교적이어서 가끔 우유부단하게 결정을 내리지 못하는 경우도 있으며 동적이면서 여러 사람들을 다스리는 활동을 선호한다.

13 행동-탐구-이상형

행동탐구이상형이 갖는 기본욕구는 진리탐구와 혁신이다. 독창적이며 창의력이 풍부하고 안목이 넓고 다방면에 재능이 많다. 항상 새로운 가능성을 찾고 새로운 시도를 하는 형으로 고집이 세나 관심이 있는 일이면 무엇이든 척척 해내는 열성파이다. 분석적이고 판단이 빠르며 다재다능하며 관심분야도 자주 바뀌기 때문에 중심을 잡아 주지 않으면 파란만장한 삶을 살아갈 수도 있다.

14 규범-탐구-이상형

규범탐구이상형이 갖는 기본욕구는 도도함과 우아함이다. 냉정해 보이면서도 따뜻함이 있고 예의바르며 책임감이 강하다. 내적으로는 신념이 강하며 지적인 욕구가 강하고 남들에게 뒤떨어지는 것을 매우 싫어한다. 충동적으로 일에 뛰어 들지 않으나 한 번 일을 시작하면 중단하기나 단념하지 않으며 정직이면서도 전문성을 인정받을 수 있는 활동을 선호한다.

3.1.2. 학습성격유형 분류에 따른 행동특성 및 교수방법, 학습방법 파악하기

1 행동형

1) 행동특성

행동형은 자유로워야 한다. 구속이나 속박, 제한, 의무 등에 매이지 않으려고 한다. 행동형은 자신이 원하는 바를 원하는 때에 하기를 바란다. 기다리고 아끼고 모아두고 준비하는 등의 내일을 위한 개념이 없다. 또한 매우 충동적이고, 즉각적인 것에 관심을 두며 삶을 즐기는 편이다.

2) 교수방법

행동형들은 교직보다는 행동지향적인 직업을 선택하는 경우가 많다. 그러나 이들이 교육에 뜻을 둘 경우 정열적이고 자극적인 스승이 될 수 있다. 학생들에게 다양한 행동의 경험을 제공해 주며 학생들의 자유와 자발성을 촉진하는 데에 많은 관심을 가진다. 대개 행동형 교사의 학급에서는 항상 무슨 일이 일어날 가능성이 높으며 학급 분위기는 어수선하고 시끄러운 편이다. 이들의 교수법은 즐겁고 재미있는데, 즐거운 쇼를 하거나 경연대회 같은 때가 많다. 영화상영·컴퓨터 동영상 조작 등과 같은 도구를 조작하거나 자료들을 사용하며 놀이를 통해 가르치기를 좋아한다.

3) 학습방법

행동형 학생은 몸으로 직접 부딪혀서 배워야 한다. 자기 손으로 직접 하는 체험을 필요로 한다. 활동과 경쟁을 통해서 성장하며, 모험하기를 좋아하고 실제로 해보기를 좋아한다. 이들은 매일 반복되는 틀에 얽매이기를 매우 싫어한다. 어떤 틀에 묶어두려고 하면 반발심이 증가하고 결국 결석을 하거나 교실에서 제멋대로 하는 경향이 있다. 이들은 대개 책상을 두드리거나 옆자리아이들을 찌르거나 시끄럽게 발을 질질 끄는 등 산만하다. 중등학교 학력검정고시 준비생들 중에서 행동형 학생이 차지하는 비율이 높은 것도 이러한 이유 때문이다.

행동형 학생은 종이와 연필을 가지고 하는 공부에 매우 지루해 한다. 대개 강의나 소크라테스식 문답법 수업을 싫어하며 수련장이나 각 장의 끝에 있는 정리문제도 풀기 싫어한다. 또한 숙제는 교사 학생간의 갈등의 소지를 제공할 가능성이 매우 높다. 행동형 학생은 음악·연극·미술·공예·기계학·건축 등이나 그 밖의 활동적인 과목들을 선호한다.

2 규범형

1) 행동특성

규범형은 책임감이 강하며 성실하고 의무적이다. 전통적인 관습이나 규범을 준수하며 계획적이고 규칙적이다. 항상 내일을 위해 준비하고 보존한다. 남에게 뭔가를 제공하고 봉사하며 보살피는 것을 의무와 책임으로 여긴다. 구조적이고 안정적인 조직에서 적응을 잘하며 이러한 기관을 위해 충성을 다한다.

2) 교수방법

규범형 교사들은 학급의 일상적인 일을 잘 정립해 놓으며, 업무는 계획성 있게 처리한다. 확고하고 공평하게 규율을 지키는 교사로서 학생들도 학급과 학교의 규칙을 준수하길 원하며 스스로 모범을 보인다. 따라서 이들은 순종적인 학생이나 예절바른 학생을 좋아한다. 이들은 학급을 운영하는 것이 그들의 의무라고 여기며 이러한 권한을 학생에게 넘겨주는 것은 적합하지 않다고 생각한다. 이들은 강의나 소크라테스식 문답법으로 가르치는 것을 좋아하며, 학업 결과에 대해서 잘 알아볼 수 있게 학업 성과를 평가하고 보고서를 작성하는 것에 철저하다.

3) 학습방법

규범형 학생은 권위적인 인물(부모, 교사 등)의 마음에 들기를 바란다. 특별히 공부를 해야 하는 이유를 모르더라도 부모, 교사가 공부를 해야 한다라고 알려주는 것만으로도 학습하는 충분한 조건 형성이 이루어진다. 좋은 공부 습관, 숙제 제때 해내기, 지시대로 학과 공부하기 등을 중시한다. 계획적이고 조직적인 학급에서 더 잘 적응하며 체계적인 것을 좋아한다. 즉, 이들은 교사와 학생이라 해야 할 일이 무엇인지를 분명히 알 때 최선을 다한다. 이들은 성실하고 책임감이 강하며, 규칙을 준수하는 데 매우 뛰어나다. 부모나 교사로부터의 질책이나 비난도 잘 수용하고 자신의 행동을 수정하려고 노력한다. 규범형 학생은 강의식이나 교사의 지도 아래 질문하고 대답하는 전통적인 교수 방식을 선호하며, 대체로 학교를 좋아하며, 교사가 일관성 있고 신뢰할 수 있는 사람이기만 하다면 학교생활이 순조롭다.

3 탐구형

1) 행동특성

탐구형은 지식 계발에 관심이 많고, 자연의 수수께끼에 대해 끊임없이 의문을 던진다. 즉 이들은 자연의 현상을 이해하고 조정·통제하며 예측하고 설명하기를 원한다. 이들은 능력 있기를 바라며 반드시 능력이 있어야만 한다고 생각한다. 따라서 우둔하며 능력이 없는 사람이라는 평가에 가장 심하게 상처를 받는다.

2) 교수방법

탐구형 교사들은 당연히 학생들이 배우기를 원할 것이라고 생각하므로 공부하지 않는 학생을 이해하지 못한다. 학생들에 대한 평가 기준은 매우 높으며 학급평가도 제일 뛰어난 학급을 기준으로 비교한다. 그리고 이들은 너무 과제 중심적이기 때문에 학생들의 정서에 둔하며 이로 인해 학생을 비인간적으로 대하는 실수를 범하기 쉽다. 탐구형 교사는 수업 중 좋은 논쟁이 벌어질 때를 가장 좋아해서 문제 중심적인 토론을 이용해서 학습시키기를 원한다. 또한 동일한 교육 자료를 반복해서 가르치는 것을 싫어해서 동일한 내용이 담긴 분야를 다룰 때라도 새로운 방법을 찾는다. 사무적·역사적·기술적인 주제를 가르치는 데 더 나은 능력을 발휘한다.

3) 학습방법

탐구형 학생들은 능력에 대한 갈망이 있다. 이들은 알아야 하는 모든 것들에 대해 알지 않으면 안 되며 알아야 하는 것들도 많다. 무엇이든지 이해하고 설명하고 예언하고 통제할 수 있기를 원한다. 탐구형 학생은 규칙과 원리들을 많이 알려고 하는 경향이 있다. 다른 사람들의 생각을 규명해내고 자기 나름의 생각을 전개시켜 나가기를 즐긴다. 늘 지적인 호기심으로 가득 차 있으며, 남학생의 경우 어릴 적부터 과학기술에 관심을 둔다. 탐구형 학생은 독자적으로 공부하는 경향이 있고 자기의 영감을 추구하며, 이해하고자 하는 자기의 욕구가 충족될 때까지 새로운 사실들을 추적하기를 좋아한다.

때때로 이러한 특성 때문에 관심이 없는 과목들을 소홀히 하여 낙제 점수를 받기도 한다. 탐구형 학생은 학급에서 외톨이일 가능성이 높으며 특히 내향적인 탐구형 학생일 경우에 더욱 그렇다. 이들은 사회성이 부족한 경우가 많고, 자신의 감정을 쉽게 드러내지 않기 때문에 다른 사람들이 왜 그렇게 쉽게 감정을 표출하는지에 대해 이해하기 힘든 경우가 많다. 다른 사람들의 감정을 알아채지 못하는 편이기 때문에 종종 본의 아니게 남의 기분을 상하게 하는 실수가 많다.

4 이상형

1) 행동특성

이상형은 자아실현을 갈망하며 진실된 자신이 되고자 한다. 다시 말해 스스로의 내적 경험과 조화를 이루어야 하며, 과장되거나 거짓된 모습을 매우 싫어한다. 인간 중심적이며 경쟁보다는 조화를 선호한다. 이것 때문에 대인관계 형성에 매우 민감하며 타인들의 평가에 쉽게 상처받기도 한다. 때때로 보다 나은 자신, 보다 좋은 세상에 대한 집착으로 인해 지나치게 비현실적으로 기울어지는 경우도 많다.

2) 교수방법

이상형 교사들은 민주적으로 학급을 이끌어 가며 학생들이 의사결정과정에 참여하기를 원한다. 학생들 개개인과 친숙한 관계를 맺기를 원하며 자신이 지도하고 가르치는 학생들 모두를 돌보는 동시에 그들로부터도 관심을 받아야만 한다고 생각한다. 이것 때문에 오히려 학생 지도가 비효율적일 수 있다. 이들은 학습계획서나 인위적으로 제작된 과제보다는 새로운 교과과정의 자료를 만들어 가르치는 것을 좋아하며 강의보다는 워크샵이나 소규모 집단에서 얻는 경험을 좋아한다.

3) 학습방법

이상형 학생은 자아실현을 갈망한다. 이들은 훌륭한 사람뿐 아니라 자기 자신이 되기를 원한다. 이들은 인격적인 관계형성을 원한다. 적개심이나 다툼에 대해서는 지나칠 정도로 민감하며 이러한 종류의 긴장에 노출되면 때때로 신체적인 질병을 일으키기도 한다. 이들은 상호간에 인정과 보살핌과 개인적인 관심을 주고받으며, 자신의 감정적인 상태를 인정받을 때 잘 성장한다. 따라서 이상형 학생에게 있어서 교사가 자기 이름을 알고, 자기를 알아주고, 이해해주며, 인정해준다는 것은 중요한 의미를 갖는다. 이상형 학생은 마주보고 대화하는 데서 더 잘 배우며 민주적인 학급에서의 의사결정에 참여하는 것을 좋아하고 남들을 즐겁게 하는 것을 좋아한다. 또 자기 자신의 감정 뿐 아니라 다른 사람들의 감정에도 민감하고 모든 것을 사회적인 상호작용의 관점에서 생각한다. 이들은 사회적인 상황을 개선하여 보다 즐겁고 유익한 것으로 만들고자 한다. 내향적인 이상형 학생은 종종 고통스러울 정도로 부끄러움을 타므로 같은 학급의 친구들과 허물없이 지내도록 용기를 북돋아줄 필요가 있다. 이들은 거부당하는 것에 대해서 매우 민감하기 때문에 친구를 사귈 수 있도록 격려와 도움이 필요하다. 이상형 학생은 과학이나 경영학 같은 비교적 추상적인 과목보다는 인간에 초점을 맞춘 과목을 선호한다.

3.2. U&I학습행동유형 진단하기

U&I학습행동유형은 학습을 하는데 있어 어떠한 어려움을 가지고 있는지를 측정하는 검사도구로 완벽추구형·고군분투형·잡념형·만족형·외곬형 등으로 분류한다.

3.2.1. 학습행동유형 분류에 따른 특성 파악하기

1 반항형

이 척도가 높은 학생들은 학교 공부에 대체로 흥미가 없으며, 현재 학교에서 배우고 있는 공부가 미래의 직업이나 실제 생활과 별 관련 없다는 생각을 갖고 있다. 이러한 문제들로 인해 부모 혹은 교사와 갈등이 있을 수 있다. 학습동기가 낮으며, 적절한 학습습관이 형성되어 있지 않고 대개 공부보다는 연예인이나 운동선수 등으로 성공하기를 원하는 경우가 많다.

2 완벽주의형

이 척도가 높은 학생들은 학업성취에 대한 열의가 높고, 목표의식이 뚜렷하며, 사소한 것이라도 빠뜨리지 않고 꼼꼼하게 익히려 한다. 경쟁의식이 높고, 기대 수준도 매우 높으나 어떠한 경우에는 기대치와 완벽성이 너무 지나쳐 완벽하게 익히지 못 할 것 같으면 처음부터 시작하지 않거나, 실수나 실패가 예상되면 해보기도 전에 포기하는 경향이 있다.

■3 고군분투형

이 척도가 높은 학생들은 학업에 대한 열의가 매우 높으나, 노력한 만큼 학업성적이 오르지 않는 경향이 있다. 대부분 머리가 나쁜 이유보다는 시간 계획 짜기, 적절한 학습목표 설정하기, 노트 필기법, 요점 파악하기 등을 비롯한 공부하는 방법이 잘못되어 있는 경우가 많다. 간혹 읽기, 쓰기, 산수 등 특정 영역에서만 심한 어려움을 보일 경우는 학습장애일 수도 있다.

■4 잡념형

이 척도가 높은 학생들은 가정환경이나 주변 환경이 복잡하고, 경제적인 여건이 좋지 않거나 혹은 친구 문제 등으로 공부 외에 신경 써야 할 것이 너무 많은 경우이다. 대개 이러한 문제들 때문에 공부에 집중하지 못하며, 경우에 따라서는 심한 스트레스로 인해 불안, 우울 등과 같은 정서적인 문제가 있을 수 있다.

■5 만족형

이 척도가 높은 학생들은 자신만만하고 정서적으로 안정되어 있으며, 학교나 사회생활에 잘 적응하는 학생들이다. 이 유형의 학생들은 대부분 정서적, 성격적으로 원만하며, 대인관계의 폭도 넓은 편으로 낙관적, 낙천적이며 현재의 생활이나 성적에 만족한다.

6 외곬형

이 척도가 높은 학생들은 어떤 특정 과목에만 관심을 둔다. 노력할 만한 가치가 없다고 생각하는 과목에 대해서는 전혀 관심을 두지 않는 경향이 있으며 관심을 가지고 있는 과목에서는 우수한 수행을 보이나, 그렇지 않은 과목에서는 능력보다 낮은 수행을 보인다. 이 유형의 학생들은 생각과 행동에 융통성이 부족하며 그들이 관심 있는 한 영역의 능력만 개발하는 경향이 있다.

3.2.2. 학습유형 분류에 따른 검사 활용하기

학습유형 분류는 초·중·고·대학생뿐만 아니라 성인 학습자까지를 포함한다. 이는 자신의 성격과 특성을 파악하고 그에 맞는 학습방법을 선택하고 장기적인 진로계획을 수립하고자 할 때 필요한 항목들이다. 지나온 삶에서 일의 처리 방식을 유추해 보았을 때 그 일에 대해 알고 접근하는 것과 모르고 접근하는 것은 하늘과 땅 사이만큼 간격이 넓다. 이러한 일들은 때때로 삶에 있어 실패와 성공이라는 말로 표현할 수 있지만 그 때 그 일의 발생 시점에서는 어려움과 괴로움의 연속들로 판단된다.

학습유형을 안다는 것은 그 일에 대해 잘 파악하고 실패의 가능성을 낮출 수 있는 방법이라 판단된다. 학습유형은 나의 성격과 하고자 하는 일에 대해 매칭이 잘 되고 있는지를 파악하는 것이다. 이는 일이 나의 성격에 어울리는지에 대한 상황을 파악하고 그에 대한 해결책을 찾고자 할 때 필요한 방법들이다. 인간이 어떠한 일에 대해 도전할 때 불확실성이 커질 때면 두려움이 나를 엄습하지만 같은 일을 하더라도 확실성을 담보로 일을 추진한다면 일이 행복하고 즐거움으로 가득찬 일이 된다는 것을 우리는 경험으로 유추할 수 있다. 성격유형을 알 수 있다는 것은 만약의 경우 우리가 전혀 모르는 길을 가더라도 강점을 극대화 해 줄 수 있는 유용한 도구로 활용할 수 있다.

U&I학습유형검사에 대한 정보는 연우심리개발원 U&I 심리검사센터 (https: / / www.unitest.kr)에서 더 확인해 볼 수 있다.

4. 학습유형에 따른 삶의 목적 설정하기

'부모로부터 물려받은 나의 성격을 파악'하여 강점을 유지하고 약점을 보완하기

우리의 삶을 윤택하게 해주는 성격유형에 맞는 삶의 목적 설정하기

4.1. 실행(Pratice) 가치 제시하기

'가치는 유전과 살아온 환경과의 최종 산물'로 과거형으로 제시하지 말고 현재 진행형으로 제시해야 한다. 각자가 접하고 있는 상황에서 최선의 것을 발견하고 성공을 해야 하는, 꼭 그래야 하는 간절함을 담아서 제시해야 한다. 내일부터 아니 다음부터 할 것이라는 생각은 실행을 하는 것에 대한 가장 바람직하지 않는 장애물이다. 장애물과 마주하지 말고 그 장애물을 바로 넘어서는 현명함이 요구된다. 바로 그 이유는 '지구상에 단 한 명뿐인 나니까'로 설정해 보자.

4.1.1. 성공과 환경

1 성공의 의미

수십억을 가지고 있으며 값비싼 자동차를 갈아타며, 명품으로 치장하지 않으면 행복하지 않다. 언제든 원하는 물건들을 가질 수 있으며 원하는 것들을 쉽게 손에 넣을 수 있다. 그러면 삶이 행복해질까? 그러면 잘 살고 있는 것일까? 그러나 물질로 채워지는 만족감에는 함정이 도사리고 있다. 하루 아침에 복권에 당첨되어 벼락부자가 된 사람들을 보라! 욕망의 대상물을 모두 얻은 사람들에게서 그것들은 행복이나 성공의 비결이 되지 않는다는 얘기를 종종 들을 수 있다. 이것들은 지위와 달성의 상징이 될 수는 있으나 물건을 소유하는 것은 성공의 기반이 되지 않음을 제시하는 것으로 볼 수 있다. 즉 금전은 성공을 의미하는 것이 아니다. 금전이 있어도 행복하지 않은 많은 사람들이 존재한다. 물론 금전은 성공을 위한 일부일 수는 있겠지만 필수불가결한 조건은 아니며 성공한 뒤에 부수적으로 따라오는 것이다. 금전적으로 많은 것을 획득하는 것도 좋지만 참된 성공이라는 것은 인간적이고 절대적인 신뢰를 구축한 '믿음을 주어야 하는 것'이다.

2 성공 배경

때때로 성공하기 위해서 배경이 필요할 때가 있다. 특히 학연, 지연, 혈연으로 이루어진 사회에서는 어느 특정 가족의 지위에 태어나지 않으면 성공하기 힘들다는 생각을 가지고 있을 수도 있다. 여러분은 아마도 이런 인식들을 은연중에 하고 있을 것이다. 우리 부모가 나에세 지금의 재산 중 일정 부분만 기여 했어도 지금의 나보다 훨씬 나은 내가 될 수 있을 텐데 등.

그러나 사실은 열악한 환경에서 성장했다 하더라도 가족의 배경이 성공하는 것에 장애가 된다고 생각해서는 안 된다. 성공과 관련되어진 열악한 환경은 얼마든지 존재하기 때문이다. 오히려 그 열악한 환경이 성장의 동력을 제공해 주었다는 이야기를 종종 들을 수 있다. 부모님을 탓할 필요는 없다. 오히려 부모님의 배경이 성장에 대해 부정적인 요소로 작용하는 경우를 볼 수 있다. 부모님이 성공했거나 실패했던 것은 여러분과는 아무런 상관이 없는 것들이다. 물론 어떤 사람들은 부모님이 비빌 언덕을 깔아줘야 편안하게 산다고 말한다. 그러나 그것은 여러분 미래에 활력은 되지 않는다. 여러분은 여러분이고 부모의 능력과는 별개인 것이다. 여러분 자신에 의해 변화를 줄 수 있는 기회는 크게 열려있다.

3 성공과 교육

성공하기 위해서는 정규 교육과 지능도 필요한 조건이 되지 않는다. 지능이 높다고 교육을 많이 받았다고 꼭 성공하는 것도 아니며 교육을 받지 않았다고 해서 꼭 실패하는 것도 아니다. 그러나 교육이 안정적인 삶을 실현해 주고 기본이수 조건을 채워야 하는 분야에서는 약간의 유리함을 가질 수 있도록 도움을 주는 것은 사실이다. 성공의 요인은 타인에게 효과적으로 대응하는 능력과 태도, 자신에게 동기부여, 야심, 지속성을 갖는 결단이 정규 교육이나 천성적으로 타고난 지능보다도 매우 중요한 요소이다. 물론 이런 요소들을 지니기 위해서는 많은 교육을 필요로 하지만 '머릿속에 간직되어 저장되어 있는 것'보다는 지금 바로 '이 순간에 행동으로 옮기고 실천 활용할 수 있는 것'들이 더 필요한 지식이다.

성공에 관계되는 지능은 IQ(Intelligence quotient, 지능지수) 및 MQ(Moral intelligence quotient, 도덕성 지능지수), EQ(Emotional intelligence quotient, 감성 지능지수), PQ(인간성 지능지수, Personality intelligence quotient), CQ(Computer using intelligence quotient, 컴퓨터 활용능력 지능지수), GQ(Global quotient intelligence, 세계화 지능지수), SQ(Social intelligence quotient, 사회성 지능지수) 등이 복합적으

로 작용하고 있으나 현대에 이르러서는 AQ(Adversity quotient, 역경지수)[1]를 가장 중요한 지능으로 보기도 한다. 어떤 지능이 특별히 더 중요한지 판단할 수는 없으나 상황에 따라 발생하는 문제를 해결할 수 있는 능력이 점점 더 중요해 지고 있는 추세이다.

4 과거의 이야기

여러분의 과거는 현재의 일이며 미래에 동일하게 발생하지 않고 언제든 변화가능하다. 과거가 어찌 되었던 간에 여러분의 선택에 따라 현재 혹은 미래는 언제든지 재발견이 가능하다. 교육 혹은 사고, 경제적 어려움도 전혀 신경 쓰지 않아도 된다. 물론 어려운 환경과 힘든 과거가 있다면 현재 변화하고자 하는 일에 대해 불편함으로 다가올 수 있을 수도 있다. 그러나 그것은 역경을 마주하는 자세가 아니다. 역경을 회피하지 말고 그 앞에 마주서서 이겨내야 미래로 나아갈 수 있다. 물론 그 역경을 딛고 앞으로 나아갈 때 또 다른 장애물과 마주하겠지만 나를 발전시키는 에너지로 삼아야 한다. 성공을 위해서 과거의 많은 불운은 성공을 더 강하게 할 수 있도록 에너지를 제공해 줄 수 있다. 단, 그 과거의 흔적이 지금의 성장 동력으로 쓰일 때를 말한다.

과거는 지나간 일로 지금 현재의 나를 비추는 거울이다. 과거의 불행은 지금의 나의 현 상태를 말하고 있다. 여러분은 어려움이 밀려왔

---

1 https://100.daum.net/encyclopedia/ 많은 역경에도 굴복하지 않고 끝까지 도전해 목표를 성취하는 능력. 어려움이 닥쳤을 때 사람은 퀴터(Quitter, 포기하는 자)와 캠퍼(Camper, 안주하는 자), 클라이머(Climber, 극복하는 자)로 나눈다.

을 때 그 어려움을 극복할 수 있는 무한한 에너지를 가지고 있다. 마음을 가다듬고 여러분 자신의 변화를 유도해야 한다. 과거에 대해서 변화시킬 수 있는 유일한 것은 그걸 받아들이는 방법이다. 작은 불운을 경험한 사람에 있어서 성공의 선물은 더욱 값지고 달콤한 것이다. 성공은 우리들이 살아온 막대한 성장과 변혁의 결과이다.

5 성공과 행운

행운은 준비된 자에게 보다 확실히 오게 된다. 일에 대한 결단, 위험을 짊어질 수 있는 용기는 성공의 원료가 된다. 때때로 우리는 행운이 오는지 혹은 왔었는지도 모르게 지나가 버리는 경우를 경험하면서 지나간 그 때를 아쉬워 할 때가 있다. 만약 여러분이 부를 축적하기를 원한다면 부를 얻기 위해서 끊임없는 움직이지 않으면 안 된다. 여러분이 마음의 안정을 얻기 위한 삶을 선택한다면 그 역시 마음의 안정을 얻기 위하여 끊임없는 노력을 경주해야 한다. 이것이 기회를 얻는 방법이다. 또 기회를 발견하기 위해서는 삶의 경험을 중심으로 창조성, 대범함, 안정되어진 정신 상태를 필요로 한다. 행운은 항상 오는 것이 아닌 각자가 하고 있는 일에서 기회를 갖기 위해 노력하는 사람에게 주어지며 그러한 열정은 장기적인 성공을 불러일으켜 준다.

4.1.2 성공을 위한 핵심 포인트

1 자신을 사랑하기

여러분은 여러분 자신을 소중하게 여겨야 할 필요성이 있다. 여러분은 이 우주에서 오로지 단 한 사람의 인간으로 존중받아야 한다. 여러분이 지니고 있는 그 모든 것을 떠나 한 인간으로서 인갑답게 살아야 할 소중한 가치를 지니고 있기 때문이다.

자신을 소중히 여길 수 있는 사람이 타인을 배려할 수 있으며, 나를 먼저 사랑할 줄 아는 사람이 남을 사랑하고 배려할 수 있다. 자신을 사랑한다는 것은 결국 내가 지니고 있는 육체적, 정신적인 모든 것을 포함한 자기관리를 잘하고 있음을 뜻한다. 그러한 자기관리가 철저한 사람은 남을 배려하는 능력을 기본적으로 가지고 있다. 자기 자신을 하찮은 사람으로 깎아 내리지 마라. 그런 태도는 자신의 행동과 사고를 옭아매게 한다. 무슨 일을 하더라도 자기 자신을 사랑하는 것으로부터 시작하라. 지금까지 살면서 아무것도 이루지 못했을지라도 자신을 항상 존귀한 인간으로 사랑하고 존경하라. 자기 자신을 사랑하면 결코 악행을 저지르지 않고 누구로부터 지탄받을 일도 저지르지 않는다. 그런 태도가 미래를 꿈꾸는 데 있어 가장 강력한 힘으로 작용한다는 사실을 절대로 잊지 마라. 실력도 안 되는데 무턱대고 스스로 최고의 대접을 하라는 뜻은 아니다. 내가 내게 점수를 줄 수 있을 만큼 노력하는 사람이라면 스스로에게 함부로 대하지 않음을 의미하는 것이다.

2 비교하지 않기

나답게 산다는 것은 타인의 시선으로부터 자유스러워 지는 것이다. 내 하나 뿐인 멋진 삶을 꾸려나가기 위해서는 타인과 비교하기보다는 나를 중심으로 일이 돌아가게 만들어야 한다. 타인과 비교하기 시작하면 삶이 피곤해지고 움츠려든다. 내가 나를 당당하게 만들기 위해서는 나만이 가지고 있는 독특한 삶의 방식이 존재해야 한다. 타인이 나를 바라보았을 때 나를 인정할 수 있는 독특함이어야 한다. 그 독특함은 반사회적이거나 비논리적이어서는 안 된다. 사회구성원이 요구하고 인정하는 독특함을 갖추는 일은 나를 이해하는 것으로부터 출발하며 삶에서 이러한 능력을 갖추는 것은 매우 중요하다.

타인의 시선으로부터 자유롭게 행동하는 일, 타인의 평가로부터 자신 있게 답변할 수 있는 능력을 가진 사람들은 모든 일에 여유가 있으며 평화롭다. 어떤 사람이 비난을 해도 그 비난이 오래 가지 못할 것이라는 것을 인식하고 그 비난에 대응하지 않는다. 오히려 그 비난을 에너지원으로 삼아 진화할 계기를 갖는다. 옆집 영희가 돈을 많이 벌어서 갑부가 되었든 옆집 아이가 출세를 했든 나에게도 이보다 더 좋은 일이 생길 것이라는 확신을 갖고 그 안에서 마음의 평화를 찾는 것이 중요하다.

2 사이토 다카시, 이정은 옮김, 곁에 두고 읽는 니체, 홍익출판사, 2008, 35.

3 능력보다 열정

일에서 능력보다 열정을 보여야 한다. 열렬한 애정을 가지고 열중하는 마음이 드러나지 않으면 능력은 나타나지 않는다. 타오르는 불처럼 강한 열정을 보였을 때 그 능력이 빛을 발하는 것이다. 능력은 있으나 그 능력을 발휘할 어떤 마음도 일어나지 않으면 능력은 한갓 쓸모없는 것이 되고 만다.

열정이란 '주인의식'을 갖는 것을 말한다. 능력이 부족하더라도 모든 일에 주인의식을 갖고 열정적으로 일을 하다보면 부와 명예는 자연스럽게 오게 되어 있다. 옛말에 '게으른 천재보다 부지런한 바보가 낫다'는 말이 있다. 항상 노력하는 자세로 성실한 일상을 보여주는 대표적인 사례로 '지식머리'보다 '일머리'의 중요성을 강조하는 속담이다. 생각은 천재이지만 행동은 바보처럼 하는 사람들을 보면서 아무리 능력이 출중하다 하더라도 꾸준한 노력과 정열이 없이는 성공이 이루어질 수 없음을 자각해야 한다.

4 말하기보다는 듣기

마음에서 우러나온 말은 사람을 감동시키는 능력을 갖는다. 말을 어떻게 하느냐에 따라 사람과의 관계에서 신뢰를 구축할 수 있다. 말은 정직하게 해야 하며 아무리 가까운 사이라도 조심해서 표현해야 한다. '말 한마디에 천 냥 빚을 갚는다'라는 속담처럼 말을 조심스럽게 잘 표현할 때 큰 빚도 갚을 수 있다는 뜻이다. 이는 말의 중요성을 나타내는 대표적인 사례이다.

이처럼 말하는 것도 중요하지만 그보다 더 중요한 것은 경청 즉 듣는 것이다. 경청은 상담의 기본원리 대화에서 아주 중요한 기술이다. 자신의 의견을 주장하고 클라이언트(Client)[3]를 설득하기보다는 남의 의견을 듣고, 지지해 주고, 공감해 주는 것이다. 이는 상대방의 이해를 돕는데 일조한다. 대부분의 사람들은 듣기보다 말하기를 좋아한다. 말하는 도중 끊어 버리고 본인의 주장을 피력한다거나 잘 듣지 않고 엉뚱한 행동을 하는 경우를 종종 보곤 한다. 잘 들어 준다는 것, 즉 눈 맞춤과 고개를 끄덕거려 주는 것, 상대방의 비언어적인 표현을 놓치지 않고 인지하는 것 등은 대인관계를 촉진하는 중요 요소이다. 사회에서 무엇인가를 얻고자 한다면 권력을 가지고 있는 주체가 대중이라는 것을 인지하고 대중을 향해 좀 더 겸손해져야 한다. 모든 권력은 대중으로부터 오는 것이고 대중의 이야기에 감동해 주는 기술이 더 필요한 시점이다. '벼는 익을수록 고개를 숙인다'는 옛말을 거울삼아 사람들과 융화하고, 그들로부터 좋은 의견을 끌어내는 것이 성공의 한 요소임을 잊지 말아야 한다.

5 실패로부터 배우기

사람들은 성공을 위해서 노력과 고통을 감내한다. 많은 시간과 노력, 자본을 투자하고도 사람들이 성공에 이르지 못하고 중간에 그만

3 고객을 의미하는 말이나 IT업계에서는 정보를 열람하거나 특정의 프로그램을 사용하는 컴퓨터 또는 컴퓨터 프로그램을 말한다.

두는 경우를 종종 보곤 한다. 혁신적인 아이디어를 가지고도 성공에 이르지 못하는 경우가 대부분이다. 성공의 길은 험난하다. 만약 단 한 번의 시도로 성공에 이른다면 얼마나 좋을까? 그렇다면 성공이라는 것에 그 많은 사람들이 매달리며 아파하지 않았을 것이다.

단 한 번의 시도로 성공하는 것은 거의 불가능하다. 성공을 하기 위해서는 반드시 장애물과 마주하게 되어 있다. 장애물을 어떤 방법으로 마주할 것인가에 따라 성공과 실패를 받아들인다. 수많은 장애물을 딛고 앞서 나아가는 사람만이 성공이라는 달콤한 열매를 손에 넣을 수 있다. 혁신을 통해 창의적인 가치를 대중들에게 인도하는 것은 성공 확률보다 실패 확률이 훨씬 더 높음을 인지하고 실패를 통해 성공할 수 있는 것을 배워야 한다.

'실패는 성공의 어머니'라는 유명한 말이 있다. 실패의 경험을 통하여 문제를 해결하는 과정을 딛고 일어섰을 때 다시 실패할 확률이 적어짐을 나타내는 말이다. 많은 사람들이 성공에 대한 이야기를 하고 성공에 대해 부러워 하지만 정작 성공의 이면에 감추어진 실패의 소중한 경험들은 드러내지 않는다. 어린 아기가 자유스럽게 걷기까지 넘어지고, 다치고, 깨지고의 경험을 통하여 걷기라는 발달에 성공하듯 성공 역시 실패를 해 본 사람만이 성공이라는 가치를 소유할 수 있다.

6 타인을 배려하기

성공의 이면을 들여다보면 타인이라는 집단이 있다. 성공은 타인으로부터 평가되는 것이다. 물론 주관적인 삶을 사는 경우라면 자기평가에 의해 성공과 실패를 논할 수도 있다. 그러나 대부분의 경우는 어떤 기준점을 제시하고 그 기준점의 도착 여부에 따라 평가하거나 혹은 상대와의 경쟁에 앞선 우선순위에 따라 평가하기도 하며, 혼자만의 심리· 정서적인 만족 추구로 평가할 수 있을 것으로 판단된다. 그러나 이 세상을 혼자 살아간다면 무슨 의미가 있겠는가! 같이 어울려 살아갈 때 삶의 의미가 있지 않을까? 더불어 살아갈 때 이 세상이 더 아름답고 빛나는 세상이 되지 않을까? 성공하기 위해서는 타인을 배려하는 것이 우선시 되어야 한다.

타인을 배려하는 자세는 자기 자신의 관리에서부터 출발한다. 자기 관리가 안 되는 경우에는 타인에 대해 배려할 수가 없다. 자신을 관리하고 난 후 타인에 대한 배려가 필요하다. 그러나 사회의 변화에 따라 배려라는 것도 많은 차이가 있음을 인지해야 한다. 배려하기 위해서는 각자가 가지고 있는 인식을 기초로 적용하지 말고 배려의 대상자에게 직접 질문을 한 후 욕구를 파악하고 다가가는 것을 원칙으로 한다. 배려 대상자가 차별적인 존재가 아닌 동등한 인격체를 가진 한 인간으로 존중한다면 상대방으로부터 동의를 구하는 것으로부터 출발해야 한다. 무조건적으로 베풂을 하고 짐작하여 헤아리는 것은 상대방을 배려하는 것이 아닌 무시하는 행위로 보일 수 있음을 인식해야 한다.

4.2. 성공에 관한 이야기

4.2.1 성공의 진실

성공을 싫어하는 사람은 없다. 성공은 인간 누구에게나 기쁨을 주는 것으로 각자 다른 성공의 의미를 내포하고 있다. 일을 만족스럽게 한다는 것은 좋은 일이며 성공은 주변 체계와의 조화 속에서 이루어지는 성장임을 알아야 한다.

1 각자 다른 성공의 의미

이 세상에 같은 생각을 가진 사람이 존재하지 않는 것처럼 성공이라는 의미 역시 다를 수밖에 없다. 성공은 누가 주는 것이 아닌 각자가 가지고 있는 주관적인 관점에서 생각해야 한다. 평안하고 안정적인 삶을 사는 것이 성공이라고 생각하는 사람이 있는 반면 인류 역사에 큰 족적을 남겨야 성공이라고 생각하는 사람도 있기 때문이다.

헤어디자이너로서의 성공 기준을 보았을 때 어떤 사람은 많이 배우고 많이 학습하는 것을 성공이라고 말하며 어떤 사람은 산골에서 미용실을 운영하는 것을 성공이라고 말한다. 또 어떤 사람은 대중매체에 빈번하게 등장하여 트렌드를 제시하는 것을 성공이라고 말한다. 각기 다른 성공의 기준이다. 삶의 가치가 절대적으로 나타나는 것이 아닌 상대적으로 나타난 현상이다. 성공이라는 것은 개인의 가치기준에서 드러나는 것으로 절대적 기준을 적용할 수는 없다. 다만 중요한 것은 평범하게 산다는 것, 각자의 위치에서 최선의 노력을 경주한다는 그 사실이 가장 중요하다.

2 성공은 솔직

솔직함이란 거짓이나 숨김이 없는 상태를 말한다. 솔직히 이야기하면 솔직한 것이 인간관계에서 최선의 것인지 아닌지 우리는 알 수 없다. 인간의 집단생활에서 드러나는 태도와 자세는 본성보다는 교육과 아첨에 의한 위선을 배제할 수는 없기 때문이다. 물론 태도와 자세가 가치관과 일치하는 최적의 상황이 있을 수도 있겠지만 집단생활에서의 아첨과 아부는 솔직함과는 약간의 거리가 있다.

우리는 '솔직함과 위선' 사이에 가면을 쓰고 있다. 어느 정도의 가면이 허용한계인지 알 수는 없지만 사회생활을 할 때는 적절하게 조율해야 한다. 솔직함이 모두 좋은 것이라고 할 수는 없다. 선의의 거짓말이 위로가 된다면 얼마든지 거짓을 이야기 할 수도 있다. 인간이 모든 것을 '보고 듣고 인식하는 사실' 그대로 이야기하고 표현한다면 솔직함은 오히려 무례함으로 비춰질 수 있다. '솔직함과 무례함은 비밀보장과 알 권리'처럼 인간관계에서 의견이 충돌한다. 인간의 행동은 사고의 지배를 받아 형성되는 바 행동의 표출을 위해서는 '내적 자아와 페르소나' 사이에서 적절한 가치판단을 필요로 한다.

그럼에도 불구하고 성공은 타인에 대해서 진정으로 솔직해야 하며 자기 자신에 대해서도 솔직해야 한다. 인생에서 진실로 원하는 것이 있다면 자기 자신에게 솔직해야 한다. 솔직함은 성공을 위한 중요 조건이며 성공한 후에도 칭송받는 필요충분조건이다. 성공을 위해 달려왔지만 정작 성공 후에 신체적·정신적으로 많은 문제가 발생한다면 성공하기 위해 한 노력이 물거품이 되는 경우가 발생할 수 있다. 성공을 지향하는 솔직함은 삶을 풍요롭게 한다. 다음은 불교의 한 종파인 밀교의 진언으로 여러분 삶의 목적 설정 시 도움을 줄 수 있다.

첫 번째 만트라[4, 5]

너 자신에게 정직하라. 세상 모든 사람들과 타협할지라도 너 자신과 타협하지는 말라. 그러면 누구도 그대를 지배하지 못할 것이다.

두 번째 만트라

기쁜 일이나 슬픈 일이 찾아오면, 그것 또한 머지않아 사라질 것임을 명심하라. 어떤 것도 영원하지 않음을 기억하라. 그러면 어떠한 일이 일어난다 해도 넌 마음의 평화를 잃지 않을 것이다.

세 번째 만트라

누가 너에게 도움을 청하러 오거든 신이 도와줄 것이라고 말하지 말라. 마치 신이 존재하지 않는 것처럼 네가 나서서 도우라.[6]

---

4 베다(Veda)란 지식 또는 지혜를 뜻하며, 고대인도의 종교, 철학, 우주관, 사회상을 보여주고 있다. 만트라(Mantra, 제의식), 아라냐카(Aranyaka, 삼림서), 우파니샤드(Upanishad, 오의서) 브라마나(Brahmana, 제의식)로 분류한다.

5 라크크리슈난 저, 이거룡 옮김, 인도철학사IV, 한길사, 1999, 26.

6 류시화, 하늘 호수로 떠난 여행, 열림원, 1996.

3 성공은 과정

성공하기 위해서는 절차와 과정이 중요하다. 절차란 일을 수행하는 데 있어서 일의 순서나 방법을 말하며 과정은 해야 할 일의 정도이다. 절차와 과정에는 해야 할 일의 도표가 필요가 필요하다. 구체적으로 측정 가능한 정도를 도표로 표시해야하며 달성하기 위한 구체적인 기록을 표시해야 한다. 구체적인 목표를 제시하고 그 과정에 맞게 달성했을 경우에는 축복해야 할 가치가 있다. 축복은 누군가와 함께 하지 아니하여도 된다. 열심히 일한 자신에게 선물을 주는 것으로 오롯하게 혼자만의 선물을 부여하는 것도 나쁘지 않다. 그리고 성공을 유지하기 위해서 그러한 과정이 발생했고 유지 진행 중이라는 것이다. 이런 연속성들이 모여 내가 그려놓은 목표들이 만들어지는 것이며 그것이 삶의 연속적인 표현들이다. 이는 인생에서 올바른 길을 향해 나아가고 있다는 뜻이며 균형 잡힌 시각을 유지하면서 좋은 방향으로 계속 나아가는 것이다.

4 성공은 좋은 것

성공이라는 목표를 향해 노력하는 것은 기분 좋은 일이며 성공의 의미와 가치를 추구하는 것은 삶의 축복이다. 그것은 삶에서 희열과 안정감을 불러주며 최종적으로 여러분 삶의 질을 결정해 준다. 좋은 일을 한다는 것, 좋은 사람이라는 말을 듣는 것. 가족을 위해 헌신 하는 일, 더 나아가 타인에게 공헌하고 사회 환경의 좋은 변화를 일으키기 위하여 한 알의 밀알이 되는 일, 이 모든 것은 인생의 기쁨을 제공하는 일이다.

성공은 생각보다 일찍 올 수도 있고 생각보다 늦게 올 수도 있다. 혹은 성공이 무엇인지도 모르게 지나가 버리는 경우도 있다. 누구나 성공할 수 있고 성공할 수 있는 능력을 가지고 있다. 남보다 조금 빨리 성공을 하는 경우도 있고 늦은 나이에 성공을 하는 경우도 있다. 인생은 십여 년의 계획을 세우고 십여 년을 투자하고 십여 년을 거두어들이는 과정이다. 그 후 남은 삶은 뒤따라오는 사람들이 보다 좋은 환경에서 일을 할 수 있도록 사회에 환원하고 사회를 위해서 무엇인가를 베푸는 과정으로 설계되어야 한다. 즉 밑바닥 다지기를 시작으로 탄생기, 성장기, 쇠퇴기를 갖는 과정으로 볼 수 있다. 인생의 발달과정은 다른 생명체들과 별반 다르지 않다. 그러나 중요한 사실은 인간의 삶은 단거리 달리기가 아닌 장거리 달리기라는 사실이다.

5 성공은 일의 만족

만족이란 개인이 직무 수행의 결과 나타나는 태도로 유쾌하고 긍정적인 정서 상태를 말하며 인간의 건강, 안전, 귀속, 존경, 성장 등 제반 욕구의 충족을 포함한다.[7] 즉 마음에 드는 상태를 의미하는 것으로 개인이 하는 일에 있어서 심리·정서·생리·환경 만족의 총체라고 볼 수 있다. 그러나 '마음에 드는 것 혹은 만족'이라는 것은 추상적이기에 한

---

7 Alderfer, c, p, Existence, relatedness and growth, human needs in organizational settings.

번 추구하면 계속적으로 멈출 수 없는 특징을 갖는다.

여러분은 하고 있는 일에 대해 만족을 경험하고 있는지 생각해 보라! 물론 일을 진행하면서 몸이 무의식적으로 춤을 추거나 입 꼬리가 올라가는 등의 만족할 만한 반응이 일어날 수도 있다. 그러나 감각에 의존하기보다는 만족을 객관적으로 증명하기 위한 각자가 만족할 만한 구체적인 수치 혹은 방법을 도출시켜 놓아야 한다. 그럴 경우 성과의 측정이 보다 용이해 진다. 대부분의 사람들은 자기 직업에 만족하지 않는다. 그럼에도 불구하고 예술 세계에서 행복한 시간들을 보내고 있는 사람과 성공 철학을 가진 사람들은 하고 싶은 일을 하며 돈을 받는 것은 멋진 일이라 종종 말한다. 잘하는 일을 하는 사람들, 행복한 일을 하는 사람들의 특징은 일과 취미가 거의 동일하기 때문에 일 자체가 큰 만족을 불러 오면서 부수적으로 많은 보상이 주어진다는 것이다. 이러한 일들은 만족감과 달성감이 있다.

6 성공은 타인의 공헌을 필요로 함

타인을 도우며 봉사하고 싶은 욕망은 성공의 요소이며 가족을 양육하는 것과 관계가 있다. 모든 직업은 타인의 행복과 복지를 위해 의미가 있는 공헌을 할 수 있는 멋진 기회가 있다. 가치가 있는 일을 하고 있다는 감정은 우리들의 마음뿐만 아니라 타인의 눈에도 보이는 형태로 성공을 맛볼 수 있다. 타인이 목표를 달성할 수 있도록 도와주는 것은 성공의 열쇠이다. 실제로 보다 많은 사람들이 여러분 덕분이라고 느껴준다면 그것만으로 여러분은 신뢰와 존경을 받을 수 있다.

그때 여러분의 리더십은 가장 강하게 발휘될 것이며 가장 높은 가치를 가진다. 자신을 먼저 제외하고 타인의 것을 먼저 생각하는 것이 여러분 자신의 이익에도 큰 도움이 될 수 있다는 것을 명심해야 한다.

7 성공과 성장

성공은 이루고 싶은 것에 대한 도착점에 도착한 것을, 성장은 점점 커져가는 것 혹은 무르익어 가는 것을 말한다. '도착점에 도달한 것 혹은 원하는 것'을 소유한 사람을 우리는 '성공했다'라고 말하지만 '성장했다'라고 말하지는 않는다. 성장 없이 많은 것을 가진 사람은 소유한 많은 부를 잃어버릴까봐 전전긍긍하나 성장을 통해 성공한 사람은 끊임없이 노력하며 보다 높은 곳을 향해 끊임없이 학습한다. 성공과 성장은 주변 체계와 교류하면서 성장한다. 항상 자기계발을 게을리 하지 않으며 혼자보다는 우리를 강조하는 특성을 지니고 있다.

성공과 성장은 함께하는 것이 바람직하며 같은 곳을 바라다 봐야 한다. 성공은 할 수 있으나 성장한다는 것은 쉽지 않은 일이다. 사람이 익어간다는 것 도착점에 이르러 고개를 숙이고 겸손해 할 줄 아는 일, 나의 성공을 주변 사람들과 함께 하는 일, 내가 성공하기까지 주변의 희생이 있었다는 사실을 기억하고 베푸는 일은 그리 쉬운 일이 아니다.

성공과 성장의 필수요건은 끝없는 배움이라고 볼 수 있다. 성공과 성장한 사람들은 새로운 생각에 대해서 수용적이며 효율적으로 최선의 것을 원한다. 단 하나의 물음에 대한 답을 찾기 위해서 어려운 일도 마다하지 않는다. 성공과 성장한 사람들은 항상 새로운 것에 열려 있는 마음을 가지고 있으며 시간을 효율적으로 관리할 수 있다. 성공을 통해 성장하는 나를 발견하는 일은 인생에 깊이를 더해 준다.

8 성공과 꿈

성공으로 가는 길목에 존재하는 수많은 유혹들을 견디고 성공을 이룬 사람들의 표정은 매우 행복하고 밝다. 성공한 사람들은 수많은 유혹들을 고통과 쓰디 쓴 인내로 통과한 것이 아닌 즐거움으로 극복했기 때문에 성공은 고통과 시련의 대가가 아니라 즐거움과 행복의 산물이다. 눈을 뜬 사람만이 성공을 꿈꿀 수 있다. 세상에서 가장 아름다운 유혹은 성공이다. 성공이 즐거움과 행복의 결과로 얻어진 것이라면 성공을 꿈꾸기보다는 성공을 향해 걸어가야 한다.[8] 오래된 꿈은 자기 합리화와 포기로 이어지고, 이는 현실만족이라는 달콤한 유혹에 안주하도록 만든다. 따라서 누구나 성공을 꿈꾸는 것처럼 보이지만, 사실은 적당한 만족과 타협이 가져다주는 달콤한 유혹에 빠져 깊은 잠을 자고 있을 뿐이다.

모든 사람들은 인생을 어떤 방법으로 전진해 갈 것인지에 대해 고민하고 꿈을 꾼다. 꿈은 우리들 자신에 대해서 그리고 인생에 어떤 가치를 두고 있는가에 대해서 많은 것을 이야기해 준다. 꿈은 목적발견을 위한 고민이며 미래를 향해 나가는 데 도움이 된다. 꿈을 실현하기

8) 호아킴 데 포사다, 엘렌 싱어, 마시멜로 이야기, 21세기 북스, 2012.

위해서는 현실로부터 벗어나지 말고 멋진 꿈을 꾸며 많이 생각해야 한다. 꿈꾸는 것에는 마력이 있으니 현실에서 뒷걸음치지 말아야 한다. 한 발은 현실에 두고 있으면서 다름 한 발은 미래를 향해 내 딛으려는 자세가 필요하다. 어렴풋한 꿈을 보다 구체적인 형태로 만드는 것은 가치가 있다. 이것이 목표를 정의하는 프로세스의 첫 걸음이다. 이상적인 비전으로부터 1인치라도 후퇴하는 실수를 범해서는 안 된다. 그것을 향해 전력으로 나아가야 한다.

꿈의 크기는 크게 설정해야 한다. 큰 항아리에 담겨져 있는 물고기는 크게 성장하는 반면 작은 항아리에서 노는 물고기는 그 항아리만큼의 크기로 성장하기 때문이다.

'고이'라는 물고기를 예로 들어 보자. 잉어목 잉어과의 민물고기인 붕어와 생김새가 비슷한 고이는 물 흐름이 느린 큰 강이나 호수에서 살며 물속의 작은 동, 식물을 먹고 사는 잡식성이다. 이 잉어를 작은 어항에 넣어 두면 5~8센티미터 밖에 자라지 않지만 아주 커다란 수족관이나 연못에 넣어두면 15~25센티미터까지 자란다. 그러나 강물에 방류하면 90~120센티미터까지 성장한다. 고이가 어떤 환경에서 성장하느냐에 따라 작은 물고기가 될 수도 있으며 큰 물고기가 되기도 한다.

이는 여러분이 생각하는 꿈의 크기와도 통하는 면이 있다. 큰 꿈을 꾸는 사람은 큰 꿈을 이룰 수 있으며 그렇지 않는 사람은 그 사람이 생각하는 만큼만 얻을 수 있다. 인생은 큰 꿈을 가질 필요가 있다. 만약 그 꿈을 이루지 못한다 할지라도 목표치에 근사하게 도달할 수 있기 때문이다. 낮은 목표를 설정하여 그 목표를 달성하면 그곳에서 만족하며 멈춰버린다. 이것은 인생에 있어 바람직하지 못하며 성공과 목표를 향해 가는 사람들에게는 함정이다. 자기 자신이 설정한 일련의 낮은 목표를 달성하면 그곳에서 그만둬 버리는 것이다. 목표를 달성하면 항상 수정·보완해야 하며 계속적으로 넓혀가는 게 필요하다.

4.2.2. 성공요인 제시하기

세계의 경제 상황이 어렵다. 이런 와중에서도 프로 패셔널리즘 최고의 직업 의식을 가진 사람들이 존재한다. 그런 사람들에 의해 세상은 발전하며 진화하고 있다. 지금까지 살아온 결과 단 한 번도 '어렵지 않다'라고 들어본 적은 없었다. 항상 모든 것이 어려웠었다. 경제가 어렵든 호황이든 어떤 분야에서도 어려움이 존재하지만 넘칠 정도의 대접을 받고 있는 사람이 있는 반면, 빠른 변화에 대처하지 못하고 어려움을 호소하는 사람들도 많다. 만약에 여러분이 정말로 성공하고 싶다면 자기 자신을 깨트리는 처절한 노력을 실행에 옮겨야 한다.

성공의 필수 요소는 다양하겠지만 가장 중요한 요소로는 급변하는 4차 산업혁명 시대에서 생존할 수 있는 직업적인 능력을 갖추어야 한다. 성공하기 위해서 전통적으로 필요한 직업 능력으로는 의사소통 능력, 대인관계 능력, 문제해결 능력, 시민의식, 자기주도성 등의 능력을 필요로 했다. 그러나 미래 사회에서 성공의 가장 중요한 직업기초 능력으로는 위기대처 능력과 열정, 대응력, 회복탄력성, 자기혁신, 미래 예측력, 통찰적 사고력, 환경 친화적, 전체 조망력, 인지적 부담관리, 호기심 등의 순으로 제시되고 있다. 전통적인 방식에서는 상명하달을 성실하게 수행하는 능력이 필요했지만 미래 초연결 사회에서는 다양한 변수들에 대응할 수 있는 위기대처 능력과 열정이 매우 중요한 능력으로 대두되고 있다.[9]

이러한 능력을 기초로 만약 이미 성공의 경험을 하고 모든 것이 풍족한 사람이라면 새로운 활력을 얻게 해주며 지금보다 더 풍요로움 속에서 보다 큰 만족을 얻게 해주는 새로운 가치관을 재정립하게 해준다. 또한 아직 성공의 초기 단계에 있다면 빠른 속도로 성공하게 도와주며 보다 좋은 수입, 보다 빠른 승진을 얻을 수 있도록 도와 줄 수 있다. 더불어 오랜 시간 많은 시간을 소비하고도 중도에 포기하는 많은 사람들에게는 다시 일어설 수 있는 새로운 에너지를 전달해 줄 수 있다.

여러분이 성공해야 하는 이유를 생각해 보라. 자신뿐 아니라 주변의 모든 것들이 긍정적으로 변할 수 있음을 알 수 있다. 여러분이 만약 기술직에서 수입을 얻고 싶다고 생각하면 최종적으로 성공할 이유 중 기술에 관한 것은 20%이며 80%는 얼마나 자기계발을 하고, 대인관계를 원만하게 하는가에 성공이라는 두 글자가 달려 있다.

미용업을 예로 들어 보자. 전통적인 측면에서 바라볼 때 미용업은 완벽하게 기술지향적인 산업이고 기술이 성패를 가르는 중요 요인이라고 말할 수 있었다. 그러나 빛의 속도로 변화하고 있는 요즈음에도 그런 사고를 가지고 있을까? 그렇다면 그런 사고는 사람들의 행동을 이해하지 못하는 경우로 볼 수 있다. 미용업계에서 성공하기 위해서

---

9 한국고용정보원 미래직업연구팀, 급변하는 4차 산업혁면 시대 어떤 직업능력이 중요한가?, 2019,1.25.

는 기능을 위주로 미용지식과 기초예술, 정보통신기술의 통섭을 통한 가공처리를 해야 한다. 기능만으로는 성공이라는 부를 성취할 수 없다. 이는 미용업계뿐 아니라 거의 모든 산업이 동일하게 적용된다. 이는 시대적 요청이다.

변화는 흐르는 물처럼 빠르게 일어난다. 만약 여러분이 일하는 곳에서 재정적으로 번영하고 자아실현을 하고 싶다면 여러분 자신이 끌리는 그 무엇인가가 되어야 한다. 보다 좋은 환경에서 성공을 달성하고 싶다면 보다 좋은 인물이 되어야 한다는 것이다. 이는 그 어떤 분야에서도 마찬가지이다. 여러분이 상품을 파는 것이 아닌 자기 자신이 아름다운 멋진 상품이 되어야 한다.

성공에 있어 많은 부분이 여러분의 일보다도 여러분 자신 주변에 관련된 문제들에 의해 발생한다. 실제로 많은 시간, 노력, 에너지를 여러분은 자기관리에 소비하고 있다. 그러나 꼭 염두 해 두어야 할 것은 여러분이 되고 싶은 것의 핵심에 초점을 맞추고 있는지를 생각해 보아야 한다. 때때로 경제적인 능력의 향상은 개인적, 직업적으로 개인의 위상을 크게 보일 수 있도록 유도한다.

여러분은 여러분이 원하는 적절한 장소, 적절한 시간에 존재하고 싶다면 기회는 지금 바로 손이 닿는 곳에 있다고 생각하라. 멀리서 기회를 찾을 필요는 없다. 사람들은 지나간 시간을 아쉬워하고 연연해 하는 반면 가장 뜻 깊고 가장 의미 있는 지금 이 순간을 소홀하게 한다. 과거는 미래를 바라볼 수 있는 시금석이기는 하지만 여러분들이 집중하고 투자해야 할 것은 과거가 아닌 지금 현재이다. 여러분들이 바라는 건강하고 안락한 삶은 과거가 아닌 현재가 결정해 준다, 우리

인생의 목표는 남겨져 있는 시간을 어떻게 활용하며 미래에 건강한 삶을 살고자 하는 데 있다. 미래는 지금까지 결정된 것이 아닌 지금부터이다. 여러분 개인으로서의 행복, 수입에서의 번영, 프로로서의 성공을 잡을 기회는 지금이다. 여러분이 바라는 명성이나 부 혹은 그 밖의 모든 것들을 변화시키고자 한다면 여러분을 둘러싸고 있는 환경은 변화의 모든 것을 제공할 수 있다.

명성은 여러분의 것이다. 부도 여러분의 것이다. 이것은 당연하며 낙관적인 생각은 아니다. 이 모든 것은 여러분 앞에 제공되어 지는 현실이며 꿈의 저편에 풍요의 인생을 누릴 수 있는 유례없는 기회가 있다. 자신을 믿지 못하고 포기하는 것과 자신의 능력을 믿고 노력하는 것은 큰 차이를 보인다. 여러분 자신을 믿고 긍정적인 힘을 보여주는 것이 필요하다.

1 위기대처 능력

위기대처 능력이란 급박한 상황에 처하더라도 냉정하고 침착하게 위기 상황을 모면할 수 있는 고도의 문제해결 능력을 말한나. 사막에서 조난당했을 때 물병의 물을 보고 '반밖에 안 남았네!'라고 말하는 사람과 '반이나 남았네.'라고 말하는 사람은 똑같은 상황에 처해 있음에도 살아날 확률은 확연하게 다르다. 이처럼 시련에 부딪혔을 때 대응하는 방법으로 폴 스톨츠 박사는 세 가지 유형을 제시하고 있다. 힘든 문제나 역경이 다가오면 도망가거나 포기하는 사람은 '퀴터(Quitter),' 역경 앞에서 현상유지 정도로 석냥이 인주히는 사람은 '캠퍼

(Camper),' 시련이 다가올 때 자신의 모든 능력과 지혜를 동원하여 정복해내는 사람은 '클라이머(Climber)'라고 말했다. 클라이머의 중요한 특징은 수많은 역경 속에서도 희망을 품고 역경을 극복해나가며 마침내 목표를 이루어낸다는 것이다.

역경지수가 낮은 퀴터는 산에 오르다가 힘들거나 장애물을 만나면 등반을 포기하는 사람으로 일을 시작하기도 전에 겁부터 먹는 것이 특징이며 나약하고 의지가 약하다. 캠퍼는 등반하다가 직면한 장애나 어려움 앞에서 뚜렷한 대안을 마련하지 못하고 현상유지 정도로 적당히 안주하는 사람이다. 반면에 역경지수가 높은 클라이머는 역경이 오더라도 자신의 모든 능력과 지혜를 동원해 기필코 이를 이겨내려고 하는 사람을 말한다. 재미있는 것은 클라이머 성향의 사람은 캠퍼 성향인 동료들을 격려하고 북돋우면서 함께 역경을 헤쳐 나가려고 하는 의욕까지 가지고 있다. 역경지수가 중요한 이유는 역경지수가 기업 성과에 중요한 영향을 미치기 때문이다. 우선 기업 경쟁 환경이 급변하고 불확실성이 높아지면서 리더는 다양한 시련 상황에 자주 직면하게 될 수밖에 없다. 또한 구성원들도 혁신을 통해 성과를 높이라는 잦은 요구로 스트레스 강도가 점점 높아진다. 이러한 환경에서 역경에 대응하는 역량이 높은 조직일수록 더 많은 성과를 창출할 수 있다.[10]

---

10 박성연, 특명, '역경지수'를 높여라! : 현명한 리더의 위기대처 능력 비법, 기업나라. 제27권 제9호 통권271호, 2006. 9, 112-115. 커뮤니케이션 이론가 폴 스톨츠 박사가 사람들이 역경에 대처하는 스타일을 등반에 비유하여 3가지 유형으로 분류했다.

2 선택

여러분은 정해진 날짜, 정해진 장소가 아니라도 성공을 믿는 사람들로 어떤 일이든 성공으로 이끌 수 있는 능력이 있는 사람들이다. 여러분들이 아직 성공을 하지 못했다면 성공할 가능성이 더 높다. 인생의 목적을 발견하고 성공을 향해 나아갈지 그렇게 하지 않을 건지 그것은 여러분의 선택에 따라 달라진다.

지금 이 시점에서 얼마나 인생이 달라지고 다르게 펼쳐져 가는지는 여러분의 몫이다. 인생은 여러 갈래의 길에서 하나의 길을 선택하는 과정이기 때문이다. 길은 남들이 다니던 편안한 길도 있고 다른 사람들이 전혀 다니지 않는 길이 있다. 편안한 길을 선택할 것인가! 그렇지 않는 길을 선택할 것인가는 여러분의 몫이다. 노란 숲속에는 두 갈래 길이 있고 그 길들은 너무 아름다워 보인다. 여기도 가고 싶고 저기도 가고 싶다. 그러나 그 어떤 하나의 길을 선택하여 여러분은 결정해야 한다.

여러분은 하루에도 몇 번의 선택에 기로에 선다. 눈을 뜨는 그 순간부터 이것을 먼저 해야 하나? 다른 그 무엇인가를 먼저 해야 하나? 항상 선택의 기로에 놓여 있다. 그 어떤 것들을 선택하든 인생에 있어 전개되어져 가는 모든 일들은 여러분의 책임이다. 즉 자기결정의 원리를 이해하고 자기 책임의 원칙을 받아들이는 것이 성공의 기본이다. 개인으로서의 성장에 책임을 지면 인생에 가늠할 수 없는 자유와 모험이 더해진다. 새로운 인생의 시작, 인생에 훌륭한 가치를 더하게 된다.

여러분 인생은 스스로가 인생을 설계하고 고삐를 잡고 모든 것에 대해 책임을 져야 한다. 미래를 설계할 때에는 과거의 부정적인 경험들은 어디론가 버려야 한다. 물론 내 인생의 흔적을 떼어 내는 고통은 이루 말할 수 없이 고통스럽겠지만 감당할 수 없는 고통은 부여하지 않는다는 것을 명심해야 한다. 모든 것은 인간이 감당할 수 있는 범위 내에서 일어난다. 결국 행복해하고 불행해 하는 것은 여러분 자신의 책임이다. 여러분의 과거는 여러분의 미래와 같지 않다. 과거는 현재를 바라보는 거울이며 현재는 미래를 유추할 수 있는 잣대이다. 현재 여러분이 사는 모습이 미래 여러분의 사는 모습이다. 만약 지금 여러분이 현재 행복을 느끼지 못하면 바로 새로운 방향으로 결단을 내려야 한다. 이러한 것은 그리 어려운 일이 아닌 것들로서 행복함을 방해하는 요소들을 제거해야 한다. 그것은 바로 여러분 자신의 내면에 감추어져 있는 부정적인 감정들로 '나는 할 수 없다'라는 생각을 버리는 것에서 출발한다. 지금 여러분이 원하는 성공이라는 배를 향해 나아가기 위해 여러분 앞에 놓여 있는 것은 자신감과 그를 향해 현재를 창조하는 방법이다.

인생은 전략적인 계획과 실행에 의해서 변할 수 있다. 어떤 일들을 계획하여 적용 실행하기 위해서는 충분한 고민과 조사를 통하여 행동계획을 만들고 세부적인 일들을 세밀하게 적용해 나가야 한다는 것을 여러분은 알고 있다. 일에 대한 선택적 비전을 가지고 미래를 설계하고 한 걸음 한 걸음 나아갈 때 인생은 성장하는 것이다. 어느 하루 아침에 갑자기 이루어지는 것은 없다. 모든 것은 과정을 필요로 하며 그 과정을 통해서 심원한 행복감과 희열을 창조한다.

'내가 왜 변해야 하지! 무엇을 위해서'라는 반문을 제기 한다면 인생의 목적을 찾아내지 못했기 때문이다. 인간을 더욱 인간답게 해 주는 향상훈련에는 노력과 에너지를 필요로 한다. 새로운 인생의 가치는 행동으로부터 나오는 것이다. 모든 인간은 인생의 목적을 가지고 있다고 나는 믿는다. 이 생각은 지금까지도 시대를 넘어 정신사의 위대한 지도자, 사상가, 철학자 등에 의해 반복되어져 왔다. 위대한 사람들의 인생에는 목적이 있다. 인생의 목적을 발견한 사람은 행동을 할 이유가 있기 때문에 보다 많은 것을 달성할 수 있다.

3 최고의 친구는 자신

목적을 추구하는데 있어 하나의 장애물이 있다. 인생에 있어서 여러분들이 가는 길을 방해하는 사람은 아무도 없다. 가끔 가다가 쉬어 갈 수는 있겠지만 그 누구도 여러분의 앞길에 장애물은 아니다. 그러나 여러분은 가끔 여러분 자신에게 목적 추구를 부정하는 터무니없는 사고를 해버릴 가능성이 있다. 도전해 보지도 않고 '포기'라는 말을 쉽사리 기억해 낸다. 그 포기라는 말은 가슴 깊은 곳에서 용솟음치는 희망이라는 싹을 싹둑 잘라버리는 것과 같다. 그러한 포기는 공포심에 근거하고 있다. 많은 사람들은 현실이라는 삶의 무대 앞에서 타협을 시도한다.

"너는 뭘 먹고 살래? 그거 하면 먹고 사는 데 지장 없어?"

거긴 전쟁터야! 네가 있을 곳이 아니야!

나 몸이 불편해! 집에 갑자기 급한 일이 생겼어!

난 새로운 사람들을 만나는 게 두려워, 그냥 혼자 있을 거야! 등 자기 합리화를 유도한다.

대부분의 사람들은 '앞을 향해 나가는 고통에 대한 공포, 일을 진행하는 방법에 있어 실패의 두려움, 도움을 요청하는데 있어서의 거절, 실패의 기억에 대한 손실, 환경과의 갈등, 노력에 대한 공포심'으로부터 적절한 지점에서 타협을 시도하고자 한다. 나 자신은 가치가 없는 게 아닐까라는 두려움을 먼저 떠올린다. 성장과 변화에 따른 '두려움과 공포심'은 무엇보다 많은 꿈을 깨뜨려 버린다. 삶에 있어 공포는 나를 후퇴하게 하며 두려움에 떨게 만들지만 반대로 '자기효능감'을 선택한 사람과 자신감은 나를 희망으로 이끄는 에너지를 샘솟게 한다. 삶의 몫은 오롯하게 나의 것이어야 하며 다양한 사람들과 어울려가야 한다. 다양한 사람들과 같이 가는 길이 조금 더디고 힘이 들지만 포모(FOMO)[11]가 되어서는 안 된다. 서로 각자가 지닌 목적과 목표를 가지고 우리가 함께 하는 길을 가야 한다.

인생은 갈등의 연속으로 고통을 수반하고 있다. 그 고통 뒤에는 큰 열매가 기다리고 있으나 우리는 그 열매를 보지 못한다. 사람들은 누구나 과거 이야기를 현실처럼 한다. 변화하기 위한 혹은 성장하기 위해서는 고통은 현실이며 이것은 아주 작은 시간에 불과하다. 마찬가지로 현상에 그대로 머무르는 현실도 고통이다. 그리고 이것은 계속되는 생애이다. 궁극적으로 원하는 것을 갖기 위해서는 무엇인가 공포 앞에서 타협을 시도해서는 안 된다. 노력하는 것도 고통이 따르고,

11 Fear of missing out의 뜻으로 고립 공포감을 뜻한다. 친구들과 같이 어울려야 마음이 편하고 모임이 끝날 때까지 그 자리를 뜨지 않고 기다리는 기회를 놓치고 싶지 않은 마음을 말한다.

현실에 안주하는 것도 고통이 따른다고 가정할 때 답은 더욱 분명해 진다. 만약 성장하는 것에 대한 고통이 더 크다면 이야기는 달라질 수 있겠지만 성장하는 고통과 안주하는 고통과는 차이가 있는 고통이다.

변화와 성장의 고통을 극복하는 의욕을 가졌을 때 여러분은 기적적인 성과를 얻을 수 있다. 여러분이 어둠 속에서 뛰쳐나와 빛의 세계에 눈을 돌렸을 때 원하는 모든 것을 이룰 수 있다. 공포심을 버리고 희망과 가능을 믿었을 때 태양의 빛이 건강하게 성장하기 위한 보다 강한 자양분을 공급해 준다.

이렇게 해야 성공이 이루어진다는 사실을 많은 사람들은 알고 있다. 그 모든 것을 알고 있음에도 불구하고 사람들은 생각을 행동으로 옮기지 않는다. 변하지 않으려 하면서 많은 보상을 추구한다. 그게 인간이다. 그러다 세월이 흐르면 후회한다. 만약 여러분이 원하는 것이 있나면 지금 이 순간 생각이 머무는 시점에서 바로 시작하는 것이 바람직하다. 왜냐하면 "지금 당신이 생각하는 대로 살지 않으면 당신은 살고 있는 그대로 생각하게 된다"는 명언을 생각해 보라. 보다 나은 여러분을 위해서 지금 바로 실행하는 현명함을 필요로 한다. 새로운 도전에 대한 공포심, 두려움 이것은 여러분 인생을 가로막는 가장 큰 하나의 장애물이다.

4 명확성

여러분은 달성하고 싶은 것, 획득하고 싶은 것을 정확하게 구체적으로 설정할 필요가 있다. 그것도 애매모호하게 하는 것이 아니라 매우 정확하게 해야 한다. 여러분이 간절하게 원하는 희망을 알아두어야 한다. 막연하게 설정해서는 원하는 것을 가질 수 없다. 많은 사람들이 하루에도 수없이 많은 모래성을 쌓고 또 쌓는다. 하루에도 수 십 번씩 상상의 나래를 펼친다. 펼치는 것은 상상이다. 그 상상을 현실로 가져올 수 있는 구체적인 방법과 대안을 제시해야 한다. 예를 들어 2030년에 "나는 심리 · 정서 · 경제적으로 완벽한 사람이 되어 있으며 연 00억의 수입을 올리고 싶다"라는 구체적인 액수를 정해야 한다. 유능한 사람이 되어 경제적인 독립을 원한다고 말하지 말라. "대한민국 강남구 ★★대로 ★★길 ★★번지 ★★빌딩을 소유한 성공한 사람이라고 구체적으로 언급해야 한다.

학생들에게 물었다. "만약 10억 원이 생긴다면 여러분은 무엇을 하고 싶은 것인가?" 학생들의 바람은 대부분 여행과 건물, 부모님 용돈 드리기에 집중되어 있었다. 척도가 없는 주관식 질문이었음에도 불구하고 거의 한 치의 오차도 없이 대부분의 답이 동일하게 도출되었다. 꿈과 비전에 관련된 이야기보다 일은 적게 하면서 많은 경제적 이익을 취하는 것에 초점이 맞춰져 있었다. 꿈과 미래 비전이 결여되어 있음을 느낄 수 있는 현상이다.

자본주의 사회에서 환경과 교감하고 있는 우리는 물질의 추구를 피할 수는 없다. 그러나 물질을 추구하는 것은 더 많은 물질을 추구하는 욕망을 불러오게 되어 있다. 물질의 추구는 멈추지 못하는 폭주기관차와 같다. 물질을 정신없이 추구하다가 정작 원하던 특정 지점에 도착하려 했을 때 건강과 정신에 문제가 생겨서 모든 것을 잃어버리는 것을 우리는 종종 목격하곤 한다. 설사 원하는 도착점에 건강하게 도착했다고 가정 했을 때, 다른 욕망을 추구하지 말란 보장을 누가 담보할 것인가?

인간의 욕망은 그렇게 간단하게 해결되지 않는다. 물질을 추구하는 것도 중요하지만 더 중요한 것은 미래에 대한 확신을 담보하는 '심리·정서·경제적'인 부분을 융합하고 올바른 나로 나아가려는 마음자세이다. 성공을 바라보고 모든 것을 한 쪽에만 할애하지 말고 적절하게 분배하는 것이 필요함을 의미한다.

다음의 예제를 참조하여 여러분이 중요하게 생각하는 '해야 할 일, 되고 싶은 것, 되고 싶은 것, 하고 싶은 것, 가지고 싶은 것, 이루고 싶은 것'에 대해 기록해 보자.

해야 할 일 기록하기	이유
인사 잘하기	돈 안 들이고 사랑받는 방법
예쁜 말하기	돈 안 들이고 존경받는 방법
방, 화장실, 쓰레기 등 주변 요소 정리정돈하기	쉬운 일처리 방법
주변에 존재하는 것 소중하게 다루기	인간중심적 사고 탈피
모든 사람들을 존중하기	수평적 사고
꾸준하게 운동하는 사람되기	건강관리
지속적으로 공부하는 습관 기르기	자기 성찰
바쁜 시간 속에서도 여유롭게 생활하기	실수와 실패를 줄이기
책 읽기	타인으로부터 배우기
여행을 즐기는 사람되기	나에 대한 선물

여러분이 *해야 할 일* 기록하기	이유

여러분이 *되고 싶은* 모든 것 기록하기	이유
가장 존경하는 사람은 누구인가?	
인생에 있어서 가장 중요하게 생각하는 것은 무엇인가?	
어떤 분야에서 어떤 것을 이루고 싶은가?	
어떤 재능을 개발하고 싶은가?	
여러분 인생에 있어서 어떤 명성을 얻고 싶은가?	
바라는 사회적 지위는 어느 정도인가	
조직 내에서 어떤 경영자 혹은 어떤 동료가 되고 싶은가?	

일과 취미, 놀이, 호기심 등 여러분이 *하고 싶은* 모든 것을 이유를 함께 기록하기	
하고 싶은 것	이유

여러분이 *가지고 싶은* 모든 것을 원인과 함께 기록하기 / 물질적인 것과 비물질적인 모든 것을 포함함	
가지고 싶은 것	이유
내가 나에게 바라는 것들은 무엇인가?	
대인관계에서 공적·개인적으로 어떤 관계를 가지고 싶은가?	
어떤 로맨스를 꿈꾸며 어떤 가정생활을 영위하고 싶은가?	
어떤 물건을 가지고 싶은가?	
어떤 종류의 집, 옷, 자동차, 가구를 소유하고 싶은가?	
어떤 환경에서 일하기를 원하는가?	
어느 정도의 수입을 원하는가?	
어떤 분야에 투자를 하고 싶은가?	
어떤 건강과 체력을 만들고 싶은가?	
어떤 정신생활을 갈망하는가?	

여러분이 *이루고 싶은* 모든 것을 기록하기 / 물질적인 것과 비물질적인 모든 것을 포함함	
이루고 싶은 것	과정 및 도착점
어디로 여행을 하고 싶은가?	
해당 전문가로 어떤 활동을 하고 싶은가?	
어떤 취미를 배우고 싶은가?	
인생에서 어떤 경험을 하고 싶은가?	
가족 혹은 동료들과 어떤 시간을 보내고 싶은가?	
주변체계에 어떤 평가를 받는 사람으로 남고 싶은가?	
인생에 있어 어떤 사람들과 교류하고 싶은가?	
누구에게 어떤 새로운 것을 배우고 싶은가?	
힘들 때 어떤 방법으로 위기를 극복하고 싶은가?	
어떤 방법으로 건강한 노후를 맞이할 것인가?	

5 현재의 믿음

지금 여러분은 모든 걸 가질 수 있다고 믿어야 한다. 여러분이 모든 것을 가질 수 있다는 것을 자꾸 되새겨야 한다. 사실 모든 것을 이룰 수 있다는 것은 사실이다. 노력하는 사람들은 완전 100%에 도달하지 못하더라도 거의 근사하게 도달하는 경우가 대부분이다. 노력한 만큼의 시간이 지나면 여러분은 모든 것을 가질 수 있다는 것을 깨달을 것이다. 스스로에게 확신을 준다는 것은 지금 나에게 주어진 이 순간에 최선을 다한다는 의미이다. 노력을 하지 않는 사람에게 확신과 믿음은 존재하지 않는다. 왜냐하면 인간의 마음은 내가 노력했는지 안 했는지 모두 기억하고 있기 때문이다.

우리는 삶 속에서 다양한 상황을 맞닥뜨리게 되고, 그 속에서 심리는 복잡하게 작동한다. 고속도로에서 제한 속도를 지켜야 안전하다는 것을 알면서도 제한속도를 초과하고, 거짓말은 나쁘다고 훈계하면서도 자신은 잘못을 변명하려고 한다. 사실상 믿음과 행동은 별개의 문제다. 인간에게는 그 상황이 옳은가 그른가에 상관없이 나와 가까운 사람의 편에 서고, 권위 앞에서 순응하게 되는 심리가 있기 때문이다. 도덕적 행동은 사회 그리고 뇌 속에서 일어나는 상호 작용과 그 연결망에 영향을 받는다. 타인과의 긍정적인 교류는 도덕적 믿음을 강화시키고, 도덕적 문제에 직면했을 때 합리적이고 감성적인 방식으로 다양하게 판단할 수 있게 한다. 일상생활에서 일어나는 싸움이나 곳곳에서 벌어지고 있는 충돌은 서로 다른 믿음 체계를 가지고 있기 때문이라고 해도 과언이 아니다. 사람들이 저마다 다른 믿음을 가지고 있는 것은 삶 속에서 서로 다른 경험을 하고 그것이 뇌에 새겨지기 때문이다. 내가 옳다고 믿는 것이 누구에게나 옳은 것은 아니다. 모든 믿음에는 한계가 있고 어떤 믿음이든 세상의 참모습에 대해 가정과 부정확성이 깔려 있다는 것을 아는 것은 그래서 중요하다. 믿음의 한계를 인식하는 것은 타인을 이해하고 타인과 소통할 수 있는 출발점이 된다.[12]

믿는다는 것은 희망을 전달하는 것이다. 뇌에서는 기분 좋은 화학물질을 방출하고 신체는 날아갈 듯 유연한 반응을 선사한다. 신체의 기분 좋음은 나의 요구나 희망, 경험을 기쁘게 하며 모든 요구에 대해 긍정적으로 기능한다. 실제로 이것들은 무엇이라도 달성할 수 있으며

---

12 앤드류 뉴버그, 마크 로버트 월드먼, 진우기 옮김, 믿는다는 것의 과학 : 뇌과학이 밝혀낸 믿음의 비밀, 휴먼사이언스, 2012, 420-423.

하나씩 달성하는 것도 가능하다. 여러분은 지금 풍요 속에 있어 어떤 것이라도 내밀어져 있다고 인식해야 한다. 이 시점에서 어떻게 하면 실현 가능할 것인지를 생각하지 말고 간단히 실현가능하다고 믿으면 좋다. 유사 이래 가장 정확한 진리 하나는 "꿈은 언젠가 이루어진다"는 평범한 진리이다. 여러분은 힘든 일이라도 즐거운 마음으로 비전을 명확하게 구체화 하고 그 일에 정진하기만 하면 된다.

1) 가치관에 맞는 희망을 선정하기

가치관이란 가치체계(Value system, 價値體系)를 말하는 것으로 여러분이 자신의 가치관을 안다면 왜 그 방향으로 가고 있는지를 알 수 있으며 어떤 어려운 상황 하에서도 자기결정을 내리는데 어려움 없이 선택할 수 있다. 자신의 가치관을 안다는 것은 자신이 하고 있는 일의 나침반이 되어 주며 일관성 있게 살 수 있는 방법을 제공해 준다. 모든 일의 결정은 가치관에서 파생된다.

어떤 일에 있어서 중요한 순간에 결정을 내리기 어려운 이유는 자신의 가치관에 대해 잘 모를 수 있거나 확신이 없기 때문이다. 여러분은 여러분이 어떤 방법으로 삶을 살아야 하는지를 명확하게 알고 있어야 한다. 내가 생각하는 사고방식이 부정적인지 혹은 긍정적인지를 분석해 보아야 한다. 하루 종일 나는 어떤 감정을 더 많이 생각하는지 기록해 보아야 한다. 하루 , 일주일, 한 달의 감정을 기록해 보면 나의 가치체계가 부정적인지 긍정적인지를 분석할 수 있다. 만약 여러분이 부정적인 가치를 더 많이 포함하고 있다면 지금부터라도 긍정적인 가치를 갖기 위해 노력해야 한다. 긍정적인 가치가 더 많은 부와 행복을 불러오기 때문이다. 여러분은 여러분이 피하고자 하는 가치를 알 수 있으며 여러분이 추구해야 하는 가치를 분석할 수 있다.

여러분이 지닌 가치체계를 살펴보라! 어떤 가치를 지니고 있는지를 통계적으로 분석할 수 있다. 그리고 여러분이 추구하고자 하는 가치와 피하고자 하는 가치에 대해 나열해 보자. 여러분이 바라고자 하는 목표에 도달하기 위해서 가져야 할 가치를 중요한 순서대로 나열해 보자.

저자가 *추구하고자 하는 가치*

건강 / 지속성 / 사랑 / 격려 / 칭찬 / 가족 / 봉사 / 정직 / 신뢰 / 정의 / 공평 / 행복 / 달성 / 자선 / 쾌활 / 존경 / 믿음 / 지지 / 수용 등
당신은 너무 젊고 사랑스러워 보여, 사랑해
오늘 세상에서 가장 아름다워 보여
힘내, 넌 뭐든지 할 수 있어!
넌 아주 잘하고 있어. 넌 무엇이든지 해낼 용기를 가지고 있어
너와 함께 해서 나는 너무 행복해! 고마워

여러분이 *추구하고자 하는 가치* 기록하기

저자가 *피하고자 하는 가치*

폭력/교만/질투/음욕/탐욕/나태함/거짓말/공격/집착/화/실패/두려움/좌절/우울/외로움/공포/불안/신경질/아픔/상처 /세뇌/폭력/욕 등

기분 나빠 죽겠네!

왜? 무슨 말을 하려하는 거야?

내가 지금 어떤 기분인지 알기나 해?

지금 뭐라고 했어?

꺼져! 아무도 보기 싫단 말이야

여러분이 *피하고자 하는 가치* 기록하기

가치체계분류표

시간 / 요일	월	화	수	목	금	토	일	중요사항 기록
00:00~01:00								
01:00~02:00								
02:00~03:00								
03:00~04:00								
05:00~06:00								
06:00~07:00								
07:00~08:00								
08:00~09:00								
09:00~10:00								
10:00~11:00								
11:00~12:00								
12:00~13:00								
13:00~14:00								
14:00~15:00								
15:00~16:00								
16:00~17:00								
17:00~18:00								
18:00~19:00								
19:00~20:00								
20:00~21:00								
21:00~22:00								
22:00~23:00								
23:00~24:00								

	가치순서		이유	시간	비율(%)	순위	비고
	1						
	2						
	3						
	4						
합계	5						
	6						
	7						
	8						
	9						
	10						

이제 여러분이 원하는 최종적인 목표를 이루는데 있어 이제 여러분은 어떤 가치를 지녀야 하는지를 알고 있다. 여러분이 바라는 것이 있으면 가장 중요한 가치관과 확실하게 합치하지 않으면 안 된다. 목표와 가치관이 통일 되지 않으면 심리적 갈등으로 인하여 마음속 행복이 사라져 버리며 설령 외적으로 성공했다 해도 여러분이 여러분 옷을 입지 못하고 남의 옷을 빌려 입은 것처럼 어색하게 된다.

2) 목적에 맞는 희망

삶에는 욕구가 존재한다. 삶에 있어 욕구는 긍정적인 에너지를 부여해 주는 중요한 요소이다. 인생의 목적에는 욕구가 관계하고 있으며 욕구의 공허함을 채우기 위해 에너지를 투입하여 목적과 목표를 설정하는 것이 삶이다. 여러분의 목적에 관련한 욕구는 여러분의 목적이 무엇이든 욕구 충족이라는 그 목적을 이루기 위해 많은 시간을 할애해야 한다. 그러나 정작 중요한 것은 삶의 긍정적인 측면에 기능하는 목적을 두는 욕구이어야 한다. 만약 욕구를 충족하기 위하여 삶이 부정적인 욕구 속으로 기능하는 것은 절대 있어서 안 된다는 사실을 기억해야 한다.

3) 희망을 목적과 가치관에 일치

바라는 것, 그것이 행복하게 달성되어진다면 여러분의 삶이 불행하게 되는 일은 없을 것이며, 서로 갈등이 일어나는 일도 그리 많지 않을 것이다. 그러나 삶에서 바라는 것이 이루어지는 것보다 이루어지기를 바라는 것들이 더 많다. 모든 인간이 바라는 모든 것이 다 이루어진다면 인간의 이기심으로 인하여 우주라는 공간은 존재할 수 없을 것이다. 아마도 신은 인간에게 허용할 수 있는 능력만큼 점진적인 변화를 주는 것 같다. 모든 인간에게 모든 능력을 부여하는 것은 아니고 모든 사람에게 모든 고통을 주는 것은 더더군다나 아닌 것을 우리는 알고 있다.

만약 여러분이 '육상'이라는 스포츠 분야에서 '대단한 능력을 보인다'라고 가정을 해 보자. 육상은 오래달리기, 경보, 허들, 단거리, 중거리, 장거리 등의 종목으로 이루어져 있다. 대단한 능력을 보이는 이 선수들도 모든 육상 종목을 다 잘할 수는 없다. 만약 이 한 선수가 육상의 모든 부분에서 탁월한 능력을 보인다 할지라도 본인이 가장 잘하는 세부 종목을 주 종목으로 선택하여 매진해야 한다. 즉 가장 쉽게 최고에 오를 수 있는 주 종목을 선택해야 함을 의미한다. 특정 부분에서 좁고, 깊고, 세밀하게 노력을 해야 하며 그 누구보다도 탁월한 경기감각을 유지하기 위해 매일 절차탁마(切磋琢磨) 해야 한다. 상대보다 탁월한 능력을 보유한다는 것은 비교의 대상이 상대가 아닌 나를 중심으로 돌아가야 한다. 상대를 비교대상으로 삼는 것보다 내가 얼마나 나에게 충실하게 대하고 있는가가 더 중요한 항목이다. 신은 우리에게 모든 걸 부여하지는 않는다. 모든 부분에 다 신경을 쓰다보면 정말 최고의 능력을 가진 부분까지도 능력이 뒤떨어질 수 있다.

여러분은 여러분이 하고 싶은 일 중, 가장 간절하게 원하는 분야 하나를 선택해야만 한다. 하루의 시간은 한정되어져 있으며 대단히 높은 동기를 가지고 있는 사람에 있어서 실제로 갈등을 초래하는 다양한 욕구는 욕구불만을 일으키기 때문이다. 사람의 욕망은 끝이 없으며 에너지의 양은 제한되어 있기 때문에 에너지를 어디에 집중시켜야 하는지 결정해야 한다. 에너지가 분산되어지면 여러분은 그 무엇도 이룰 수 없다. 그런 곤란한 처지에 빠질 여러분은 아니지만 어느 분야에 초점을 맞출 것인가를 결정해야 할 때 인생의 목적에 가장 부합될 수 있는 것에 에너지를 집중시켜야 한다. 인생의 목적이 무엇인지 간에 그 목적을 향해 가는 것이 좋다. 여러분이 가지고 있는 욕구가 여러분의 목적이나 가치관에 항상 조화롭게 어울리는지 확인해야 한다. 행복과 조화를 위해서 반드시 목표를 여러분의 가치관과 일치시키는 자세가 요구되어 진다.

5. 목표 달성 원칙

목표를 달성하기 위한 다양한 방법에 대해 생각해 보자. 힘이 들 때 위기를 극복하는 방법을 제시해 줄 수 있다. 목표를 달성하기 위한 가장 좋은 방법은 달성하기 위한 목표들을 추상적이지 않고 구체적으로 제시해야 한다. 예로 '두개피 관리'[1]라는 교과의 학습 효과를 향상시키기 위하여 '모발 발생의 원리를 이해할 수 있다'라는 학습목표를 제시했다라고 가정해 보자. '이해할 수 있다'에서 이해는 추상적이고 오해의 소지가 있는 목표이다. '이해'보다는 '모발 발생의 원리를 암송할 수 있다' 혹은 '모발 발생의 원리를 이해하고 설명할 수 있다'라는 구체성이 드러날 수 있도록 제시하는 것이 좋다. 목표를 측정 가능할 수 있도록 조작적으로 정의할 때 평가 혹은 측정 방법이 더 명료화 될 수 있으며 목표에 도달하기가 용이해 진다.

---

1 두개피(Scalp, Bone skin)는 두피와 모발을 지칭하는 용어이다. 두피(Head skin)는 두발이 없는 민머리 상태를 말하며 두발이 달린 상태를 두개피라 한다.

5.1. 목표 달성의 기본 원칙 제시하기

5.1.1 목표 달성의 원칙

여러분이 간절하게 바라는 것을 목표로 전환시키고 여러분의 목표를 시간 투입이라는 성과로 전환시켜 보자. 여러분은 누구나 여러분이 바라는 것을 획득할 수 있다. 어떤 분야에서든 최고의 자리에 있으며 시장의 유행을 선도할 수 있다. 멋진 사람들을 대상으로 여러분이 가지고 있는 재주로 온갖 다양한 마술을 부릴 수도 있다. 여러분이 가지고 있는 재주는 아주 흥분되는 일이며 일의 보람을 배가 시켜주는 행위들이다. 그러나 누군가보다 앞서 나간다는 사실은 언제나 고독한 외로움과 함께 해야 하는 어려운 길임을 알고 있어야 한다. 빠르게 나아가는 것도 중요하지만 심리·정서·육체적인 안정을 기반으로 자신을 믿고 자신에게 투자해야 한다.

여러분의 일에 대한 여정은 지금 막 시작되고 있다. 여러분은 여러분 내면에 잠자고 있는 여러분의 욕망을 깨워야 한다. 여러분이 하고자 하는 모든 일에서 기회는 믿을 수 없을 정도로 굉장한 것이며 여러분이 원하는 행복을, 인생이 부여해 주는 향연을 즐길 권리가 있다는 것을 알아야 한다. 목표를 가지는 것의 힘을 발견하여 직업이나 인생에서 바라는 바를 정한 다음 몇 개의 구체적인 목표를 정해야 한다.

여러분은 '희망을 현실의 것으로 만든다'를 생각한다. 희망하는 목표를 설정하고 그 목표를 달성하는 과정은 삶의 모든 것에 도움이 된다. 목표는 달성의 진척 상황을 기록하는 도표 역할을 하며 인생의 전개방향을 멋지게 잡아준다. 목표는 주어진 시간 안에서 나아갈 방향을 제시해 주는 하나의 방법이다. 도착 지점을 설정하고 인생에 있어 바라는 것을 명확하게 하고, 어떠한 제한도 없이 미래를 설계해야 한다. '하고 싶은 것, 갖고 싶은 것, 되고 싶은 것,'의 리스트를 작성하고, '비전에 맞는 가치관, 목적 및 목표'를 일치시켜야 한다. 이제 여러분들은 '달성하고 싶은 것, 가고 싶은 곳'에 대해서 충분한 생각을 하고 탐색을 시도해야 한다. 많은 탐색과 생각 후에 여러분이 가고자 하는 방향이 결정 되었을 것이다. 그러면 이제부터 여러분 인생의 출발점이라 생각하고 그 모든 것에 에너지를 집중시켜야 한다.

지금 현재 여러분은 어디에 있는가? 어디서부터 무엇을 시작해야 하는지 아는 것이 중요하다. 설령 지금의 환경이 그리 넉넉하고 여유롭지 않다 하더라도 일의 시작 시점을 약간이라도 낮추는 실수가 없도록 해야 한다는 것을 명심해야 한다. 어디부터 시작하면 좋을지 고민할 필요는 없다. 지금 당장 시작해야 한다. 왜냐하면 여러분은 여러분이 원하는 그곳에 갈 수 있기 때문이다. 단지 어떻게 하면 좋을까를 생각해 보는 것이 필요할 뿐이다.

1 시간 분배

하루 '24시간, 1440분, 86400초'를 효율적으로 관리한다는 것은 쉬운 일은 아니다. 하루를 보내다보면 '중요한 일과 급한 일, 시급한 일' 등 생각하지 못한 일들이 너무 많이 발생하기 때문이다. 그러다보면 내게 주어진 하루라는 시간이 언제 가버렸는지도 모르게 순간적으로 지나가 버리곤 한다. 공부를 하면서 혹은 직업을 가지고 시간을 관리한다는 것은 매우 어려운 일이지만 인생에 있어 필수적으로 행해야 하는 일이다.

시간을 관리하는 것은 여러 가지 방법이 있을 수 있다. 그러나 가장 중요한 것은 무슨 일이든 미루지 말고 바로 바로 처리하는 것이 가장 중요한 핵심 포인트이다. 하기 싫어도 바로 바로 즉각적으로 행해야 한다. 나중에 한다는 것은 목표를 성취하는 데 가장 나쁜 습관 중 하나이다. 바로 바로 실행에 옮겨야 한다. 모든 것은 그때 바로 실행에 옮기는 것이다. 가장 최우선적으로 달성해야 할 중요한 목표는 최고로 능률이 오르는 시간이 언제인가를 파악하고 그 시간에 가장 소중한 일을 하는 것도 바람직한 방법 중 하나이다. 사람에게는 일정한 리듬이 있기 때문이다. 또한 항상 주위를 깨끗하게 정리 정돈하는 습관을 기르며 3정 5S[2]를 실천에 옮기는 자세가 요구되어 진다. 더불어 모든 것을 메모하는 습관을 가져야 하며 여러분이 간절하게 원하는 것을 얻기 위해 꾸준히 시간을 내려고 노력해야 한다는 것이다.

희망을 현실화하는 방법에는 지금 '당장 할 수 있는 것과 그렇게 할 수 없는 것'이 있다. 바로 시작 할 수 있는 희망사항이 있는 반면 1주일, 1개월 이내에 시작 하는 것도 있을 수 있다. 또한 희망을 달성하는데 1년 이상 걸리는 것이 있을 수 있으며 2년, 3년, 5년, 10년이 걸릴 수 있는 것도 있다. 장기적 목표는 어떻게 달성할지에 대해서 아직 염

2 오강수, 지정훈, 미용심리경영, 도서출판 금광, 2008, 274-276.
3정은 정위치, 정품, 정량, 5s는 정리, 정돈, 청소, 청결, 습관을 말한다.

려하지 않아도 좋다. 장기적인 것에 관한 것은 나중에 생각해 보기로 한다.

희망에 관한 것에 대한 두 가지 관점은 첫째, '비현실적인 목표는 존재하지 않는다는 것'이다. 비현실적인 시간 분배를 설정할 때도 있지만 시간이 흐르면 놀랄 정도의 진보와 변화를 이루는 것이 가능하다. 현실적인지 아닌지 결정을 해서 리스트로부터 삭제하는 것은 바람직하지 못하다. 어떤 희망은 5년, 10년 후에 현실화 되는 것도 많이 있다.

때에 따라서 낙천적인 나머지 혹은 세상 물정 모르는 탓으로 비현실적인 시간 분배에 목표를 설정할 때가 있다. 그것은 중요한 문제가 아니다. 시간이 지나 목표가 달성되지 않았다 해도 또 간단히 '새로운 마감 기한을 설정'하면 되는 것이다. 목표에 도달했다고 시간 분배를 마감해서는 안 된다. 목표에 도달 했을 경우 새로운 목표를 향해 항상 '시간 분배를 설정'하게 해야 한다.

두 번째, '시간 분배를 엄격하게 할 필요'가 있다. 모든 일에 대해 도전의식을 갖고 천천히 한 걸음씩 나아가는 자세가 필요하다. 여러분이 부모로부터 세상에 태어났을 때 숨 쉬는 것조차 힘겨운 때가 있었다. 그러나 그 어려움을 겪고 지금은 아주 자연스럽게 호흡을 할 수 있으며 한 걸음 나아가 조절하는 법도 알고 있다. 모든 것은 천천히 진행되어 지며 그 조금의 변화가 여러분 인생에 있어 아주 놀랄만한 결과를 가져다 줄 수 있다. 그 아주 작은 변화는 여러분 현실에 의욕을 더해 급속하게 성장하고 진화하는 것이 될 수 있다.

2 우선순위 정하기

여러분이 원하는 희망사항에 대해 검토를 한 후 서열을 부여하는 것이 중요하다. 리스트 분석이 끝난 다음에는 1, 2, 3이라고 순위를 부여한다.

'1'에는 '가장 가치 있는 희망, 가장 실현하고 싶은 것, 인생에서 가장 차별화 가능한 것, 그 목적을 향해 확실히 여러분의 모든 에너지를 집중'시켜야 한다.

'2'에는 '희망하지만 두 번째의 가치에 속하는 것'이다. '1'에 대한 에너지를 집중하고 실현하다보면 따라서 실현될 수 있는 가치들을 설정하는 것이 좋다.

'3'은 실현되면 좋다고 생각하지만 '우선순위가 가장 낮은 것'이다.

'1'은 '어떻게 되어도 좋은 것이 아닌 중요한 것'이어야 한다. 여러분 인생에 있어서 모든 에너지를 집중해야 하며 전력을 쏟아야 한다. 여러분 인생에 있어 귀중한 시간을 하찮은 것에 소비하는 것을 피하고 오로지 그 열정을 향해 나가야 한다. 왜냐하면 인생은 단 한 번 밖에 없는 여러분의 소중한 시간이니까.

미래 사회는 양극화가 더 심해진다. 지구촌은 교통과 경제의 발달로 갈수록 가까워지고 있지만 국가나 조직은 지나치게 다른 '어떤 격차'를 가지고 있다. 이는 잠재적인 시한폭탄과 같다고 할 수 있다.[3] 이를 해결하기 위한 다양한 제도와 방법들이 제시되고 있지만 자본주의 사회에서 자본의 추구에 의한 양극화는 해결하기 어려운 과제이다.

대한민국에서도 '양극화'는 무풍지대가 아니다. 하루 세 끼를 채우지 못하고 운명을 달리하는 수많은 사람들에 관한 소식을 미디어를 통해 듣고 있다. 부익부 빈익빈 현상이다. 만약 여러분이 80억의 인구 중 상위 20%의 인간이 되려면 항상 성실함을 전제로 설정한 목표를 향해 나아가야 한다. 어떤 집단이든 '상위 20%가 80%를 움직인다는 것'은 의심할 여지가 없는 현상이다. 희망이라는 메시지에 이 법칙을 적용한다면' 20%를 달성하면 80%를 이룩한 만큼의 가치를 가지는 것이다'라고 볼 수 있다. 그러므로 여러분의 가치체계를 점검하고 여러분이 원하는 것이 20%에 속하는가를 확인하는 것이 중요하며 그 20%를 향해서 집중하는 것이 바람직하다. 즉 시대의 변화를 읽고 미래를 예측할 수 있는 매의 눈을 가지라는 것이다.

여러분도 많은 보수를 받을 수 없는 80%의 활동보다 큰 성과를 불러일으킬 수 있는 20%의 활동에 에너지를 집중 시키는 것이 좋다. 쉬운 일보다 힘든 일을 성취할 때, 보다 나은 성취감을 느낄 수 있기 때문이다.

3 노성호, 시한폭탄, 문명 양극화, Forbes korea. 통권195호, 2019, 5, 24.

저자의 희망사항

희망 사항 1	심리·정서·경제적 건강함 유지하기
	뷰티미용센터 건립하기
	떠나는 모습이 아름다운 사람되기
희망 사항 2	주위체계와 소통하기
	지구촌 여행하기
	뷰티미용사관학교 운영하기
희망 사항 3	산속 아름다운 정원 만들기
	시집과 에세이집 한 권씩 집필하기
	색소폰과 통소 배우기

여러분의 희망사항 기록하기

희망 사항 1	
희망 사항 2	
희망 사항 3	

3 측정 가능한 구체적인 목표 설정

여러분은 자신이 '진정으로 무엇을 바라는가를 정확하게 파악'해야 한다. '목표 제시'를 명확하게 해야 하는데 명확하게 하면 할수록 좋다.

'나는 어느 멋진 곳에서 일하고 싶다'라는 것은 '나는 오강수 Hairdo에서 일하고 싶다'와 비교하면 '명확하다' 할 수 없다. 눈에 보이는 목표를 상세하게 기술하는 편이 매우 유용하면서 효율적이라 할 수 있다. 정확하게 목표를 정하고 그 목표를 구체화하는 것이 바람직하다. 일의 진척 상황을 시간의 경과와 함께 측정할 수 있도록 도표화해야 한다. 그러나 가끔은 목표를 측정하여 구체화 할 수 없는 것도 있다. 길거리에서 만나 우연하게 사랑에 빠져 버리는 사람들처럼 운명적이고 치명적인 것들이 가끔은 존재한다. 그러나 예측 불가능한 것은 흘려버려도 좋다. 일상생활에서 예측할 수 없는 불가사의한 일도 가끔 발생하는 게 자연스럽기 때문이다.

그럼에도 불구하고 대부분의 모든 현상은 측정 가능한 법이다. 납득 가능한 범위를 설정하고 그 범위 내에서 측정할 만큼 진보해 나가며 목표에 가까이 가는 것을 확인하기 위해 숫자를 사용하는 것은 의미가 있다. 예를 들어 여러분이 원하는 어느 멋진 장소에서 미용실을 개업하기 위하여 '5억의 비용'이 소요된다고 가정한다면 그 돈을 마련하기 위한 구체적인 세부계획을 세워야 하는데 하나하나 꼼꼼하게 체크하면서 준비를 해야 한다. 어느 하루 아침에 그 계획은 실현되지 않으며 지금부터 준비해야 한다는 것을 명심해야 한다. 하루에 매일 얼마만큼 저축을 하고 공부를 해야 할 것인지를 명확하게 해야 한다. 즉 급여를 받는 '노동자'라면 급여의 60% 이상을 무조건적으로 저축해야 한다. '급여의 많고 적음'은 중요하지 않다. 이유를 묻지 말라! 지출항목을 세분화하여 꼭 '필요한 항목'만을 지출하면 된다. 예를 들면 하루에 커피를 두 잔 이상 마셔야 하는 사람이라면 한 잔만 마시고 한 잔은 다른 대체 방법을 찾으면 된다. 커피 한 잔 줄였다고 우리 몸이 나쁘게 반응하는 것은 아니기 때문이다.

우리는 알고 있다. 우리 몸이 포만감을 느끼고 있는 상태임에도 불구하고 습관적으로 쉬는 시간 혹은 점심 후에 커피를 마신다는 사실을 생각해 보면 한두 잔은 마시지 않고 다른 대체 수단으로도 충분히 지낼 수 있다. 중요한 것은 커피보다 우리 몸에서 더 불필요한 것들을 습관적으로 여러분이 행하고 있다는 사실이다. 단지 '의식적인 행동보다 무의식적으로 아니 불편하다는 이유로 외면을 하는 것이 습관화되어 있는 것들'이다. 만약 여러분이 어떤 도착점에 도착하고자 한다면 여러분의 습관적인 행동패턴을 면밀하게 점검하는 것에서부터 출발해야 한다.

여러분은 여러분이 하는 일과 행동에 대해 가장 잘 이해하는 당사자이다. 여러분 스스로가 여러분에게 시작점을 제시하고 시작하고자 하는 일에 대해 목표가 분명해지면 여러분은 일하는 즐거움이 다른 재미있는 일상과 어우러져 점점 더 매력적인 목표가 된다. 여러분은 하루하루를 더 의미 있게 보낼 수 있다. 이러한 일들은 희망을 하나씩 세분화하는 것으로 측정가능해지며 진척 상황을 알 수 있게 됨으로써 더욱 멋진 하루하루를 보낼 수 있다. 이러한 멋진 하루의 연속성은 '한 달 혹은 두 달, 일 년, 이 년을 지나 여러분의 인생'이 된다.

4 목표는 나만의 것

여러분이 설정한 가치 있는 도전적인 목표를 설정해 달성하려 할 때, 종종 그것을 타인과 공유하지 않으면 안 될 때가 있다. 그러나 이러한 현상은 그리 바람직하지 못하다. 주변의 지인들은 항상 자기 가치기준으로 사회를 바라보기 때문에 부정적인 조언을 해줄 경우가 많다. 좋은 계획에 대해 실패할 수 있는 대안들을 차례로 열거한다. 긍정적인 것들보다 부정적인 것들에 초점을 맞추는 것이 대부분이다. 열 가지 중 아홉 가지 요인이 나쁘지 않고 한 가지 요인이 부정적일 경우에도 그 부정적인 한 가지를 집중적으로 부각시킨다. 안타까운 현실이지만 타인들은 실패할 이유를 나열하거나 시간낭비라고 이야기할 확률이 매우 높다. 사람들이 이러한 반응은 이유가 다양하며 복잡하기 때문에 여러분은 이 현상에 대해 주의해야 한다. 여러분에게 부정적인 이야기를 전달하는 사람은 여러분과 가장 가까운 사람이 많다. 주변에서 여러분에서 "의미 있는 타자(Significant other)"[4]가 되는 경우는 그리 많지 않음을 직시하고 '용기를 가지고 두려움에 맞서는 사람만이 인생의 승리자가 될 수 있음을 기억하라!'

가치가 있는 목표가 타인의 한마디로 실망을 하고 스스로 포기해 버릴 때 여러분은 앞으로 나아갈 수 없다. 삶에 대한 선택도 방향도 잃어버릴 수도 있다. 이러할 때 여러분은 그러한 상황을 피할 수 있는

---

4 인간중심 이론을 주장한 칼 로저스(Carl rogers)가 한 주장으로 사회 속에서 멘토처럼 지대한 가르침을 주는 사람을 말한다. 칼 로저스가 주장하는 인생에서의 삶은 각 개인이 삶의 경험을 통한 능동적 선택의 결과로 보고 있다.

방법을 알아야 한다. 여러분은 계획을 공유하는 주변 사람들에게 특별히 주의를 해야 할 뿐만 아니라 여러분의 진척상황을 누군가와 공유하는 것에 대해서도 주의를 해야 한다. 여러분이 하고자 하는 일에 의욕을 꺾어버리는 사람들은 여러분이 그 목표에 도달했을 때에도 바람직한 행동을 보이지 않는다. 여러분은 여러분에게 지지를 보내지 아니하는 사람들을 멀리 해야 할 필요성이 있으며 목표와 실적은 오롯하게 자신만의 것으로 하는 것이 바람직하다.

만약 목표달성을 그 누군가와 공유해야 한다면 여러분을 응원하며 격려해 줄 수 있는 사람으로 해야 하며 어떤 분야에서든 스스로의 목표를 설정하여 그 목표에 도달한 경험이 있는 사람으로 하는 것이 바람직하다. 또한 친구나 지인을 선택함에 있어서도 사리 깊은 분별이 요구되며 여러분을 목적에 맞게 인도해 줄 능력이 있는지를 꼼꼼하게 생각해 보아야 한다.

5 지원 가능한 정보 및 인적 자원 결정

'새로운 그 무엇을 한다는 것, 가치가 있는 목표를 위해서 정진한다는 것'은 '새로운 지식의 습득을 필요'로 한다. 가치가 있는 목표를 향해 나아갈 때 그것들은 고통을 수반하며 그 고통의 열매는 달콤하다. 세상 누구에게나 모든 기회의 문은 열어 놓았으나 준비하는 사람에게만 기회는 부여된다. 그 기회를 손에 넣은 사람들은 성공이라는 열매를 가지고 있으나 그렇지 아니한 사람들은 대부분 옛날의 경험에 사로 잡혀 있다. 또한 여러분은 여러분의 경험에 의해서 삶을 설계할 수도 있지만 때때로 유능한 타인의 경험을 여러분의 경험으로 가져올 수 있다면 어떤 문제가 발생해도 피할 수 있는 에너지를 소유하고 있다고 볼 수 있다. 여러분은 여러분이 정한 목표 달성 과정의 일부분으로 정보 수집을 게을리 하지 말아야 한다.

여러분을 생각해 보라! 세미나 연사로 초청되어 연설을 할 때에 사전 준비가 충분하게 되어 있으면 많은 사람들 앞에서 떨리지 않는다. 그러나 반대로 전문가 집단에서 강연을 할 때 준비가 부족하면 어떠한가! 아마도 마음은 불안하고 시간은 지루하며 강연 내용이 마음에 안 들뿐 아니라 불충분할 것이다. 준비된 사람들은 언제 어떤 자리에서도 유리한 위치를 점할 수 있다.

여러분은 지식 및 프로로서의 만남을 넓히기 위해서라도 여러분이 설정한 목표를 향해 걸음을 늦춰서는 안 된다. 성공하기 위해 필요한 정보를 가지고 있어야 하며 손에 넣은 지식이나 자원을 충분히 가지고 있어야 한다. 그 정보를 활용할지 안 할지는 여러분의 몫이다. 준비된 사람은 언제 어느 자리에서든 당당하고 멋지게 말할 수 있다. 준비된 사람은 미래에 대한 위험에 대처할 수 있으며 급격한 환경의 변화가 온다할지라도 두려움 없이 대응할 수 있는 에너지를 소유하고 있다. 변화를 읽고 변화에 대처할 수 있으며 새로운 변화를 이끌어 낼 수 있는 능력을 가지고 있다. 이러한 변화를 이끌어 내기 위해서는 주변에 이용가능한 모든 정보들에 대해 파악하고 있어야 한다. '정보들은 인적 자원에서부터 출발하여 지식, 기술, 태도뿐 아니라 자본과 마케팅 등 모든 요소들에 대한 것'이여야 한다.

여러분이 소유하고 있는 정보는 언제 어디서든 즉각적으로 활용가능한 정보이어야 한다. 여러분이 지닌 정보를 잘 활용하기 위해서 여러분의 '강점(Strength)과 약점(Weakness), 기회(Opportunity)와 위협(Threat)'에 관한 요인들에 대해 세밀하고 분석하고 위협의 요인으로부터 스스로를 보호할 수 있어야 한다. 위험으로부터 나를 보호할 수 있는 능력이 전문가다운 능력이며 이러한 것들을 타파하고 한 걸음씩 전진하는 것이 진정한 성공이라 할 수 있다. 이러한 요인은 인적 자원과 물적 자원 등 '모든 것을 망라한 것'이여야 한다.

A의 *화장품 사업 성공에 대한 SWOT 분석*[5]

SWOT 분석	
강점(Strength)	기회(Opportunity)
1. 운동하는 습관	1. 뷰티시장의 포화상태
2. 대인관계 및 자원동원 능력	2. K-beauty의 한류열풍
3. 낮은 스트레스 지수	3. 뷰티시장 변화에 대한 지적능력
4. 여유로운 성격	4. 연결 가능한 인적자원
5. 지속적인 추진능력	5. 업무 추진 지속력
약점(Weakness)	위험 요인(Threat)
1. 사업성공에 대한 동기부여 미흡	1. 시간 부족
2. 주인의식 약화	2. 경제적 요인
3. 열정 미흡	3. 화장품 전성분에 대한 이해 미흡
4. 시간투자 미흡	4. 화장품 추출 방법 부족
5. 화장품 재료에 대한 지식 미흡	5. 화장품 제조에 대한 지식 미흡

5 https: / / ko.dict.naver.com / # / entry / koko / e1daa95e693a4b619e91316f7ccb902d, 미국의 경영 컨설턴트인 험프리(Humphrey, A.)가 주장한 방법으로 기업 내외의 환경 요인을 파악하여 마케팅 전략을 수립하는 기법이다.

여러분의 *성공에 대한 SWOT* 분석하기

SWOT 분석	
강점(Strength)	기회(Opportunity)
1.	1.
2.	2.
3.	3.
4.	4.
5.	5.
약점(Weakness)	위험 요인(Threat)
1.	1.
2.	2.
3.	3.
4.	4.
5.	5.

5.1.2 목표 리스트 만들기

1 목표 정리

'목표 리스트'를 만들어 메모지에 정리해 보자. 한 번에 모든 것을 정리하려 하지 말아야 한다. 목표는 '수일 혹은 수개월, 수년'이 걸릴 수도 있다. 가치와 부합할 수 있는 목표를 설정하기 위하여 머릿속으로 그리지 말고 '아주 명확하고 현실적, 구체적으로 표현해야' 한다. '나 파악하기, 나의 주요 활동, 내가 소유한 것'을 명확하게 구체화시켜 보자.

심리·정서·경제적인 것을 포함하는 *'나 파악하기'*	
현재의 나	상황에 흔들리지 않는 건강함 유지
	뷰티미용센터 설계
	발달과정에 따라 인생의 목적을 적절하게 조율
	현재의 직업과 추구하는 직업 사이의 갈등 해결
	가족문제로부터 오는 갈등 조율
1년 후	뷰티미용센터 설계하기
2년 후	전북 남원시 남문로길 ○번지 대로변에 700㎡ 뷰티미용센터 건립하기
5년 후	뷰티미용센터 확장하기
10년 후	지구촌 여행하기

심리·정서·경제적인 것을 포함하는 *'여러분 파악하기'*	
현재	
1년 후	
2년 후	
5년 후	
10년 후	

나의 주요 활동	
바로	학교 강의와 산업체 관리하기
1주일 후	학사 관리하기
1개월 후	논문 및 화장품 프로모션하기
3개월 후	학사 관리 및 강의 준비하기
6개월 후	강의 및 화장품 프로모션하기
1년 후	뷰티미용센터 활성화하기
2년 후	뷰티미용센터 활성화하기
5년 후	뷰티미용센터 확장하기
10년 후	지구촌 여행하기

여러분의 주요 활동	
바로	
1주일 후	
1개월 후	
3개월 후	
6개월 후	
1년 후	
2년 후	
5년 후	
10년 후	

심리·정서·경제적인 것을 포함하는 *내가 소유하고 있는 것*	
바로	소소한 일상들(운동/독서/학생관리/미용실무/여행/친구 등)
1주일 후	2권의 철학서 정독하기
1개월 후	책 집필 마무리하기
3개월 후	차 교체하기
6개월 후	강연하기
1년 후	뷰티미용센터 활성화하기
2년 후	뷰티미용센터 확산하기
5년 후	외국에서 뷰티미용센터 설립하기
10년 후	지구촌 여행하기

심리·정서·경제적인 것을 포함하는 *여러분이 소유하고 있는 것*	
바로	
1주일 후	
1개월 후	
3개월 후	
6개월 후	
1년 후	
2년 후	
5년 후	
10년 후	

2 우선순위 잡기

희망 리스트를 목표 리스트로 바꿔 만들 때 적합한 언어의 통일이 필요하다. 특히 목표는 제1인칭, 현재형으로 이미 달성된 것처럼 기재한다. 간단한 사실을 보고하는 것처럼 작성한다.

예를 들어 희망사항이 2년 이내에 '전북 남원시의 남문로에 뷰티미용센터를 건립하고 싶다'라고 생각하고 있다면 '나는 남원시 남문로길 ○번지 대로변에 700㎡ 뷰티미용센터를 가지다'를 2년 후의 공란에 작성하면 된다.

'희망 사항 1'을 살펴보자. '1'을 살펴보면서 적절한 주제를 선정한 후 시간을 세분화시키는 전략을 펼쳐본다. 이 시간들을 명확하게 관리하기 위해서는 '언제 어느 장소에서든 쉽게 볼 수 있는 위치'에 두어야 한다. 일상생활에서 가장 빈번하게 접하는 곳에 여러분의 계획표를 게시해 놓아야 한다. '식사하는 자리, 화장실, 눈에 잘 띄는 침실, 차 안' 등 여러분이 가장 자주 접하는 곳에 비치해 두어야 한다. 이는 달성해야 할 목표에 대해 마음가짐을 새롭게 할 수 있는 동기화를 제공한다. 목표들을 명확하게 하는 것은 달성해야 할 모든 목표에 대한 목록표가 되어야 한다. 때때로 이러한 목표나 우선순위는 상황에 따라 변할 수 있음을 생각해야 한다. 물론 변하지 않는 것이 가장 바람직한 현상이지만 불변하는 것은 없음을 알아야 한다. 또한 전체의 목표 목록을 정기적으로 검토하며 목표와 부합하게 행하고 있는지 바르게 진행되고 있는지 때때로 확인해야 될 필요성이 있다.

3 실천적인 목표달성

1) 목표의 행동계획

목표가 설정된 후에는 큰 목표를 보다 작은 목표로 세분화해야 한다. 목표는 각각의 작은 목표로부터 구체적인 행동이 가능하도록 한다. 큰 목표부터 행동에 옮겨 실수를 하는 것보다는 작은 목표를 하나하나를 행동에 옮기는 것이 바람직하다. 목표는 가장 중요한 것부터 실천에 옮겨야 하며 그 중요한 목표를 달성하기 위하여 하위적인 세부목표를 세분화하여 실행에 옮긴다. 이러한 방법은 목적을 현실화하는 가장 중요한 방법이다. 다음으로는 행동계획을 확실히 책정해야 하며 최종적으로는 계획을 행동에 옮기기 위해 해야 할 일들을 정확하게 표명해야 한다.

예를 들어 '연 5억의 매출을 올리는 것'을 목표로 설정할 수 있다. 이러한 목표는 현실적으로 불가능한 것은 아니다. 물론 지역적인 차이가 있겠지만 보통의 중소도시에서 영업을 했을 때를 말한다. 먼저 목표를 세분화 시키는 전략이 필요하다. 5억을 달성하기 위해서는 한 달에 16,666,666원의 매출을 올려야 한다. 이것은 하루 매출이 대략 555,555원이 되어야 한다는 것을 의미한다. 물론 항상 이 정도의 매출량이 발생하는 것은 아니다. 더 많이 발생할 수도 있고 더 낮게 발생할 수도 있다. 그러나 진짜 중요한 것은 항상 일정량을 유지하는 것이다. 일정량을 유지하기 위해서는 판매량에 있어 시간대 별로 판매추이를 분석하는 것도 하나의 방법일 수 있다. 시간대 혹은 일별로 매출량을 분석하고 구매 고객의 '연령대, 구매동기, 한 달 수입' 등의 세부

지표에 관심을 가지고 분석할 필요가 있다.

경영은 어려움이 있다. 어려움이 있지만 각자에게 대단한 용기를 부여하기도 한다. 경영이라는 것은 꼭 사업적인 부분에 한정되는 것이 아닌 나 스스로를 통제하고 앞으로 나아갈 수 있는 모든 것을 포함한다. 경영은 많은 수입을 가져다 줄 수도 있고 그렇지 않을 수도 있다. 경영은 항상 힘들고 어렵다고 말한다. 개인적으로 스스로를 통제하는 것도 쉬운 일은 아니며 특정 분야에서 유능하다고 말하는 그 어떤 전문가도 '현재의 상황이 좋다'고 말하는 사람을 보지 못했다. 경제가 좋을 때도 항상 어렵다고 말을 했으며 경제가 어려울 때는 지나간 지표들과 비교를 하면서 이 어려운 상황이 언제 개선될지에 대한 회색빛 분석이 대부분인 것으로 나타난다. 그러나 어떤 분야든 유능한 경영자의 입장에서 바라본다면 불황이라 생각할 때 새로운 것에 대한 집중투자를 하는 경향을 보인다. 다가올 호황을 대비하기 위함이다. 인생이든 사업이든 상황이 어렵다고 생각할 때일수록 더욱 과감한 투자가 필요하다. 어려움을 타파하기 위한 더 많은 전략과 전술이 필요하기 때문이다.

5억의 매출을 달성하기 위하여 '샴푸제"를 제조·판매하고 있다고 가정해 보라. 여러분이 원하는 정도의 매출을 생각해 보라. 투입과 산출을 기초로 "고정비용(Fixed cost, 固定費用)[6]과 변동비용(Variable cost, 可變

---

6 http://www.doopedia.co.kr, 기존의 시설을 보유·유지하려면 생산량이 전혀 없더라도 일정한 비용이 필요하고 또 생산량의 증감에 관계없이 단기적으로는 변동이 없는 비용으로 설비·기계 등의 감가상각비, 임대료, 지불이자, 재산세, 연구개발비, 광고 선전비, 사무비 등을 말한다.

費用)"[7]을 정확하게 산출하고 '샴푸제 판매 시 최적의 효율성과 효과성을 갖기 위한 프로모션을 실행해야 한다. 이 목표를 달성하기 위해서는 세부 계획을 면밀하게 수립해야 한다. 어떤 프로모션을 적용하여 제조·판매를 촉진해야 하는지 명확한 '루틴'을 설정해야 한다. 보편적으로 일이란 끝날 때까지 끝난 것이 아니기 때문이다. 운동경기에서 승부도 마찬가지고 우리가 생각하고 있는 일도 마찬가지이다. 인간의 능력은 거의 유사하기 때문에 큰 차이가 없다. 생각만 할 경우 일이 거의 하나도 진행되지 않는다. 목표를 설정하고 목표 완성지점을 설정한 후 기일 내 완성 유무에 스스로에게 채찍과 당근을 부여해야 일이 진행된다. 이는 누구에게나 적용해야 하는 필수적인 것이다. 이렇게 진행하지 않을 경우 시간이 흐른 후 후회하고 다시 생각하고 또 계획하고 또 시간이 흐르는 경우의 반복이다.

어떤 일을 추진할 때 가장 중요한 것은 사람이 어느 방향으로 이동하고 있는 가에 대한 트렌드의 분석이다. 물론 트렌드를 제시하고 흐름을 만들어 내는 것도 중요하지만 흐름을 주도하기 위해서는 막대

---

7 http: / / www.doopedia.co.kr, 비례비(比例費)와 불비례비(不比例費)로 구분된다. 비례비는 생산량의 변화에 따라 정비례하여 변화하는 비용으로서, 생산량이 배가(倍加)하면 그 비용도 배가하고 생산량이 반감(半減)하면 그 비용도 반감한다. 직접연료비·직접노무비 등이 이 부류에 속한다. 비례비는 항상 생산량과 정비례하므로, 각 생산물 단위의 비례비 부담액은 어떤 조업도에 있어서도 일정하다. 불비례비는 생산량의 변동에 따라 변화는 하지만 반드시 비례적이 아닌 것으로, 생산량의 변화 비율보다 적거나 또는 많은 비율로 증가하는 비용이다. 동력비·광고비 등은 생산량의 증가비율 이하로 증가하고, 기계의 과도한 사용으로 인한 감가상각이나 수선비 등은 그 반대이다. 이러한 가변비용의 산정은 생산비 분석에 이용되며, 기업의 극대이윤(極大利潤)을 보장해 주는 최적생산량(最適生産量)을 결정하는 데에 중요한 자료가 된다.

한 자본이 소요된다는 것을 감안하여 트렌드를 분석하고 흐름을 전개하는 것도 나쁘지는 않다. 트렌드 분석이 끝난 후에는 지역의 인구 분석과 세대 분석을 필요로 한다. 주요 타겟을 설정한 후에는 사람의 이동 방향에 따라 상가를 임차해야 한다. 보편적으로 소규모 영업은 상가 임차에서 거의 70%의 성패가 갈린다고 생각하면 된다. 조금 부담스럽지만 목 좋은 주차장이 구비된 상가를 선점하는 것이 좋다. 외부적인 요건들이 충족되면 내부적인 요인들을 충족시켜야 한다. 내부적인 중요 요인들로는 매뉴얼을 필요로 한다. 매뉴얼은 모든 구성원들이 정확하게 숙지하고 있어야 하며 응대 시 한 치의 오차도 없어야 한다. 매뉴얼에는 판매에 관한 모든 내용뿐 아니라 전문가로서 자신을 보호할 수 있는 모든 것들을 포함하고 있어야 한다.

현대의 비즈니스 모델은 오프라인보다는 온라인에서의 다양한 프로모션이 성패를 가르는 중요한 요소이나 온·오프라인을 지속적으로 관리하는 노력이 필요한 지금이다.

예) '샴푸제 판매'로 년 5억 매출 달성하기

❶ 여러분은 지금 바로 고객의 몇 %가 샴푸제를 구입할 것인지 계산한다.

❷ 삼푸세 메뉴틀 개발하기 위해 매니저 및 동료와 자유롭게 아이디어를 내고 문제 해결을 하는 몇 단계의 토의 및 회의를 진행한다.

❸ 샴푸제에 대한 짧은 프레젠테이션을 개발하고 실행한다.

❹ 샴푸제를 구입하는 고객의 비율을 증가시키기 위해 측정 가능한 구체적인 목표를 설정 한다. 예를 들면 내점하는 고객의 약 3%만이 샴푸제를 구입하고 있음을 파악하고 있다. 여러분은 90일 이내에 샴푸제를 구입하는 사람의 비율을 30%로 상향 조정하는 목표를 설정해야 한다. 여러분의 노력 여하에 따라 30일 이내에 달성이 가능하기도 하고 90일 이내에

달성이 가능할지도 모른다. 1개월 후에는 10%, 2개월 후에는 20%, 3개월 후는 30%를 달성하고 싶다고 생각할 수도 있을 것이다.

❺ 행동에 옮기고 샴푸제를 구매를 자극할 수 있는 방안을 연구한다.

예제) *구매를 자극할 수 있는 방안*

○ 샴푸제의 주 고객을 설정한다. 어떤 '두개피' 고객에게 제품을 적용할 것인가에 대한 전략을 구상한다.

○ 주 판매 방법에 대한 전략을 수립한다.

○ 온·오프라인을 통한 뷰티살롱 및 뷰티산업체 관계자들을 대상으로 하는 오프라인 점판 판매촉진 방법과 SNS 등 온라인을 이용한 바이럴 마케팅과 홍보 동영상을 활용한다.

○ 주 판매촉진을 뷰티살롱으로 선정했음을 가정한다. 뷰티살롱에서 사용하고 있는 제품의 장·단점을 파악하고 어떤 고객에게 적용했을 시 가장 좋은 결과를 가져오는가에 대한 차별성을 홍보한다.

○ 근무하는 직원들에게 제품을 나누어 주고 사용 후 느낌을 고객에게 설명할 수 있도록 세밀한 정보를 제공한다. 더불어 프로모션에 성공했을 경우 많은 인센티브를 제공해야 한다.

○ 헤어스타일 연출과 관련하여 스타일에 어울리는샴푸제를 고객이 직접 무료로 사용할 수 있는 체험기회를 부여하고 고객의 의사를 즉각적으로 수용해야 한다. 예를 들어 스타일 연출 후 고농축 트리트먼트 효과가 있는 샴푸제를 무료로 제공하고 추후 그 고객이 뷰티살롱을 방문 하였을 시 다음과 같이 질문을 할 수 있어야 한다.
고객님 지난번에 드렸던 '고농축 트리트먼트 샴푸제' 사용하시기에 불편함이 없으셨나요? 대부분의 저희 고객님들은 맘에 들어 하셨습니다. 000님은 어떠하셨습니까?

❻ 여러분은 여러분이 샴푸제 판매 실적을 평가하여 에너지를 집중해야 한다. 때가 지남에 따라 여러분은 어느 정도의 성과를 올리고 있는지 계산할 수 있다. 실적이 높아지면 더 나은 목표를 설정할 수 있고 실적이 부진할 경우 스피드를 끓어 올리는 방법을 검토할 필요가 있다. 예를 들어 충동구매를 촉발하는 제안의 성공률을 최대화하기 위해 제안 자체를 수정·조정하는 것도 필요하다. 판매를 촉진하는 것을 두려워 말고 전진해야 한다. 언제든 올바른 정보를 제공할 수 있어야 하고 그 정보를 듣고

선택하는 것은 고객의 결정으로 남겨야 두어야 한다. 판매하는 것에 대한 수치심 혹은 '내가 홍보를 하면 상대방이 부담스러워 할 텐데!' 등의 개인적인 감정은 바람직한 결정이 아니다. 성공으로 향한 과정에서 실패할 경우도 있지만 앞으로 점점 나아감에 따라 의욕이 생겨난다.

2) 성과에 초점을 맞추기

80대 20의 법칙은 어느 조직에서나 어떤 경우에도 적용할 수 있다. 이익의 80%는 활동 리스트 안의 20%로 얻을 수 있다. 어떤 조직이든 20%는 80%보다 새로운 유행에 앞서고 있고 트렌드를 재창조하고 있음을 명심해야 한다. 나를 경영하는 것 역시 누구나 알고 있는 일반적인 상식을 어떤 기준을 가지고 어떤 방법으로 실천에 옮기느냐가 관건이다. 지식을 머릿속에만 담고 있는 것은 더 이상 중요한 가치를 지니지 못한다. 지식이란 '무엇을 할 수 있는 실천적인 것'임을 명심하라. 인간이 소유하고 있는 지식 이상의 것들이 스마트 폰 안에 저장되어 있다. 인간의 지식이란 '가지고 있는 것'보다 '적용할 수 있는 정보'가 더 중요한 일들이 되어 가고 있다. 지식은 이론적인 것보다 실천적인 성격이 강한 것이라는 것은 누구도 반문할 여지가 없는 것이 일반적인 사실로 변하고 있기 때문이다.

때때로 어떤 사람들은 아무리 노력해도 안 된다고 푸념을 한다. 그러나 열심히 노력했음에도 불구하고 능률이 오르지 않았을 때는 다른 잘못된 방법이 있었는지를 다시 생각해 보아야 한다. 노력했음에도 불구하고 성과가 오르지 않을 경우에는 멈추지 말고 다른 방법으로 시도를 해 보아야 한다. 어떤 일이든 흐름이 있기 마련이다. 지금 안 된다고 한탄하지 말고 그 안에서 여러분이 하는 일 그 자체를 즐기는 것이 중요하다.

때때로 운이 좋다면 아니면 흐름에 부합하는 방법으로 무엇인가가 잘 이루어졌다면 새로운 판매촉진 방법이 개발될 때까지 2~3주 기다릴 필요없이 바로 목표달성의 성과를 실감하는 게 가능할 수도 있다. 목표를 향한 측정 가능한 진보를 하기 위해 여러분은 타인과 차별을 둔 대단한 노력을 하고 싶어 할 수도 있기 때문이다. 대부분의 사람은 사소한 일에 파묻혀 정작 중요한 것에 포인트를 두는 게 불가능하다. 활동 리스트를 작성할 때에는 반드시 분기점을 기점으로 해 목표를 향해 똑바로 전진하도록 하는 것이 중요하다.

여러분은 목표와 구체적 행동으로의 세분화에 대해서 좋은 감각을 얻었기 때문에 미래의 중대한 계획 수립이 가능하다. '여러분은 무엇을 하고 싶은가? 어떤 인물이 되고 싶은가? 무엇을 가지고 싶은가?'에 대해 이미 알고 있다. 그러한 희망을 세분화해서 한 단위의 크기로 나누어야 한다. 미래의 계획을 책정하기 위해서 한나절 전부를 소비한다 할지라도 그것은 아주 가치가 있는 일이다. 목표를 전부 열거하고 각각을 달성하기 위해 행동 전부를 계획화 하여야 하는 현실적인 모험으로서 자신에게 긍정적인 동기부여가 된다.

여러분이 설정한 목표를 달성하기 위해서는 목표 리스트를 개발해야 하며 그 목표에 우선순위를 부여해야 한다. 더불어 '활동기한을 설정'하여 하루하루를 현실화 하는 작업을 게을리 해서는 안 된다.

3) 목표 의식 재정립

목표를 달성하기 위해서 활동을 상세하게 만드는 스케줄을 설정해야 한다. 이것은 성공을 현실로 하는 과정으로 자신에게 동기 부여를 계속해야 한다. 이 목표는 자신에게 동기를 부여하는 실마리를 제공해 주며 매일 매일 자신에게 성공의 메시지를 가져다주는 첫 걸음이다. 목표에 불을 지피는 방법에는 다음과 같은 방법이 있을 수 있다.

① 목표리스트 보기

자신이 가장 잘 볼 수 있거나 매일 접하는 물건에 마치 이미 달성되어진 듯한 제1인칭 현재형으로 목표리스트를 작성하여 붙인다. 항상 가지고 다니면서 자신을 깨우쳐야 한다. 또한 복사를 2~3장해서 식탁, 욕실의 거울, 차 안, 다른 한 장은 가방 안에 넣어둔다. 그리고 매일 몇 번이라도 목표를 주시하는 습관을 가져야 한다. 이러한 과정은 여러분이 집중력을 유지하기 위한 가장 중요한 하나의 방법이다.

② 간절하게 원하기

목표에 대해 간절한 마음으로 원하는 것이 중요하다. 마치 지금 이 순간 목표가 실현된 것처럼, 아침에 일어나서, 점심식사 때, 자기 전에 말해야 한다. 여유 시간이 있을 때마다 그 목표를 달성하기 위하여 열정을 불살라야 한다. 목표에 여러분이 소유하고 있는 감정과 정열을 담아 간절하게 기도하는 것이 중요하다. 우리의 뇌는 무의식을 의식적인 것으로 인도하는 무한한 능력을 가지고 있다. 전의식 혹은 무의식의 세계에 있는 간절함을 의식적인 현실세계로 소환할 수 있어야 한다.

③ 목표가 실현된 것처럼 구상화하기

마음속으로 목표에 대해 이미 달성된 것처럼 행동하는 것이 도움이 된다. 여러분이 하나의 헤어스타일을 완성하기 위하여 일러스트레이션을 하여 시각화를 시도하듯이 여러분이 설정한 목표에 대해 이미 달성된 듯한 태도를 미리 유추해 보는 것도 도움이 된다. 목표가 달성되었을 때 여러분이 상호작용하고 있는 다양한 환경들을 생각하고 그 안에서 여유롭게 존재하는 여러분을 상상해 보아야 한다.

④ 도착점에 도착한 것을 사전에 체험하기

목표가 사전에 실현된 것처럼 연기를 하는 방법이 중요할 수 있다. 목표가 이미 달성된 것처럼 행동을 하고 축하를 하는 것은 목표를 현재화하며 현실감을 확인하는 방법이다. 이러한 방법은 큰 목표를 다시 설정하는데 유용하게 하기 위함 뿐 아니라 하위 목표와 일상 활동에도 활용 가능하다. 여러분이 5년 후에 도달하고 싶은 장소에 대해 이야기를 하는 게 아니라 5년 후에 그곳에 도달하기 위해 오늘 무엇을 해야 하는지를 말하는 것이다. 여러분은 오늘 달성하고 싶은 것을 단언하고, 시각화하고, 관찰하고, 체험할 수 있다. 오늘 하지 않으면 안 되는 것을 조사하고, 말하고, 시각화하고, 체험해야 한다.

여러분은 여러분 자신에게 샴푸제 판매를 권하는 자신의 모습을 시각화하는 것부터 시작할 수 있다. 고객이 여러분이 상담하고 설명하는 일에 대하여 긍정적인 반응을 나타내며 결과에 만족하고 있는 것을 체험해야 한다. 만약 여러분이 샴푸제 판매 실적란에 4개의 제품을 판매했다는 사실을 기록할 때 여러분은 긍정적인 메시지를 보내야 한다. '나는 오늘 모발화장품 4개를 판매했어!'라고 큰소리로 말해야 한다. 일이 한창일 때, 화장실에 있을 때, 휴식 중일 때에도 소리를 내서 확인하고 자기 최면을 거는 방법이 중요하다. 이러한 과정들은 집중력을 유지하는데 중요한 역할을 한다. 과거와 현재, 미래는 그물망처럼 촘촘하게 연결되어 서로 메시지를 주고받지만, 오늘 여러분에게 주어진 시간만큼 소중하지는 않다. 현재 주어진 시간을 최선을 다해 현명하게 이용하는 것이 바람직하다.

하루하루와 미래를 위해 생각을 해야 하며 여러분이 원하는 목표나 희망이 실현되든 그렇지 않든 여러분의 미래는 여러분이 매일 하는 생각, 태도, 활동에 관련된다. 여러분의 미래는 여러분이 지금 내일 모레 다음 주 다음 달에 행할 것의 총계이다. 모든 현상은 오늘부터 시작해야 하며 여러분이 스스로 관리 가능한 유일한 것은 오늘 무엇을 할 것인가에 있다. 실제로 '여러분이 이 순간을 어떻게 사용하는냐'에 따라 내일이 다르게 나타난다.

여러분은 목표를 높이 가져야 한다. 성숙의 진행에 따라 그 때의 희망과 도전을 합치하기 위한 필요한 법률을 공부해야 하며 매일의 시작을 여러분의 최고의 시간으로 여기며 최선을 다해야 한다. 높이 나는 기러기가 더 많은 먹이를 낚아채듯이 원대한 꿈은 여러분의 인생을 살찌우게 하는 주춧돌이다. 그 꿈을 이루기 위해서는 매일 매일 달성한 것들을 기록하는 습관이 중요하다. 여러분의 목적은 어떠한 역할을 할 것인가? 어떻게 하면 다음에 좀 더 매끄럽게 진행을 할 것인가? '내일은 새로운 날이며 여러분은 새로운 시작을 한다'라고 생각해야 한다.

5.1.3 시간 관리의 기본

"자유시장 체제는 재능을 가진 사람에게 일할 기회를 주고 법 앞에서 평등을 보장하면서 출생이라는 우연을 기준으로 소득, 재산, 기회, 기회라는 삶의 임의성을 어느 정도 교정한다. 시민들은 기본 자유를 평등하게 보장받고 소득과 부의 분배는 자유시장에서 결정된다. 법적으로는 모든 사람에게 노력과 경쟁을 허용한다. 그러나 현실에서는 기회가 전혀 균등하지 않은 방식으로 배분될 수 있으며[8] 이러한 불평등을 감소시키고자 공적인 부분에서는 사회보장제도를 도입하기도 한다. 제도권 안에서 평등을 추구하기 위해 많은 노력을 기울이지만 이 세상에서 존재하는 유일한 평등은 아마도 시간이 아닐까 한다."

돈이 많은 사람이든 가난한 사람이든, 젊고 늙은 사람이든, 키가 크거나 작은 사람이거나, 사회적 지위가 높거나 낮거나 간에 모든 사람에게 동일하게 주어지는 것이 시간이다.

여러분에게 하루 24시간이 평등하게 주어져 있으며 그 어떤 누구도 현재로서는 하루의 시간을 더 길게 하는 것은 불가능한 일이다. 만약 이 세상의 패러다임이 급격하게 변화하여 시공간을 자유스럽게 넘나드는 일이 발생하기 전까지는 모든 사람에게 1주일은 7일, 1년은 52주로 결정되어 있으며 상대방과 다른 사람이라고 해서 보다 많은 시간을 얻는 건 불가능하다. 우리는 얼마만큼의 시간이 우리에게 주어졌는지 알 수 없다. 시간은 모든 사람들에게 주어진 가장 귀중한 자원이며 항상 잃어

8 마이클 샌델, 정의란 무엇인가? 김영사, 2010, 214-215.

가고 있다고 생각하는 것이 좋다. 어떤 업계에서 성공을 하든 그렇지 아니하든 타인과 매우 다른 요소의 하나는 "어떻게 시간을 관리하고 있는가"라는 것이다. 목표 실현을 향한 보다 높은 생산성을 손에 넣으며 보다 신속하게 행동할 수 있는 방법은 시간을 다루는 방법으로부터 온다. 시간을 관리하는 효율적인 방법에 대해 생각하는 시간을 가져본다.

1 스케줄 만들기

수입을 증가시키기 위한 목표는 정확한 매뉴얼을 작성하고 그 메뉴에 따라 동일과정을 여러 차례 완벽하게 반복하는 것이다. 동일과정을 완전하게 숙달하기 위해서는 철저한 자기반성과 준비가 필요하다. 예를 들어 미용기술을 연마하는데 있어 단 한 번으로 되는 일은 없다. 칼로 다듬고 줄로 밀어내, 망치로 두드리고 숫돌에 갈아 모양을 만드는 절치탁미(切磋琢磨)의 마음으로 스스로를 깨트리는 부단한 자기 노력이 있을 때 비로소 그 기술이 습득되어 지는 것처럼 수입의 증가 역시 관리 사이클에 맞추어 노력을 경주하지 않으면 안 된다.

관리의 제1의 원칙은 계획화이다. 계획(Plan)이란 여러분이 추구하려는 목표를 절차, 방법, 규모 등을 미리 헤아려 어떻게 달성할 것인가를 밝히는 내용으로서 미래지향성을 지니고 있어야 하며, 여러분이 추구하는 목표를 달성하기 위하여 가장 적합한 의사결정을 요구하는 것으로 볼 수 있다. 또한 여러분의 모든 활동에 정확한 방향을 제시하여 효과적인 역할을 분담함으로써 최소의 비용으로 최대의 효과를 이끌어 낼 수 있어야 '바람직한 계획'이라고 볼 수 있다.

계획은 매 번 내일 해야 할 일의 목록을 만드는 것으로부터 출발할 수 있다. 한 주의 해야 할 일의 목록을 만드는 것도 좋은 아이디어이다. 여러분은 어떤 시간, 어느 때나 편안한 시간에 리스트를 작성하여 한 주를 보다 좋게 시작할 수 있는 무한한 능력을 가지고 있다. 여러분의 목록은 매우 복잡하거나 단순할 수 있다. 그러할 때 우선순위를 붙여 각각을 달성하기 위한 필요 시간을 계산해야 한다.

다음엔 여러분의 일상 활동의 스케줄을 계획해야 한다. 여러분의 활동에서 가장 잘 보이는 곳에 활동 스케줄 북을 만들어 비치하는 것도 아주 괜찮은 방법이다. 시간을 효율적으로 하기 위해서는 비슷한 활동을 그룹으로 묶는 것도 바람직하다. 만약 이미 달성되어진 활동이 있다면 그것은 다른 색으로 체크하고 그 체크되어진 항목만큼 여러분은 희망을 읽을 수 있다. 체크되어진 목록으로부터 여러분은 새로운 에너지를 얻을 수 있다. 매일 여러분은 잠자기 전이나 하루의 시작 전에 오늘의 해야 할 일들을 계획하고 생각해 내야 한다. 또한 주말에는 새로운 한 주의 주 중 목록을 작성해야 하며 미달성의 활동목록은 다른 목록으로 변경해야 하는 경우도 있을 것이다. 계획은 무리하게 진행하는 것보다 할 수 있는 목록만큼만 하고 그 결과를 완성하고 되돌아 볼 수 있게 하는 것이 바람직하다.

2 시간 만들기

여러분은 매일 매일 시간을 나눌 수 있어야 하며 재분배에 노력을 해야 한다. 대한민국에 존재하는 모든 사람들은 시간이 부족하다고 한다. 그 어떤 누구도 시간이 남는다고 하는 사람을 보지 못했다. 어린아이에서부터 나이든 어르신까지 모두 바쁜 사람들이다. 여러분 역시 시간에 관해서는 그리 여유로운 편은 아니리라 생각한다. 그러나 정작 중요한 것은 생물학적인 시간이 아닌 여러분 앞에 놓여 있는 시간을 어떻게 관리해야 하는가가 중요하다. 70대의 실제 나이를 가진 사람이 30대가 해결해야 하는 시간의 분배를 여유롭게 하는 사람이 있는 반면에 왕성하게 활동하는 30대의 실제 나이에서도 시간의 분배가 안 되어 70대의 문제를 해결하지 못하는 사람들을 보곤 한다. 안타까운 현상이다.

삶에서 긍정적인 경험이 풍부한 사람은 스케줄이 꽉 차 있어 시간이 부족하다고 느끼는 것이 이상한 것은 아니다. 그들은 장기 계획을 위해서 시간과 노력을 투입하고 싶어도 할 일들에 쫓겨 대부분 숨을 쉴 겨를도 없다. 만약 이것이 여러분의 현 상황이라면 먼저 축하한다고 말하고 싶다. 이것으로부터 탈피하는 방법은 아마도 '나라는 상품의 가격을 올리고, 고객의 수를 다소 줄이는 마케팅 기법을 도입'한다면 조금이라도 자유로운 시간이 늘어 날 것이다. 고객을 위한 시간을 다소 정리하고 따로 중요한 시간으로 전환해 시간을 관리해야 하는 기쁜 일이다. 또한 직업 외적인 다른 일로 인하여 '여러분의 중요한 일'을 놓치는 일이 없도록 자신을 관리해야 한다. 때때로 여러분은 조금 큰 유혹으로부터 우선순위를 들어 계획하고 있던 활동을 할 수 없게 될 때도 있을 것이다. 바로 이 순간 여러분은 돈이라는 마법에 혼란을 느낄 수도 있을 것이다. 이럴 때 여러분은 여러분이 처음 계획했던 처음 그때를 되돌아보아야 한다. 정말 중요한 것은 '돈'이라는 것이 아니기 때문이다. 정말로 중요한 것은 눈앞에 보이는 것이 아닌 보이지 않는 것이 중요한 경우가 더욱 많다는 것이다. 염두에 둘 것은 이 경쟁사회에서 많은 돈을 얻기 위해서 일을 하지만 '일이 즐거워서 일하고 있는 것이 중요하다'는 사실이다. 돈을 따라가다 보면 '돈도 잃고 일도 잃고 모든 것을 잃게 된다.' 일을 즐기다 보면 따라오는 부수적인 '돈 관리'를 잘해야 한다. 눈앞의 적은 금액은 버려야 한다. 여러분이 여러분의 욕구 충족을 위한다면 크고 훌륭한 계획이 엉터리가 되지 않도록 자제심과 헌신이 필요하다. 스케줄이 확실히 되어 있지 않을 때 계획단계를 생략하는 실수를 범해선 안 된다. 질 높은 성장을 할 때야 말로 충분한 시간이 필요하다. 작은 계획엔 30분으로 충분할 것이지만 '중요한 계획을 실현하고자 할 때는 많은 시간의 투자가 훌륭한 결과를 가져 온다'는 사실을 잊어서는 안 된다.

3 시간 분배하기

목표를 가진 사람들에게 자유로운 시간이란 결코 존재하지 않는다. 시간이 남아서 에너지를 엉뚱한 것에 소비하거나 불평을 하는 것은 어리석은 사람들이 하는 행동이다. 시간은 우리의 삶에 있어 가장 공평하게 주어진 것으로 가장 귀중한 자원을 유효적절하게 사용하지 못하는 것이다.

"시간은 돈보다 귀중하다." 돈은 상황에 따라 좀 더 많이 가지거나 소유하는 것이 가능하지만 보다 많은 시간을 가지는 건 불가능하다. 시간은 일단 소비하면 되돌릴 수 없다. 수다나 무의미한 일들로 인해 시간을 빼앗겨 예정했던 활동을 뒤로 미루는 우를 범해서는 안 된다. 비가동 시간은 크고 훌륭한 계획을 실행하기 위한 시간이며 목표를 진행하는 서포터 활동을 위한 시간이기도 하다. 설령 스케줄이 완전히 예약으로 가득 차 있다 해도 항상 시간의 활용계획을 수립하고 유지 가능하도록 노력해야 한다.

만약 여러분에게 비가동 시간이 주어진다면 새로운 일에 도전할 휴식시간을 갖거나 여행을 통하며, 감사함을 전하는 시간이어야 한다. 비가동 시간에 디스플레이나 프레젠테이션을 하는 것도 가능하다. 즉 비가동 시간은 작업 중지의 시간이 아닌 미래의 성과에 투자하기 위해 자유롭게 사용되어지는 시간이다. 사람들 대부분은 비가동 시간 활용을 힘들어 하는 경우도 있다. 무료하다고 하소연하거나 TV를 시청하거나 사람들의 험담을 늘어놓는 경우이다. 그러나 그러한 시간들은 여러분의 성장에 결코 바람직하지 않으며 때로는 다른 사람에게 피해를 주는 경우가 발생한다. 여러분은 시간을 방해 받지 않도록 해야 할 취미나 놀이 기술을 보유해야 하며 다른 사람들의 시간을 방해해서는 안 된다.

때때로 어떤 사람들과 이야기할 때 이야기의 끝이 보이지 않는 경우도 있다. 그러한 사람들은 자신의 일을 이야기하거나 주변의 일을 이야기하면서 좀처럼 돌아가지 않는다. 그러한 사람들과 대면할 때 여러분은 자신의 시간을 관리하는 전략을 가져야 한다. 이러할 때 여러분은 지혜롭게 그 자리를 피하는 것이 상책이다. 흥미로운 것은 언제나 '바쁜 듯한 사람의 시간은 존중되어 진다'는 것이다. 그래서 바쁘게 있는 것이 우선이다. 바쁜 모습을 보이는 것은 상대방으로 하여금 언제나 노력한다는 것을 보여줄 수 있으며 상대방에게 예의를 표하면서 부드럽게 거절해도 여유롭게 반응을 보이는 경우가 많기 때문이다. 거절의 방법은 긴 대화의 도중에 머리를 숙여 '이야기를 하는 것은 즐겁습니다만 선약이 있어 이만 실례 하겠습니다'라고 정중하게 변명을 해야 한다. 계획으로 인해 바쁠 땐 방해를 해선 안 된다. 방해는 계획을 느리게 할 뿐이다. 여러분이 계획을 실행할 때 여러 가지 일로 중단되는 일이 많기 때문에 여러분은 그러한 일들을 사전에 차단하는 방법을 강구해야 한다. 중요하지 않는 전화는 천천히 처리해야 한다. 만약 정말 중요한 일을 계획하고 있다면 전화기를 멀리하고 조용한 공간에 떨어져 있을 필요가 있다. 이러한 일들은 여러분의 성장에 많은 도움을 줄 수 있으며 그로 인하여 여러분은 많은 이익을 발생시킬 수 있다.

4 시간 투자하기

성공은 좋은 습관들이 누적되어 나타난 결과이다. 많은 일들은 한 순간에 이루어지지 않으며 좋은 결과를 얻기 위해서는 바람직한 과정이 동반되어야 한다. 성공한 사람들의 많은 이야기들은 돈이 돈을 불러온다고 말한다. 처음 '천만 원을 저축하기 위해서는 너무 힘이 들었지만 같은 천만 원대를 만드는 것은 그리 어렵지 않다'라고 말을 한다. 이와 마찬가지로 1억 원의 돈을 만드는 것은 매우 어렵지만 같은 억 단위의 돈은 그리 어렵지 않다고 말을 한다. 종잣돈의 위력이다. 종잣돈을 만들 수 있는 사람은 부자가 될 수 있는 가능성이 높으며 이러한 것들을 잘 활용하는 사람들이 어떤 일이든 종착역에 잘 도달한다.

어떤 일이든 첫걸음부터 천천히 가다보면 기하급수적으로 늘어나게 되어 있다. 인간이 처음 세상에 드러날 때 네 발로 내딛는 것조차 힘들었지만 부단한 노력을 통해 뛰고 달리는 것이 쉽게 되는 것과 같은 원리이다. 모든 것은 첫걸음부터 느리게 적용되어야 한다.

이러한 원리는 금전적인 것에만 적용이 되는 것은 아니다. 여러분이 접하는 모든 환경적 요소에도 적용이 가능하리라 본다. 여러분의 인간관계, 여러분이 알고 있는 지적 노력에도 적용할 수 있다. 오늘 1시간 더욱 노력하여 작은 이익을 얻으면 그것은 반드시 증가하는 속성을 지니고 있으며 이러한 노력이 정기적으로 계속 행해짐에 따라 시간을 넘어선 투자의 원리는 계속 증가한다.

누구나 마찬가지로 처음에는 어떤 일이든 힘이 들게 되어 있다. 기술을 배우는 사람도 운동을 하는 선수도 마찬가지이다. 처음에 기술을 습득하는 것은 매우 어렵지만 계속 누적이 되면 그리 어려운 것은 아니다. 급여도 마찬가지이다. 얼마 되지 않는다고 푸념하기보다는 그 급여의 범위 안에서 열심히 저축하고 절약하다 보면 시간이 지남에 따라 노동분 보다 훨씬 높은 급여를 얻게 된다. 푸념을 늘어놓기보다는 있는 현실을 직시하고 그 범주 안에서 최선의 노력을 게을리 하지 않는다면 그 노력의 대가만큼 되돌아온다. 우리가 보다 좋은 모발을 간직하기 위하여 두개피 관리를 철저하게 해야 하듯 보다 좋은 성과를 원한다면 보다 좋은 생각들을 가지고 있어야 한다. 원한, 고통, 분노, 탓, 화 등은 여러분의 성장에 있어 결코 바람직한 개념들은 아니며 여러분을 부정적인 결과에 이르게 하는 원인들이다.

5 시간 활성화하기

사람의 생체 리듬은 사람마다 약간의 차이를 가진다. 어떤 사람은 밤에 생체 리듬이 활성화되는 사람이 있고 어떤 사람은 낮 시간대에 활성화되는 사람이 있다. 각각의 리듬에 맞게 자신의 에너지를 집중시키는 것은 중요하다. 그러나 밤에 다른 일을 하고 낮에 힘들어 한다면 그것은 바람직하지 못한 일이다. 학원에서 과외를 받고 수업 시간에 조는 많은 학생과 밤에 게임을 하고 주어진 일에 시간만 보내는 사람들을 가끔 볼 수 있다. 사람은 매일 매일 선택의 기로에서 망설이는데 많은 인내심과 선택할 수 있는 능력을 필요로 한다. 산책하기, 적절한 운동하기, 마음의 양식을 쌓는 서적을 읽는 것, 명상 등 다양한 분야에서 여러분 자신을 채찍질 할 필요성이 있다. 여러분은 새로운 기분으로 마음을 정화시키기 위해 최대한 노력을 경주해야 한다.

하루 중 매일 자신을 돌이켜 보는 것은 중요한 일이다. 잘못된 일을 반성하고 새로운 대책을 강구하는 일은 매우 중요하다. 이른 새벽에 하루 할 일을 정리하는 것과 하루의 끝자락에서 오늘 있었던 상황에 대한 피드백 등은 일을 추진하는데 새로운 에너지를 부여 받는다. 그러나 계획을 수립하면서 부정적인 면에 초점을 맞추고 유쾌하지 못한 일들을 고민하며, 일어나지도 않는 일에 온갖 상상을 다하며 에너지를 소비해 버리는 것은 경계해야 한다. 부정적인 생각들은 빠른 속도로 떨쳐내는 것이 중요하다. 발생하지 않는 일로 상상에 빠져 자신을 그 속에 가두어 버리는 우를 범해서는 안 된다. 일어나지 아니 한 일들을 미리 설정하고 고민하기보다는 그럴 가능성이 있다면 대비책을 마련하는 것이 중요하다. 미래는 여러분의 즐거운 시간들로 가득하며 좋은 것이라는 인식을 가져야 함을 명심해야 한다.

6 시간 즐기기

"피할 수 없으면 즐겨라"라는 말이 있다. 사람은 어찌할 수 없는 상황이 때때로 존재한다. 행하기 싫어도 꼭 해야 하는 일과 먹고 싶지 않지만 꼭 먹어야 하는 쓰디쓴 약과 같은 것들이다. 일을 하는 방법 역시 각기 적용하는 방법이 다르다. 어차피 해야 하는 일이라 즐거운 마음으로 일을 하는 사람이 있을 것이며, 마지못해 일을 하는 사람도 있을 것이다. 똑같은 일을 하면서도 즐거움에 넘치는 행복한 표정으로 일을 하는 사람과 그렇지 않은 사람이 공존한다. 짜증 가득한 표정으로 일하는 사람들과 행복한 모습으로 일하는 사람을 보라. 어떤 일이 행복을 가져다주는지를!

때때로 일이 너무 과하게 밀려 반생산적인 과중노동에 빠질 때가 종종 있다. 즐거운 마음으로 일을 해야 하지만 일이 즐거운 것이 아닌 괴로움이 되어 버리는 경우가 때때로 존재한다. 일이 너무 힘들어 눈앞의 이익에 급급해 일에 대한 기쁨도 행복도 느끼지 못하고 힘들다는 생각만 가득할 때가 있다. 마음이 편안하지 못하고 육체가 피곤함을 호소하는 경우가 있다. 일의 생산성은 하락하고 창조적인 기쁨도 사라지고 만다. 이럴 땐 마음의 여유를 갖고 "느림의 미학"을 생각해 보자. 급하게 하는 것이 좋은 것만은 아니다. 급하게 하다가 실수를 저지르는 경우가 많다. 마음의 여유는 행동으로 나타난다. 주변에서 일어나는 모든 사고는 마음의 긴장으로부터 발생하는 경우가 대부분이다. 자동차 사고도 마찬가지이다. 급하게 하다보면 되는 일도 안 되는 경우가 있다. 마음의 여유를 갖고 손발은 열정적으로 움직이는 사람이 되면 된다. 사람이 살아가는 것을 토끼와 거북이의 경주로 바라볼 때 거북이의 느리고 지속적인 경주가 필요한 것이다. 단거리의 빠른 스피드가 때로는 필요하겠지만 인생은 장거리의 긴 여정이라는 사실을 잊어서는 안 된다.

피할 수 없으면 즐기는 방법 중 하나는 '아니다'라고 말할 수 있는 용기를 가져야 한다. 여러분은 스케줄 표를 보고 어떤 상황인지 체크를 할 필요가 있다. 매일매일 약속으로 가득 차 있거나 모든 일에 대해 다 할 수 있다는 식의 태도를 견지하고 있는 것은 아닌지 생각해 보아야 한다. 때로는 아닌 것은 '아니다'라고 말할 수 있는 용기가 필요하며 전문적인 상담이나 지식이 필요할 때는 빙빙 돌아 알려하지 말고 전문가에게 직접 자문을 구하는 현명한 방법이 필요하다.

7 시간을 효율적으로 사용하기

여러분이 일을 할 때, 유난히 바쁜 시간들이 있을 수 있다. 왠지 모르게 일은 손에 안 잡히고 마음이 혼란스러워 질 때가 있다. 마음에 여유가 없을 때는 더욱 그렇다. 여러분의 일하는 방식을 생각해 보자. 여러분은 하나의 일을 한 번에 해결하는지, 아니면 모아 두었다가 전체로 해결하는지 생각을 해 보자. 일을 진행하는 방식을 알 수 있는 부분이다. 해야 할 일들을 바로 처리하는지 혹은 한 번에 모아 처리하는지를 생각해 보자. 어떤 일이든 바로 바로 처리하는 것이 좋다. 모아서 처리하다보면 일의 양이 많아질 뿐만 아니라 정말로 해야 할 중요한 일과 미루어 놓은 일이 겹쳐져 더 큰 일이 되고 마는 경우가 많다. 사람마다 각기 일 처리하는 방법에 차이가 있기 때문에 무엇이 옳고 그르다 말할 수는 없다. 단지 소소한 일들을 모아 큰 일로 만들지 않는 것이 중요하다.

예를 들면 여러분이 서류를 잘 정리 정돈해 놓았다면 도서관에 정리 정돈되어 있는 책처럼 정리된 장소로 이동하여 아주 쉽게 서류를 찾을 수 있다. 컴퓨터의 파일도 마찬가지이고 옷장의 옷도 마찬가지이다. 정리되어 있지 아니한 서류더미에서 여러분이 찾고자 하는 서류를 발견한다는 것은 심리적으로도 불안하며 심장에 무리를 주어 건강에 나쁜 영향을 미친다. 이러한 일 처리는 정신을 혼란스럽게 하며 성격에 나쁜 영향을 미치게 한다. 여러분의 인체에 나쁜 변화가 일어나 인체의 생리 리듬을 흩이지게 하면서 스트레스를 증가시키는 요인이다. 이러한 문제의 해결책은 완전히 하나의 일을 끝낸 후에 다음의 단계로 이동하는 것이다. 하나의 일을 끝내고 다음 단계로 이동한다는 것은 새로운 지름길을 발견하고 보다 적은 작동과 시간으로 쉽게 일처리를 할 수 있다는 것을 말한다. 이런 반복적인 원리에 의해 여러분은 시간을 아낄 수 있으며 여러분이 원하는 일을 쉽게 할 수 있다.

여러분은 가장 바쁜 시간에 일을 할 때 분주하게 왔다 갔다를 반복하는 사람이 되지 말아야 한다. 분주하게 움직이는 것보다 다음 작업을 예측하고 쉽게 일처리를 할 수 있는 사람이 되어야 한다. 여러분은 현명하게 일처리를 하는 사람인가 생각해 보라. 여러분이 진정한 프로라면 누군가가 여러분을 보았을 때 허둥지둥 서두르는 것처럼 보이지 않아야 한다. 차분하면서도 서두름이 없지만 빠르게 일처리를 하는 사람이라는 것을 보여주어야 한다.

8 인내심 기르기

하루 24시간이 너무 짧다고 하는 사람들, 하루 24시간이 너무 길다고 하는 사람들, 여러분은 24시간을 제대로 활용하고 있는지 생각해 보자. 대한민국 대부분의 모든 사람들은 바쁘다고 말한다. 아이에서부터 나이든 어른까지 모두 시간이 없다고 말한다. 그러나 냉정하게 생각해 보자. 바빠서 바쁜지, 주변 사람들이 바쁘다고 하니까 바쁜 것인지, 아니면 잘못된 습관으로 인하여 바쁘게 살고 있는 것이 아닌지 냉정하게 돌아보아야 한다. 어떤 일을 할 때에 꼭 시일이 닥쳐서야 일을 처리하는 경우도 그렇고, 일을 모아서 처리하는 것도 그렇다, 그때 꼭 해야 할 일을 자꾸 뒤로 미루다 보니 일어나는 흔한 일이긴 하지만 이것이 반복되면 해야 할 일이 더 많아져 시간에 쫓기게 되고 조급한 마음에 불안해 진다. 때때로 꾸물거림으로 인하여 좋은 기회를 놓치거나 타인에게 피해를 주는 일도 있다.

여러분은 이제부터 즉각적으로 일을 처리해야 한다. 때때로 즉각적으로 일처리 하는 것이 지겨워 질 때도 있다. 그러나 인내심을 가지고 지속적으로 행해야 한다. 행하다보면 그럴만한 가치가 있음을 알 수 있다. 생각만하고 좀처럼 행동에 옮기지 않는 사람들을 가끔 만날 때가 있다. 게다가 일을 할 때도 슬슬하는 사람들을 볼 수 있다. 삶의 속도를 즐기면서 자기만의 방식으로 여유로운 삶을 추구하는 사람이라면 그리 큰 문제는 되지 않는다. 그러나 목적과 목표가 드러나지 않는 일처리와 느리게 하는 것 같으면서 여유롭게 스스로의 일을 매끄럽게 잘 처리하는 것은 다르다.

사람은 실현되기를 바라는 인생의 중요한 목표에 대해 노력하지 않으면서 상대를 평가하거나 자기 합리화하는 것을 즐긴다. 거의 대부분 사람들은 본인이 옛날에 열심히 살았던 시절이 있었음을 이야기한다. 또한 지금은 여러 가지 상황이 그렇게 될 수 없음을 이야기한다. 사람들마다 각기 다른 이유가 있겠지만 바쁘다는 이유로, 혹은 시작해야하는 지점이 어디인지를 몰라서, 혹은 결정을 내려야 하는 터닝포인트가 어디인지를 모르고 계속 생각만 하는 경우를 종종 본다. 이러할 때 여러분들은 거창한 계획을 실현하려는 노력보다는 아주 간단한 일에서 출발하는 것이 바람직하다. 어떤 일이는 시작하고 나면 반은 성취했다라고 생각하면 된다. 시작하게 되면 인간은 책임의식을 느끼게 되고 그 방향으로 에너지가 배분되면서 긍정적인 변화가 일어날 수 있다.

일단 시작하는 것이 바람직하다. 실패는 성공의 어머니라는 명언을 생각하면서 실패를 거울삼아 전진해야 할 필요가 있다. 실패의 공포는 사람을 뒤로 물러나게 하는 아주 나쁜 습성을 지니고 있는데 그 감정에 휘말려서는 절대 안 된다. 대단히 많은 사람들이 실패에 앞서서 머뭇거리며 꿈을 포기 한다. 여러분은 마음을, 실패라는 공포에 저당 잡혀서는 안 된다. 마음 반을 공포에 빼앗기고 시작하면 그곳에서 일이 진척되지 않는다. 시작하고서도 막히면 포기해 버리는데 실패는 있어도 포기라는 말은 절대로 사용해서는 안 된다. 포기하지 않는 한 여러분의 인생은 실패하지 않는다.

5.2. 가치에 부합하는 자기경영 (Selp-development, Selp-management)하기

5.2.1. 가치에 부합하는 삶의 방향 제시하기

인간은 태어나는 순간 '무엇으로 사는가!'에 대해 많은 고민을 한다. 세상에 태어난 순간 그 무엇인가를 위해 노력을 할 수 밖에 없으며 그 노력은 스트레스를 동반하기 때문이다. 인간은 외부자극으로부터 스스로를 보호하기 위해서 매 순간 어떤 결정을 내려야 할 필요가 있다. 그 결정을 내리는 데에 있어서 자기 스스로가 좋아하고 선호하는 부문으로 즐기면서 결정하는 경우와 선호하지는 않지만 삶의 유지 차원에서 결정을 하는 경우도 있다. 어떤 것이 바른지 그른지 잘 모르지만 즐길 때 효과가 드러나는 것은 분명한 사실인 듯하나.

사회는 보이지 않는 먹이사슬이 있어 삶을 슬프게 한다. 이러할 때 단 '한 번뿐인 삶을 어떻게 사는 것이 가장 아름다운 삶을 살았다고 이야기 할 수가 있을까?'에 대한 고민에서 출발하는 것이 자기계발(Selp-development)이라고 볼 수 있다. 자기계발은 잠재하는 자기의 슬기나 재능, 사상 따위를 일깨워[9] 자기 스스로 업무에 대해 보강해 가는 방법이다. 자기계발을 하기 위해서는 적절한 동기가 부여되어야 하며 자기경영이 이루어져야 한다. 이에 대한 전제 조건으로는 '나를 발견하는 일, 미래에 대한 확신, 내가 진정 원하는 일'이 우선시 되어야 한

9 https://ko.dict.naver.com/#/entry/koko.

다. 이를 토대로 우리는 삶을 유지하기 위한 직업을 선택해야 한다.

직업은 직업의 안정성, 수입의 연속성, 직업의 발전 가능성 및 직업 안에서의 개인의 성장과 발전[10] 등의 조건들을 유의미하게 충족시켜 주고 있을 때 우리는 좋은 직업이라고 한다. 과연 그렇다면 좋은 직업을 가지고 있을 때 우리 인간은 행복하게 삶을 사는 것일까? 좋은 직업과 행복이 모두 일치하는 것은 아닌 것 같지만 가능성을 증가시키는 것은 기본적 사실인 듯하다. 행복한 삶의 가능성을 증가시키는 것은 다양한 요인들이 있겠지만 인간의 오랜 역사가 부정적인 측면보다는 긍정적인 측면을 강화시켜 오고 있는 것을 볼 때, 내면의 가치와 일치하는 외적 태도의 일관성에 있지 않을까 생각한다. 여러분이 지닌 가치에 따라 하는 일에서도 차이를 가져 온다. 즐거운 마음으로 하는 일과 마지 못해 하는 일은 과정도 다를 뿐 아니라 일하는 태도에서도 차이를 가져 온다. 이왕에 하는 일이라면 보다 따뜻한 마음으로 적극적으로 하는 것이 바람직한 현상이다. 여러분이 성공으로 가는 길에 동행할 수 있는 가치를 생각해 보자.

1 자신에게 당당하기

여러분은 여러분 스스로에게 당당할 수 있는지 생각해 보라. 우리는 일상생활에서 가끔은 사소하게 거짓말로 사람들을 유인하는 방법을 사용한다. '이정도면 괜찮아! 문제없을 거야!' 스스로에게 위안을 던진다. 과연 그럴까? 내가 나를 사랑하고 타인에게 당당해 지기 위해

10 http://www.keis.or.kr.

서는 나 자신부터 둘러보는 자세가 필요하다. 내가 하면 괜찮고 남이 하면 나쁜 짓이라는 것으로부터 탈피해야 한다. 나도 해서는 안 되고 남들도 그리하게 하면 안 된다. 아마도 여러분은 스스로가 해야 할 일과 하지 말아야 할 일들을 너무 잘 알고 있다. 단지 스스로에게 얼마만큼 허용할지에 관한 것은 스스로 해결해야 할 문제이다. 이제 멋진 인생을 살기 위하여 스스로에게 당당해 지도록 하자.

멋진 삶을 살기 위해서는 '나는 부족해!'라는 사고방식에서 벗어나 '나는 불완전하지만 지금 이대로 충분해!'라고 외치면서 당당하게 살아야 한다. 자신의 삶에 만족하며 사는 사람들 또는 타인에게 영감을 주는 놀라운 삶을 사는 사람들은 불완전한 자신을 받아들이고 있는 그대로의 자신을 사랑하는 삶을 사는 것이다. 삶은 '남들에게 괜찮아 보이는 사람'이 아닌 '진짜 나'로 살아야 한다.

스트레스와 불안에 시달리는 사람들은 해야 할 일에 쫓겨 정작 중요한 것을 놓치고 있다. 능력 있는 연구자이자 강연가, 좋은 엄마이자 아내, 딸, 언니, 동료가 되기 위해 자신을 끝까지 밀어붙이며 열심히 노력해온 그동안의 삶에 대해 행복하다고 느꼈다면 행복한 인생이 될 수 있으나 그렇지 않다고 생각했다면 그것은 보완되어야 할 삶인 것이다. 여러분은 여러분 스스로인 '내가 원하는 삶'을 살아갈 기회를 얻는 데 많은 것을 할애해야 한다.[11]

인생이라는 것이 어디서 와서 어디로 흘러가고 있는지 우리는 잘 모른다. 알 수 없는 길이기에 아파하고 고민하면서 상처받는다. 지나고 나

---

11 브레네 브라운 지음, 서현정 옮김, 나는 불완전한 나를 사랑한다 : 남들이 요구하는 모습에서 벗어나 '진짜 나'로 사는 법, 가나출판사, 2019, 1-298.

면 그리 특별할 것도 없는데, 무엇을 갖기 위해 그리 아등바등 했는지 모르는 게 인생이다. 이런 삶이 후회스러운 것을 알면서도 또 그렇게 사는 게 인생이다. 나답게 후회하지 않는 삶을 살기 위해 우리는 비교하지 말고 '존재 그 자체 나로서 사는 것'이 가장 현명한 삶일 듯하다.

인간은 내가 소유하지 못한 것에 대한 동경하는 마음을 가지고 있기에 내가 가지고 있지 않는 것을 부러워 할 수 있다. 그러나 그러한 마음보다는 나 스스로를 위한 큰 그림을 그리고 그 큰 그림을 완성하기 위하여 선을 그리는 연습부터 시작해야 한다. 선은 타인과 동일하게 그릴 필요는 없다. 내가 그리고자 하는 그림에 맞는 선을 잘 그리면 된다. 조금 잘못 그린다고. 실망할 필요도 없고 잘못 그려졌다고 낙담할 필요는 더더군다나 없다. 모든 것은 상황에 따라 변화하는 속성이 있기 때문에 시간이 지나면 더욱 유용한 쓰임으로 다가 올 수 있다. 삶에서 정답을 찾을 수는 없다. 삶은 내가 선택하는 가치에 따라 좋은 일들로 가득하다. 어떤 가치를 선택하느냐는 여러분의 경험에 따른다. 삶의 경험이란 여러분을 둘러싸고 있는 정치·교육·환경 등 모든 것을 지칭한다. 여러분의 주위에 있는 사소한 작은 자극이나 경험이 미래에 어떤 일을 만들지 그 누구도 알 수 없는 것이 삶이다.

2 열정적으로 일하기

열정(Passion)이란 일에 대하여 강렬하게 솟구쳐 오르는 욕망 혹은 욕구라고 볼 수 있다. 열정은 하고자 하는 일에 대해 심리적·육체적으로 얼마나 몰입하고 있는지를 나타내는 것으로 각자가 지닌 에너지의 흐름을 보여주는 지표이다. 일을 대함에 있어 '어떤 열정을 보여 주느냐!'에 따라 성패가 갈리기도 한다. '마지못해 하는 일'과 '열정적으로 하는 일'을 생각해 보라! 어떤 모습이 더 아름다운 모습인지를!

생각을 성취로 이어가기 위해서는 그냥 계속 생각하는 것만으로 안 된다. '엄청 많이 생각' 하는 것에서 출발하여 실행하는 것이 중요하다. 막연하게 '그렇게 되면 좋겠다'는 식의 어설픈 정도의 수준이 아니라 강렬하게, 그리고 자나 깨나 끊임없이 바라고 원해야 한다. 머리끝에서부터 발끝까지 온몸을 그 생각으로 가득 채워야 한다.

열정은 추구하는 목표를 향하여 열의를 지녀 강력하게 추진하는 태도이고 목표가 무엇이든 목표를 이루고자 하는 강력한 동기를 제공한다. 열정은 일반적으로 지향하는 삶의 태도보다는 목표에 관한 지향 및 목표성취를 위한 강렬한 동기이다.[12] 어쩔 수 없이 일에 대해 참여해야 하는 강박적인 요소와 자발적으로 일에 매진하고 동기를 조절하는 조화로운 요소로 나뉘기도 한다. 삶에 있어 때때로 강박적 요소가 필요하기도 하지만 좋은 결과를 예측한다면 자발적인 참여 동기를 유발 할 수 있는 내적인 촉진이 더욱 필요할 것으로 본다. 어떤 일이든 강요보다는 자발적 요소가 더 좋은 결과를 가져 온다.

열정적으로 일한다는 것은 '주인'처럼 정열을 쏟아 일을 한다는 의미이다. 일을 하면서도 일과 몸이 따로 있는 경우를 많이 봐 온다. 주인의식을 가지고 내일처럼 일을 즐거운 마음으로 하는 사람은 많지 않다. 사람을 대하든 지식을 탐색하든 모든 정신을 그곳에 집중하고

12 엄지수, 고등학교 육상선수들의 운동 열정이 운동만족 및 인지된 경기력에 미치는 영향, 단국대학교 석사학위논문, 2016, 7.

그 때 그 장소에서 그 일을 하기 위해 온 노력을 집중한다면 여러분은 최고로 멋진 사람이다.

여러분의 일상에서 미치도록 일에 몰입했던 그 순간을 상상해 보라! 얼마나 감동적인 희열을 휩싸였었는지를! 여러분이 성공이라는 우주선에 승선하기 위해서는 모든 일에 정열적으로 임해야 한다. 노동의 가치를 알고 노동에 임하는 순간 온 몸 세포에 에너지를 집중하여 땀이 흐를 정도로 몰입해 보자. 그 기쁨은 아마도 평생의 기억으로 남을 것이다. 여러분이 그 무엇인가 몰입하지 못하고 열정적이지 않는 것은 여러분의 몸에 병이 걸린 것이다. 몸에 있는 암 세포만 몹쓸 병에 걸린 것이 아니다. 여러분이 생각하는 그 모든 것을 행동에 옮기지 않고 노력하지 않는 것이 더 나쁜 병에 걸린 것이라 생각해야 한다. '내가 원하는 대로 행동하지 않는 것, 세상이라는 드넓은 곳에서 자기를 뽐내지 못하고 사라져 가는 것 그 모든 것이 나쁜 병에 걸린 나쁜 습관'이다.

3 지속성 유지하기

현실에서 부딪치는 대부분의 어려운 문제들은 문제로 인한. 실체적 진실보다 인식에 의한 가치체계에서 더 깊은 압력을 느낀다. 살면서 마주치는 문제는 인간이 만든 문제이므로 언제든 해결되어 지게 되어 있다. 문제의 본질은 대부분 쉽게 해결되나 문제의 것 외에 개인이 지닌 인식과 주변의 상황이 개입되면 문제는 해결하기 어려워진다. 문제가 발생되면 일을 진행하기가 어려워지고 일의 진행은 더디게 된다. 이럴 때일수록 여유를 가지고 쉬어가는 것이 필요하다. 주변을 돌아보고 문제의 원인이 무엇인가를 파악하기 위하여 일을 시작하기 전 처음의 상황으로 돌아가 보는 현명함을 요구한다.

문제는 바로 마음의 복잡함에서 기인하는 경우가 많다. "작심삼일(作心三日)과 조변석개(朝變夕改)"라는 말을 명심하라! 삶은 오랜 여정을 필요로 하는 것으로 좋은 일을 연속적으로 반복하는 것이 성공의 지름길이다. 잠시의 여유를 가지고 여러분이 계획했던 모든 일을 생각해 보라! 계획대로 진행되었던 일들이 몇 이나 되는지를! 인생에서의 성공은 좋은 습관을 가지고 있는 모든 사람들에게 열려있는 길이므로 '지속성'을 가지고 일상생활에 임해야 한다. '성공에 지름길은 없음을 명심하라. 여러분이 생각했던 '다이어트하기, 공부하기, 운동하기' 등의 여러 요소가 여러분이 생각했던 대로 진행되지 않았음을 여러분은 알고 있다. 이제부터는 여러분이 여러분 인생의 주도권을 가지고 매 순간을 최고의 순간처럼 살아야 한다. 그러면 성공이라는 것이 여러분 주변에 머물 것이다. 지속성을 유지하는 것은 매우 힘든 일이다. 특히 접근성이 멀면 멀수록 더 힘이 든다. 처음에는 실행하겠지만 시간이 지날수록 이런저런 이유로 회피하게 되어 있다 이런 상황을 맞이하지 않기 위해서는 여러분이 원하는 환경으로 이동하는 것이 필요하다. 근육을 키우거나 운동을 하고 싶다면 헬스클럽과 자주 마주치는 곳으로 무엇인가를 이동시키면 좀 더 도움을 받을 수 있음을 말한다.

의지와 맞서서 싸우지 마라. 여러분이 세포와 싸워 이길 수는 없다. 세포가 자연스럽게 변화하도록 유도해야 한다. 변화를 유도한다는 것은 좋은 환경으로 이동하는 것 혹은 내면의 변화를 통해 한 걸음씩 좀 더 나은 방향으로 천천히 나아가는 길이다. 그러다보면 그 행동들이 싸여 많은 변화를 몰고 오는 것이다. 만약 그럴 상황이 안 되거든 그런 상황이 되었다라고 최면을 걸면 된다. 여러분은 복잡하게 엉키어 있는 실타래를 풀 능력이 있다.

다음에 제시하는 것은 운동을 촉진시키는 것 혹은 운동을 저해하는 것 등의 다양한 요인을 제시하고 있다. 운동뿐 아니라 여러분이 하고 있는 일 역시 이와 유사함을 알고 지속성을 유지하는 것이 성공의 중요 요인을 기억하라![13, 14]

1) 개인적 요인

운동을 지속하는 것은 이전의 운동 경험, 운동에 대한 태도와 지식, 성격상의 특징이다.

2) 상황 및 환경적인 요인

운동참가자들의 신체 활동에 규칙적으로 참가하는 것을 방해 혹은 촉진 시킬 수 있다. 상황적 요인으로는 가족, 주변, 또래, 기후, 시간적인 압력, 시설물 같은 물리적인 환경이 있다. 사회적지지 요인에서는 배우자가 운동을 지속하는 데 많은 영향을 미친다.

3) 행동적 요인

---

13 Weinberg, R, S & Gould, D, & Weinberg, R, Foundation of sport and exercise psychology, 2003.

14 박기범, 카리스마 리더십이 성인 여성 수영 동호인의 스포츠자신감과 운동지속 성향에 미치는 영향, 서울시립대학교 대학원 석사 학위논문, 2019, 23-25.

행동적인 요인은 참가자들이 운동을 지속하는 데 영향을 준다. 흡연과 직업 등의 행동 요인이 포함되며 흡연가는 운동에 잘 참여하지 않는 경향을 보인다. 수입이 많을수록 사회적 지위가 높을수록 더 활동적이며 사무직 종사자들이 육체노동자보다 운동 참여율이 높다.

4) 프로그램상의 요인

운동 프로그램의 구성 요소 중 운동의 강도, 집단적이거나 개인적인 프로그램, 지도자의 리더십은 운동 참가자들의 운동 지속에 영향을 준다. 격렬한 운동보다 적당한 활동에서의 중도 포기율이 절반 수준이며 혼자 운동하는 것보다 집단으로 운동하는 프로그램에서 참가자들이 지속적으로 운동에 참여한다.[15] 지도자의 존재는 공간, 장비의 부족과 같은 물리적 제약을 보상할 수 있는데 이는 지도 능력이 부족한 지도자는 노력이나 물리적 환경과 관계없이 운동 지속을 방해할 수 있다.

4 변화하기

모든 것은 살아 움직인다. 세상에 변하지 않는 것은 없다. 그 어떤 것도 영원한 것은 존재하지 않는다. 존재한다는 것은 언젠가 움직인다는 것을 전제로 할 때 움직임에 적응하기 위해서는 끊임없이 노력해야 한다. 직장에서 편안하게 일하는 것, 경제적으로 많은 수입을 얻는 일 등은 올바른 변화에 대처함으로써 일어나는 행위이다.

---

15 Massie, J, F, & Shephard, R, J, Physiological and Physiological effects of training, Medicine and science in sports, 3, 110-117.

변화를 두려워하지 마라. 변화가 일어나기 전에 먼저 변화를 유도하면 더 좋다. 거대한 흐름이 폭풍처럼 밀려와도 그 변화를 수용할 수 있어야 한다. 성장하지 못한 사람들은 변화에 적응하지 못하고 뒤따라오면서 투덜거리는 사람이고 성장한 사림들은 변화에 잘 적응하고 있는 사람들이다. 눈앞의 이익만 바라보지 말고 먼 곳을 바라보면서 길을 가다 보면 작은 사소한 일들은 더 큰 것을 향해 흡수되게 마련이다. 작은 것에 얽매이지 말고 변화를 예측하고 받아들이는 사람이 되어야 한다.

5.2.2. 가치에 부합하는 삶의 목적 설정하기

인간의 삶에 있어서 행복의 조건은 사람마다 각기 다양하게 나타난다, 실용성을 선호하는 사람, 인간의 내재적 가치를 중요시 하는 사람, 실용성과 내재적 가치의 양립을 선호하는 사람, 실용성을 부수적인 것으로 간주하고 내재적 가치를 최우선으로 추구하는 사람 등 다양한 사람들이 공존한다. 이러한 모든 요소들을 포함하고서라도 인간의 최종 삶의 목적은 '행복 추구'라고 볼 수 있다. 그 어떤 것보다도 인간의 삶의 최고 선은 행복이라는 명제 아래 있을 수 밖에 없는데 행복을 추구하고자 할 때 인간은 자기계발이 필수적으로 요청된다.

인간 '삶의 목적(Goal)'이 '행복'이라면 '삶의 목표(Target)'는 '인간의 성장(Growth)과 발전(Development)'이라고 볼 수 있다. 인간은 성장과 긍정을 먹는 존재이기 때문이다. 성장을 위해서는 스스로의 경영이 필요하다. 자기 자신을 스스로 경영할 수 있을 때 인생의 성장이 동반되기 때문이다. 이 장에서는 우리의 삶을 윤택하게 해주는 자기계발의 구체적인 목표를 수립해 보는 시간이다.

목표는 '물질적인 것과 비물질적인 모든 것'을 포함할 수 있다. 목적과 목표를 달성하기 위하여 여러분의 가치관을 새섬섬해 보아야 한다. 또한 설정한 목표를 달성하기 위하여 발달 단계에서 누려야 할 다양한 활동과 가치를 누리지 못하고 모든 것을 쏟아 붓는 것을 경계한다. 매 일 해야 할 일을 하면서 목적과 목표를 설정한 것에 대해 조금 더 비중을 두는 것을 의미한다.

1 Vision(가치) 설정하기

자율적 의지를 지닌 한 인간으로서 윤택한 삶을 살기 위해 여러분이 지향하는 '목표, 가치관, 이념 등을 학습행동 유형에 따라 설정'해 본다. 비전은 여러분이 삶에서 가장 중요하다고 생각하는 이념을 기록해야 한다. 모든 것들이 다 중요하지만 여러분 자신을 표현할 수 있는 최우선적인 것을 담아야 한다.

삶을 살면서 여러분이 가장 최우선적으로 고려해야 하는 소중한 의미들이 존재할 것이다. 이는 생활과 환경 속에서 경험을 통해 생산되는 것으로 부정적인 것보다 삶의 진화를 일으킬 수 있는 긍정적인 것이어야 한다. 때때로 삶이 힘들 때 가끔은 삶의 목적이 길을 잃어버리는 상황을 마주하는 경우도 있다. 그러할 때 잃어버린 길을 다시 찾는 방법이 있다. 삶의 두려움을 극복하는 길, 잃어버린 길을 다시 찾는 방법은 삶에 집착하지 않는 것, 삶을 소유물로 간주하지 않으면 된다.

삶은 소유하는 것이 아닌 자연스럽게 동화되는 것이어야 한다.

자연은 모든 사람들에게 모든 것을 다 내어 준다. 모든 형상을 거스리다. 모든 것을 순리대로 그러하게 한다. 인간의 삶도 자연의 일부이므로 물 흐르듯 자연스럽게 이루어져야 한다. 자연은 형상과 모양이 제 각각이다. 인간도 각양각색의 형상과 모양을 지니고 있다. 같은 듯하면서도 각기 다르다. 삶의 방식도 각기 다르게 나타난다. 소유적인 삶과 존재적인 삶으로 나눌 수 있다. 소유적 인간은 자기가 가진 것에 의존하고, 존재적 인간은 자신이 존재한다는 것, 자기가 살아 있다는 것에 용기를 갖고 새로운 무엇이 탄생하리라는 사실에 자신을 맡긴다. 소유적 인간을 내려놓으면 하는 일에 대해 활기를 가질 수 있다.[16] 비움으로 인한 채워짐이다.

다음의 표에 여러분 삶의 비전을 설정해 보자. 비전은 여러분의 경험에 의한 것으로 물질 중심적인 것, 인간 중심적인 것 모든 것을 포함할 수 있다.

비전 설정하기

Vision 설정하기	삶을 소유물로 생각하지 않는[17] 자율적 의지를 지닌 한 인간으로 멋진 삶을 살기 위한 이념 제시하기
저자의 비전	타인의 삶과 비교하지 않는 존재 그 자체로서 나를 인정하는 삶을 살아가기
여러분의 비전 제시하기	

16 에리히 프롬, 차경아 역, 소유냐 존재냐, 까치, 1996, 59.

17 에리히 프롬, 차경아 역, op.cit, 173-174.

2 Goal(목적) 설정하기

인생의 최종적인 목적은 '행복 추구'이다. 행복은 추상적이며 주관적인 감정으로 절대적이지 않다. 행복하지만 슬픈 사람도 있을 것이고 슬프지만 그 안에서 행복을 찾는 사람도 있을 것이다. 또 어떤 것이 행복인지 모르고 있거나 행복의 의미도 생각하지 않고 사는 사람들도 존재할 것이다.

나는 행복이 무엇인지 아직 잘 모른다. 그러나 일을 할 때 편안함을 느끼는 경우가 불편함을 느낄 때 보다 더 많다. 행복이 무엇인지 아직은 잘 모르지만 행복하기 위해 노력하고 있다. 일을 할 때도 될 수 있는 한 즐거운 마음으로 일을 하고자 한다. 즐거운 마음으로 일할 때 일의 성과와 만족도 높아지기 때문이다. 때때로 세상의 모든 무거운 짐을 지고 있는 것처럼 일을 하는 사람들을 마주친다. 여러분은 어떤 마음으로 일을 하고 있는지요?

각자가 추구하는 삶의 목적은 다르다. 여러분이 생각하는 행복의 의미를 생각해 보고 '여러분 인생의 목적'을 설정해 보자.

목적 설정하기

목적 설정하기	자율적 의지를 지닌 한 인간으로 멋진 삶을 살기 위한 여러분의 사고(思考) 제시하기
저자의 목적	1. 나와 마주하는 사람들에게 스트레스 주지 않게 노력하기
	2. '단 한 번뿐인 내 인생' 의미 있게 살기
여러분의 목적 제시하기	

3 Target(목표) 설정하기

목표는 '목적을 달성하기 위한 구체적인 표적'으로 볼 수 있다. 목표는 인간 특성의 광범위한 변화를 포괄할 수 있어야 하며 '철학성과 일관성, 타당성, 구체성, 실현 가능성을 염두에 두고 제시하는 것이 바람직하다. 특히 각자가 지닌 철학적 행위에 관한 내면화를 전제로 구성되어야 한다.[18] 물론 목표가 꼭 행동의 변화를 전제로 하는 종착점을 표시해야 하는 것은 아니지만 철학적 가치를 기초로 행동의 변화를 일으킬 수 있는 목표가 제시된다면 삶에서 어려움에 직면하였을 때 어려움을 해결할 수 있는 아주 유용한 도구로 사용되어 질 수 있다. 인생은 긴 여정이기에 길을 가다가 아주 가끔은 길을 헤맬 수도 있다. 그러나 목표가 구체적으로 설정되었을 경우 길을 헤맬 때 많은 도움을 받을 수 있으며 그 삶의 되돌아보았을 때 잘 살고 있는지 그렇지 아니한지를 판단할 때 많은 도움이 되는 것이 사실이다. 목표는 한 가지만 제시하는 것이 아닌 삶에서 원하는 여러 가지를 제시하는 것이 바람직하다.

18 김재춘, 박순경, 이동주, op.cit, 169.

목표 설정하기

목표 설정하기	'철학적 일관성을 기초로 가치의 내면화를 통한 타당성 및 적합성, 실현가능성을 포함하기'
저자의 목표	1. 환경 속 인간의 이해를 통한 다름을 실천하기
	1) 인간의 개별성을 이해하고 지지하기
	2) 발달에 따라 다르게 나타나는 인간의 특성 수용하기
	3) 성숙에 따른 개별적 행동패턴 수용하기
	2. 뷰티미용센터 건립을 통한 뷰티헬스케어 활성화하기
	1) 자기관리하기
	2) 뷰티헬스케어 법인 설립하기
	3) 뷰티미용을 통한 사회공헌하기
여러분의 목표 제시하기	

인생의 목적을 이해하고 그 목적을 이루기 위해 목표를 실현하는 방법에는 '최선을 다 하겠습니다'라는 방법보다는 좀 더 확실하게 보여 지는 구체적인 방법을 선택해야 한다. 즉 추상적인 것보다는 구체적으로 제시하는 것이 좋다. 목표는 자기만의 것으로 구체적으로 표현해야 한다. 즉 '최선을 다 하겠습니다, 열심히 노력하겠습니다, 이해했습니다'라는 표현보다는 '적용하겠습니다, 실행하겠습니다, 바로 조치하겠습니다' 등 바로 '실행 가능한 구체적인 수치 혹은 구체적인 행동의 변화'를 이끌어 낼 수 있는 행동 동사로 표현하는 것이 바람직한 방법이다. 뷰티산업에서 매출과 관련된 내용이라면 '이번 달 매출이 천만 원이지만 다음 달 매출은 이천만 원 달성하겠습니다' 등의 구체성이 들어나도록 제시해야 함을 말한다. 목표를 설정하는 방법은 '대상과 기한, 수량, 달성 방법' 등이 구체적으로 드러나야 한다.

다음의 표를 보고 목표를 제시해 보자. 목표는 꼭 경제적인 것에 초점을 맞추는 것이 아니라 학습 및 행동의 변화, 태도 등 모든 것을 포함할 수 있다.

목표를 설정하고 목표를 관리하는 방법 제시해 보기

목표 설정(물질적인 것과 비물질적인 것 모두 포함)				
설정	What(대상)	When(기한)	How Much(정량, 수량)	How(달성 방법)
건물	뷰티미용센터 건립	2022년 12월까지	5층 건물 총 1,000평 이내	크라우드 펀딩으로

헤어스타일리스트 한 달 매출 *목표 달성 방법 제시해 보기*

<table>
<tr><th colspan="5">목표 달성 방법</th></tr>
<tr><td rowspan="10">설정</td><td>What(대상)</td><td>When(기한)</td><td>How Much(정량, 수량)</td><td>How(달성 방법)</td></tr>
<tr><td>무엇을</td><td>언제까지</td><td>얼마나</td><td>어떻게</td></tr>
<tr><td>월 목표 관리</td><td>달성률</td><td>매출량</td><td>방법</td></tr>
<tr><td>1일~10일</td><td>50%</td><td>일천오백만 원</td><td>프로모션 적용</td></tr>
<tr><td>11일~20일</td><td>90%</td><td>이천칠백만 원</td><td>프로모션 적용</td></tr>
<tr><td>21일~25일</td><td>100%</td><td>삼천만 원</td><td></td></tr>
<tr><td>26일~말일</td><td>+ 알파</td><td>+ 만 원</td><td></td></tr>
<tr><td>이번 달 매출을</td><td>매 달 말일까지</td><td>삼천만 원을</td><td>하루에 고객 10명
이상을 더 유치</td></tr>
<tr><td colspan="4">한 달, 두 달, 세 달, 1년, 2년, 3년 등 각 연도에 따른 목표 달성 정도 제시하기</td></tr>
</table>

<table>
<tr><th colspan="5">여러분의 목표 설정(물질적인 것과 비물질적인 것 모두 포함)</th></tr>
<tr><td>설정</td><td>What(대상)</td><td>When(기한)</td><td>How Much(정량, 수량)</td><td>How(달성 방법)</td></tr>
<tr><td></td><td></td><td></td><td></td><td></td></tr>
</table>

여러분의 목표 달성 방법 제시해 보기

<table>
<tr><th colspan="5">여러분의 목표 달성 방법</th></tr>
<tr><td rowspan="10">설정</td><td>What(대상)</td><td>When(기한)</td><td>How Much(정량, 수량)</td><td>How(달성 방법)</td></tr>
<tr><td>무엇을</td><td>언제까지</td><td>얼마나</td><td>어떻게</td></tr>
<tr><td>월 목표 관리</td><td>달성률</td><td>매출량(측정 수치)</td><td>방법</td></tr>
<tr><td>1일~10일</td><td></td><td></td><td></td></tr>
<tr><td>11일~20일</td><td></td><td></td><td></td></tr>
<tr><td>21일~25일</td><td></td><td></td><td></td></tr>
<tr><td>26일~말일</td><td></td><td></td><td></td></tr>
<tr><td></td><td></td><td></td><td></td></tr>
<tr><td colspan="4">한 달, 두 달, 세 달, 1년, 2년, 3년 등 각 연도에 따른 목표 달성 정도 제시하기</td></tr>
</table>

4 Plan(계획) 제시하기

설정된 목표를 어떻게 관리할 것인가에 대한 구체적인 계획을 필요로 한다. '머릿속으로 생각할 것인가? 지금 바로 실천할 것인가? 아니면 시차를 두고 천천히 진행할 것인가?'에 대한 구체성을 가져야 한다. 실현 가능하지 않는 인생의 목표라면 지금 당장 우선순위의 목표로 제시할 필요는 없고 다음의 하위 단계의 목표로 제시해야 한다. 목표는 평생에 걸쳐서 수정·보완을 필요로 하는 것이다. 그 목표를 달성하기 위한 구체적인 절차 및 방법, 크기에 관한 것이 계획이다.

계획 설정하기

계획 설정하기	10대부터 60대까지 발달에 따른 목표를 제시하고 그 목표를 달성하기 위한 구체적인 절차 및 방법, 크기를 제시하기
저자의 계획	50대 후반의 발달과정에 맞는 생활패턴 만들기
여러분의 계획 제시하기	각자의 연령에 맞는 발달 상황을 인지하고 하루 일과표를 만들기 / "2.2.1. 발달(Development)과 성숙(Maturation) 이해하기, 2.2.2. 에릭슨의 심리·사회적 발달 이해하기" 참조하여 제시하기

저자의 *하루 일과표*

<table>
<tr><th>시간 / 요일</th><th>월</th><th>화</th><th>수</th><th>목</th><th>금</th><th>토</th><th>일</th><th>중요하게 해야 할 일</th><th>시급한 일</th></tr>
<tr><td>00;00~01:00</td><td>수면</td><td>수면</td><td></td><td></td><td></td><td colspan="2" rowspan="24">시간에 구애받지 않고 원하는 일하기: 스케줄 정리하기/운동/산책/친구 만남/독서/가족식사/영화보기/낮잠/애경사 챙기기/사우나 등</td><td rowspan="24">한 주 단위로 가장 중요하게 해야 할 일 기술하기</td><td rowspan="24">중요한 약속들 미리 정리하여 체크하기</td></tr>
<tr><td>01:00~02:00</td><td>수면</td><td>수면</td><td></td><td></td><td></td></tr>
<tr><td>02:00~03:00</td><td>수면</td><td>수면</td><td></td><td></td><td></td></tr>
<tr><td>03:00~04:00</td><td>수면</td><td>수면</td><td></td><td></td><td></td></tr>
<tr><td>04:00~05:00</td><td>수면</td><td>수면</td><td></td><td></td><td></td></tr>
<tr><td>05:00~06:00</td><td>수면 / 운동</td><td>수면 / 운동</td><td></td><td></td><td></td></tr>
<tr><td>06:00~07:00</td><td>운동</td><td>운동</td><td></td><td></td><td></td></tr>
<tr><td>07:00~08:00</td><td>준비 / 식사</td><td>준비 / 식사</td><td></td><td></td><td></td></tr>
<tr><td>08;00~09:00</td><td>준비 / 출근</td><td>준비 / 출근</td><td></td><td></td><td></td></tr>
<tr><td>09;00~10:00</td><td>강의</td><td>강의</td><td colspan="3">수, 목, 금요일 동일</td></tr>
<tr><td>10:00~11:00</td><td>강의</td><td>강의</td><td></td><td></td><td></td></tr>
<tr><td>11:00~12:00</td><td>강의</td><td>강의</td><td></td><td></td><td></td></tr>
<tr><td>12:00~13:00</td><td>식사 / 음료</td><td>식사 / 음료</td><td></td><td></td><td></td></tr>
<tr><td>13:00~14:00</td><td>강의</td><td>강의</td><td></td><td></td><td></td></tr>
<tr><td>14:00~15:00</td><td>강의</td><td>강의</td><td></td><td></td><td></td></tr>
<tr><td>15;00~16:00</td><td>강의</td><td>강의</td><td></td><td></td><td></td></tr>
<tr><td>16:00~17:00</td><td>강의</td><td>강의</td><td></td><td></td><td></td></tr>
<tr><td>17:00~18:00</td><td>강의</td><td>강의</td><td></td><td></td><td></td></tr>
<tr><td>18:00~19:00</td><td>상담 / 식사</td><td>상담 / 식사</td><td></td><td></td><td></td></tr>
<tr><td>19:00~20:00</td><td>영어공부</td><td>영어공부</td><td></td><td></td><td></td></tr>
<tr><td>20:00~21:00</td><td>책읽기</td><td>책읽기</td><td></td><td></td><td></td></tr>
<tr><td>21:00~22:00</td><td>자유시간</td><td>자유시간</td><td></td><td></td><td></td></tr>
<tr><td>22:00~23:00</td><td>자유시간</td><td>자유시간</td><td></td><td></td><td></td></tr>
<tr><td>23:00~24:00</td><td>자유시간</td><td>자유시간</td><td></td><td></td><td></td></tr>
</table>

저자의 하루 일과 통계표

활동 영역	시간	비율(%)	순위	비고
수면 시간	30	25	2	
식사 시간	15	12.5	3	
운동 시간	5	4.16	4	스트레칭과 하체 운동 중심
출근 / 준비 시간	5	4.16	4	운동시간으로 더 할당되어야 함
강의 시간	40	33.3	1	
영어공부 시간	5	4.16	4	때때로 트로트와 K-pop 병행
책읽기 시간	5	4.16	4	온라인 서점 포함
자유 시간	15	12.5	3	유튜브와 포털 뉴스 검색
합 계	1주일 168시간 / 5일 120시간	99.94%		

저자의 활동영역을 분석해 보면 직업과 관련된 강의가 주된 시간과 비율(%)을 차지하고 있으며 수면과 식사, 운동, 책 등과 관련된 일과로 이루어져 있다. 주말인 토요일과 일요일은 별도의 스케줄을 편성하지 않고 자유 시간으로 편성하고 있다. 여러분도 하루 일과표를 세밀하게 작성해 보도록 하자. 여러분의 일과표는 여러분의 미래를 결정하는 중요한 척도를 제공해 준다. 인간의 행동은 한 순간에 결코 변하지 않는다.

인간이 변한다는 것은 죽음에 이르렀을 때 변화하려는 패턴을 보여주는 것이지 실제로 변화를 일으킬 확률은 희박하다. 우리는 알고 있다. 내가 살았던 과거의 습관은 현재 우리가 살고 있는 모습이며 현재 우리가 살고 있는 모습은 나의 이미지를 결정하는 중요한 도구로 미래에 내가 어떤 모습으로 살고 있는지를 예측하는 중요한 자료이다. 이는 인간의 습관에 관련된 것으로 인간의 행동이 습관으로 형성되는 기간은 66일이 소요된다. 즉 일상생활에서 습관의 형성 과정을 살펴보기 위하여 96명의 자원봉사자들을 대상으로 12주 동안 매일, 식사 및 음주 등 행동 변화를 기록한 결과 어떤 행동이나 생각이 의식적이지 않고 부의식 반사적으로 실천하는 습관의 형성은 66일의 훈련 기간이 필요하다는 것을 실험으로 밝히고 있다. 만일 66일 동안 실행에 옮겼다가 실패할 경우 다시 또 66일을 계속 진행하고 이러한 행위를 반복하다 보면 의무적으로 행동했던 일들이 습관으로 고정된다. 이러한 사실은 인간의 행동 변화가 동물의 행동 변화만큼이나 어렵다는 사실을 말하고 있다.[19]

여러분의 *하루 일과표 제시하기*

시간 / 요일	월	화	수	목	금	토	일	중요하게 해야 할 일	시급한 일
00;00~01:00									
01:00~02:00									
02:00~03:00									
03:00~04:00									
05:00~06:00									
06:00~07:00									
07:00~08:00									
08;00~09:00									
09:00~10:00									
10:00~11:00									

19 Phillippa lally, Cornelia h,m, van, jaarsveld, Henry w, w, potts and jane wardle, How are habits formed: Modelling habit formation in the real world, European journal of social psychology, 2010, 998-1009.

11:00~12:00									
12:00~13:00									
13:00~14:00									
14:00~15:00									
15;00~16:00									
16:00~17:00									
17:00~18:00									
18:00~19:00									
19:00~20:00									
20:00~21:00									
21:00~22:00									
22:00~23:00									
23:00~24:00									

여러분의 하루 일과 통계표

활동 영역	시간	비율(%)	순위	비고
수면 시간				
식사 시간				
운동 시간				
출근 / 준비 시간				
강의 시간				
영어공부 시간				
책읽기 시간				
자유 시간				
합계				

5.3. 적용하기

5.3.1 실행(Pratice) 방법 제시하기

1 루틴 적용하기

이제 여러분은 비전으로부터 적용 가능한 방법까지를 설정하고 있다. 설정된 목표를 달성하기 위하여 구체적인 행동패턴을 마련해야 한다. 만약에 체지방을 줄이거나 식스 팩 만들기에 대한 것을 목표로 하고 있다면 '운동하기'라는 목표를 설정하고 운동에 대한 지식과 사전 준비, 실행, 평가 등에 관한 정보를 만들어야 한다. 나만의 루틴을 만들기 위해서는 그 분야에 대한 전문지식으로부터 출발해야 힌다.

그 분야가 여러분의 성격에 부합해야 하며 한 번 시작하면 멈추지 않아야 한다. 어린아이 때는 '이것저것 모두를 시도해보고 다시 새로운 것을 시작하고'를 반복할 수 있다. 세상의 모든 지식을 가장 쉽게 습득하는 것은 경험이 가장 좋은 학습이기 때문이다. 그러나 성년이 된 후에는 어릴 적 경험으로부터 '여러분이 선호하는 것과 그렇지 않는 것'에 대한 정확한 기준점이 마련되어 있기 때문에 빈번하게 변화를 주는 것을 될 수 있는 한 하지 않아야 한다. 인간은 호기심이 많은 동물이라 이것저것을 할 수는 있지만 최우선 순위를 두고 하는 일은 호기심과는 다른 차원의 문제이다.

성년이 된 후에도 일을 할 때 지속성과 계속성을 갖지 못하는 것은 전문성이 낮아지는 것을 의미하는 것이다. 어릴 적 호기심과는 다른 성격적인 기질에 따른 싫증과 지속성에 대한 문제로 볼 수 있다.

만약 여러분이 무엇인가를 하고자 했을 때 그것을 실행에 옮기는 결정은 단호해야 한다. 한 치의 오차도 허락해서는 안 된다. 결정하기 위한 과정은 치밀해야 한다. 일의 발생 원인 및 핵심적인 근원, 핵심적인 일, 명확한 위치, 일의 방향, 주요 경쟁력, 일의 대상, 흐름과 전망 등을 분석한 후 최종 결정을 내려야 한다. 이는 직업을 선택할 때도 매우 중요하다. 명확한 위치와 대상, 흐름을 잘 파악하고 일을 진행한다면 실행 후에 오는 후회를 줄일 수 있다.

여러분이 하고자 하는 일에 대해 다음의 표를 중심으로 대입해 보면 여러분이 하고자 하는 일이 '인공지능 도래에 따른 미래에 남아 있는 직업인지, 그렇지 않은지?, 해야 할 가치가 있는 일인지, 그렇지 아니한지?'를 예측할 수 있다.

이제 여러분은 '운동하기, 공부하기, 여행하기' 등 여러분이 원하는 많은 것 들을 분석할 수 있다. 저자는 미용 산업을 대입시켜 미용 산업의 미래를 예측해 보았다. 여러분도 여러분이 필요로 하는 것들을 대입해 보자.

원하는 일 분석하기

일의 발생 원인	이 일은 어떻게 생겨났는가?
핵심적인 근원	이 일의 뿌리는 무엇인가?
핵심적인 일/명확한 위치	이 일의 핵심 기술은 무엇인가?
일의 방향	이 일의 핵심 기술은 어디로 가고 있는가?
주요 경쟁력	이 일의 경쟁력의 핵심은 무엇인가?
일의 대상	이 일의 고객은 누구인가?
일의 흐름과 전망	고객의 기호는 어디로 가고 있는가?[20]

미용산업의 흐름과 전망

일의 발생 원인	환경에 적응하기 위한 일로부터 출발
핵심적인 근원	인간의 외관을 덮고 있는 피부, 헤어, 손·발톱 등을 포함하는 치장
핵심적인 일/명확한 위치	인간의 외관을 덮고 있는 피부, 헤어, 손·발톱 등을 관리하고 치장 하는 일
일의 방향	실내에서 외부고객을 맞이하는 일/의료 및 성형, 체형관리 산업과 융·복합 할 수 있는 산업
주요 경쟁력	'피부, 헤어, 손·발톱 등을 포함하는 외모관리/직업적으로 확실한 위치를 갖고 있음
일의 대상	인간을 포함하는 펫팸[21]
일의 흐름과 전망	인공지능 시대에도 수요가 증가하는 직업군/헬스케에 따른 의료 및 성형, 체형관리 산업과 병행하여 더 확장되는 산업

---

20 이지성, 리딩으로 리드하라, 문학동네, 2011, 165.

21 Pet과 Family의 합성어로 애완동물을 가족처럼 여기는 현상을 말한다.

여러분이 하고자 하는 일의 흐름과 전망

일의 발생 원인	
핵심적인 근원	
핵심적인 일 / 명확한 위치	
일의 방향	
주요 경쟁력	
일의 대상	
일의 흐름과 전망	

1) 운동 루틴하기

다음은 저자의 '운동하기'에 대한 루틴이다. 여러분도 여러분 체질에 맞는 '루틴'을 설정해 보자.

(1) 지식 정리하기

운동은 유산소 운동과 무산소 운동으로 구분한다. 유산소 운동은 몸 전체를 사용하는 운동으로 체지방 연소 및 신진대사 촉진, 심장을 튼튼하게 한다. 대표적인 유산소 운동으로는 편안한 달리기, 조깅, 수영 등이 있다. 반면 무산소 운동은 산소를 소비하지 않는 격하게 하는 운동으로 오래 지속할 수 없는 특징이 있다. 무산소 운동은 근력과 근육을 만드는 고강도 운동으로 스쿼드, 덤벨, 바벨 등을 사용하는 운동이다. 운동은 노화를 느리게 하거나 성장호르몬을 증가시켜 질병을 완화하는 효과가 있다. 또한 질병을 예방하거나 탈출을 용이하게 하는 효과가 있다.

운동을 유효적절하게 적용할 경우 많은 긍정적인 효과가 도출되나 그렇지 않을 경우 운동으로 인하여 역효과가 발생할 경우가 많다. 여러분이 근력을 강화할 때와 지방을 연소시키고자 운동을 할 경우, 아님 전문 트레이너가 되고자 했을 경우 등에 따라 운동의 방법이나 조건이 다 다르게 적용되어야 함을 의미한다. 결론적으로 운동을 하는 최종적인 목표를 달성하기 위해서는 운동에 대한 해박한 지식을 근거로 여러분이 계획하는 운동 프로그램이 있어야 함을 의미한다. 근육을 성장시키는 운동 혹은 체지방을 분해시키는 운동 등 목적을 가지고 지식을 기초로 접근해야 운동의 목표를 달성할 수 있다.

근육의 증가와 체지방의 연소는 신체의 이화작용과 동화작용에 의해 이루어진다. 이화작용(Catabolism, 異化作用, 분해대사, 分解代謝)은 복잡하고 큰 물질을 분해하여 간단하고 작은 물질로 만드는 반응으로 반응물 속의 에너지가 방출되는 발열반응이다. 즉 고분자 화합물을 저분자 화합물로 분해하는 과정이다. 근력을 증가시키기 위하여 운동을 하면 원래 근육에 저장되어 있던 글리코겐(Glycogen)이 필요에 의해 포도당으로 분해되면서 에너지원의 역할을 담당한다. 이 때 운동을 한 후의 몸은 새로운 에너지를 요구하는 데 그 요구가 수용되지 않으면 기존에 있는 글리코겐을 포도당으로 변화시켜 몸 안에 있던 기존 근육을 사용하면서 근 손실을 일으킨다. 신체의 컨디션이 무너지거나 신체기능 저하로 몸에서 글루타민을 많이 필요하게 되면 근육들이 글루타민을 급조하기 위해 분해되기 시작하는데 그 상태로 근육이 성장하지 못하는 카타볼릭 상태가 된다.

동화작용(Anabolism, 同化作用, 합성대사, 合成代謝)은 저분자로부터 고분자를 합성해내는 물질대사의 과정이다. 합성대사는 장기 및 조직을 구성해나간다. 이 과정은 세포의 성장 및 분화를 일으키며, 세포를 더욱 크게 하고, 복잡한 분자를 화학 합성하는 과정이다. 뼈의 성장 및 미네랄화, 또는 근육의 증가 및 생성과 같은 것이 합성대사의 예이다.

근육과 지방은 몸을 가장 아름답게 표현해 주는 기관이므로 분해되는 것을 예방하기 위해서는 운동 전과 운동 후에 적절한 영양을 공급해 주어야 한다. 단백질은 근육 합성인 아나볼릭 현상을 촉진하고 탄수화물은 근육 분해인 카타볼릭 방지에 기여하므로 운동 전후 식단 관리를 철저하게 하는 것이 좋다.[22, 23]

건강과 관련된 운동은 인간과 평생 함께하는 동반자이다. 텔로미어[24]는 노화시계로 불린다. 노화속도를 줄이는 방법은 텔로미어를 관리하는 것이다.[25] 짧은 백혈구 텔로미어 길이는 노화의 중요한 특징이다. 텔로미어는 신체 활동 중 연령과 관련된 질병을 완화 시키는 중요한 역할을 한다. 미시시피 및 U,C 샌프란시스코 대학 공동 연구

---

22 https: // ko.wikipedia.org / wiki.

23 https: // blog.naver.com / parkgym317 / 221101520286.

24 https: // ko.wikipedia.org / wiki. 텔로미어(말단소립, Telomere)는 세포시계의 역할을 담당하는 DNA의 조각들이다. 세포의 노화에 대해서 구체적으로 연구한 Leonard Hayflick 박사는 1961년, 생물과 장기에 따라서 세포의 분열 횟수가 정해져 있고, 그 후에 세포가 노화해 죽는다는 사실을 밝혀냈다. Hayflick 박사는 태아의 세포는 100번 정도 분열하고, 노인의 세포는 20~30번 정도 분열한 후에 노화가 된다는 사실을 발견했다. 이를 헤이플릭 리미트(Hayflick limit)라고 불린다. Hayflick 박사의 연구에 의하면 고양이는 8번, 말은 20번, 인간은 60번 정도 세포분열을 할 수 있다고 한다.

25 Elizabeth H. blackburn, Structure and function of telomeres, Nature, 350, 1991, 569573.

에 의하면 중간 강도의 신체 활동, 활발한 강도의 신체 활동, 운동을 위한 걷기와 자전거 타기, 근육 강화 활동의 웨이트 트레이닝의 4가지 운동을 통해 한 가지 운동을 한 사람은 텔로미어의 감소율이 3%, 두 가지 운동을 실시한 경우는 24%, 세 가지 운동을 실시한 경우는 29%, 네 가지 운동을 병행하는 경우는 52% 정도로 운동을 하지 않는 사람에 비해 텔로미어 길이가 잘 보존되어 있음을 확인했다.[26] 고강도의 힘든 운동이 아닌 적당한 운동은 텔로미어 길이를 유지하는 중요한 방법이며 운동을 통해 9년 정도 젊음을 유지할 수 있음을 제시하고 있다.[27]

다음의 표는 저자의 '운동하기'에 관한 지식의 일부분이다. 여러분도 여러분이 원하는 목표를 달성하기 위하여 목표 달성에 필요한 지식을 정리해 보아야 한다.

26 Paul D, Loprinzi, Jeremy P, Loenneke, Elizabeth H, blackburn, Movement-based behaviors and leukocyte telomere length among U. S. adults article in medicine and science in sports and exercise, PubMed, 2015, 47(11), 2347-2352.

27 Larry A. tucker, Physical activity and telomere length in U.S men and women: An NHANES investigation. Prev Med, 2017 Jul;100, 145-151.

헬스에 필요한 지식

	근력을 강화시키는 운동 방법
지식	운동 후 식사는 60분이 지난 후 단백질 위주로 먹기
	모든 운동은 호흡이 매우 중요함을 인식하기
	운동 후 바로 낮잠을 자는 것을 금지하고 스트레칭하기
	수분을 보충하기 위한 스포츠 음료 금지하기
	운동이 끝난 후 바로 따뜻한 물에 바로 목욕하는 것 금지하기
	사우나는 지방 연소에 방해됨으로 30 ~ 1시간 후 실시하기
	체지방을 연소시키기 위해서는 식전에 운동하고 유산소 운동을 30분 이상 유지적용하기
	매 번 같은 속도로 일정한 운동 패턴을 유지하는 것은 근육량을 증가시키거나 체지방을 분해하는 것에 대한 방해 요소로 작용함으로 때때로 숨이 벅찰 오를 때까지 운동을 하다가 조금 느리게 하다를 반복 실시하기 예) 시속 4 ~ 5km의 속도로 러닝머신을 유지하다가 7~ 8km의 속도로 변화를 주어야 하며 총 시간은 25분 이상 유지하기
	운동 후 식사 혹은 영양을 보충하는 것까지가 운동 프로그램임을 인지하기

여러분에게 *필요한 지식 기술하기*

지식	

(2) 준비하기

탐색을 통한 지식의 정보가 완성된 후에는 운동을 하기 위한 사전 준비를 실시해야 한다. 운동 방법을 통한 운동의 선택 및 복장, 운동 기구, 운동 방법, 운동의 종류 선택 등 운동에 필요한 요소들을 철저하게 준비해야 한다.

① 운동 장소 선택하기

운동을 할 수 있는 장소를 잘 선택해야 한다. 자전거를 타는 운동이 좋다면 자전거를 탈 수 있는 적절한 장소 선택이 매우 중요하다. 자전거를 탈 때 매일 동일한 코스로 이동한다면 조금은 지루해 질 수 있기 때문에 한 두 개의 코스를 더 알아보는 것도 중요하다.

헬스클럽에서 운동을 하는 경우라면 헬스클럽의 장소가 매우 중요하다. 월 이용 금액, 시설의 일시 정지 유무 및 환불 방법, 주차시설의 유무, 휴일 및 이용 시간, 주 이용 시간대 별 이용객 수, 기구의 종류, 운영하는 헬스프로그램, 청결 상태, 샤워 시설 등 여러 요소를 사전에 파악하고 장소를 선택하는 것이 좋다.

② 운동복 준비하기

운동 장소가 선정이 되었으면 운동복을 선택해야 한다. 운동복장은 운동의 종류에 따라 다를 수 있다. 헬스 기구를 이용한다면 헬스 시 방해가 되지 않는 기능성이 들어가 있는 운동복을 추천한다. 몸에 맞지 않는 운동복으로 운동을 하다가 건강을 해치는 일이 가끔씩 발생하기 때문이다. 더불어 땀을 흘리기 위한 노력이 필요하다면 땀복을 구비해야 한다.

③ 운동 종류 선택하기

운동은 각자 몸의 상태에 따라 다르게 적용해야 한다. 기초 체력이 부족함에도 불구하고 오랜 경력을 가진 사람처럼 무리하다 보면 금방 지쳐 버리는 현상이 나타난다. 충분한 워밍 업을(Warming up)을 통해 몸을 릴랙싱(Realing) 시킨 후 전문가의 도움을 받아 가벼운 기구부터 적응한 다음 무거운 기구를 이용해야 한다. 이 때 중요한 것은 들숨과 날숨을 유효적절하게 잘 적용해야 한다. 운동에서 체지방을 분비하거나 근육을 키우는 것은 호흡이 매우 중요하기 때문이다. 무리한 중량을 들어 올리다가 근육의 손상을 입히는 것보다 세트 수를 늘려 근육을 증가시키는 것도 매우 중요한 운동 방법이다.

(3) 실행하기

운동을 할 준비가 되면 여러분은 지금 바로 실행에 옮겨야 한다. 머뭇거릴 이유는 없다. 오늘 이 순간이 여러분의 인생에 있어 가장 소중한 시간임을 명심하고 매 순간 최선을 다해야 한다. '내일부터 한다. 며칠부터 시작 한다' 등은 필요 없다. 기간을 정해놓고 말하는 사람들이 지속성을 가지고 일을 진행하는 경우를 보지 못했다. 지식을 기초로 여러분이 원하는 방향으로 실행에 옮기고 성과를 내기 시작하면 된다. 처음부터 거창한 결과를 기대할 수는 없다. 몸은 피곤하고 지칠 수 있다. 그래도 포기할 이유를 가져서는 안 된다. 수많은 사람들이 '인생의 중요한 목적과 시급한 일'들을 구분하지 목하고 이런 저런 이유를 대고 포기하고 중단한다. 여러분은 그리 해서는 안 됨을 명심하라. 여러분 자신에게 당당해지기 위하여 지속성을 가져야 한다. 때때로 몸이 피곤하여 자신에게 타협을 시도할 때가 있다. 타협은 그리 좋은 것은 아니다. 한 번 허용하기 시작하면 계속 허용하게 된다. 아무리 힘이 들어도 자신에게 당당해지기 위하여 약속은 이행되어야 한다.

다음의 표는 저자의 운동하기의 루틴이다. 여러분도 여러분의 생활 패턴에 맞는 '운동하기, 공부하기, 돈 모으기, 여행하기' 등의 여러 가지 사안에 대해 루틴을 설정해 보자.

저자의 *운동 루틴하기*

시간 및 종류	방 법
am 5-6 / 5분	기상 후 면도하기와 미온수 마시기
준비 이동하기 / 5분	준비된 운동복을 복착하고 전날 준비한 일상복 들고 헬스장으로 향하기
준비운동 (Warming up) / 40분	레그 레이즈(Leg raise) 및 짐볼(Gym ball), 폼 롤러(Foam roller), 플랭크(Flank), 팔굽혀 펴기(Push up), 러닝(Running)을 통한 하드 스트레칭(Hard stretching) 40분 이상 실시하기
하체운동 (Lower body movement) / 10분	스쿼드(Squad), 레그 프레스(Leg press), 레그 익스텐션(Leg extension)
상체운동(Jarming, Upper body movement) / 5분	덤벨 프레스(Dumbbell press), 랫 풀 다운(Lat pull down), 벤트 오버 바벨 로우(Bent over barbell row)
어깨 운동 (Shoulder exercises) / 5분	숄더 프레스(Shoulder press), 사이드 레터럴 레이즈(Side lateral raise)
가슴운동 (Chest exercises) / 5분	푸시 업(Push up), 인클라인 더벨 벤치 프레스(Incline dumbbell bench press)
마무리하기 / 5분	벨트 마사지(Belt massage) 및 스트레칭(Stretching)

○ 총 80~90분 정도의 시간으로 운동을 실시하며 세트 수는 정해 놓지 않고 당일의 컨디션에 따라 조절함
○ 샤워와 운동복 세탁 후 준비된 출근복 복착하고 가벼운 아침 식사하기
○ 이 시간을 하루의 일과를 정리하는 시간으로 활용하기

여러분에게 필요한 *루틴 만들기*

시간 및 종류	방 법

(3) 평가하기

평가는 여러분이 설정한 목표를 달성했는지 아직 달성하지 못했는지를 측정하는 중요한 진단 지표 중 하나로 여러분을 성징하게 하는 중요한 요소 중 하나이다. 평가는 관찰평가, 대면평가, 자기평가, 동료평가 등 다양한 평가 방법 등이 존재하나 가장 중요한 것은 자기평가로 볼 수 있다. 주변의 어떤 환경에도 흔들림이 없이 나아가기 위해서는 여러분의 의지가 필요하기 때문에 자기평가는 더욱 중요하다. 물론 주변의 칭찬에 의해 더 성장을 촉진 시킬 수도 있겠지만 그것은 부수적인 요인이지 본질적인 요인은 아니다. 열심히 즐기다 보면 칭찬과 기대는 부수적으로 얻는 충족감이다.

운동을 하는 목적이 건강 유지 차원인지 혹은 식스 팩이라는 근력을 만들기 위한 목적인지를 분명하게 해야 한다. 저자처럼 건강 유지

차원이라면 식단은 그리 신경 쓰지 않아도 된다. 건강진단 시 건강상 문제가 없으면 된다. 그러나 식스 팩을 만들어야 하는 상황이라면 식단까지 완벽하게 통제해야 한다. 운동 후 단백질 보충을 통한 조각 같은 몸매를 완성해야 하기 때문이다. 더불어 운동의 강도도 더 높아져야 한다.

여러분은 주변의 평가를 그리 신경 쓰지 않아도 된다. 주변 사람들의 평가는 그리 오래 지속되지 않으며 여러분 자신에게 그리 우호적이지 않음을 명심하라. 여러분의 삶은 오롯하게 여러분의 몫이어야 하며 주변에 부화뇌동할 아무런 이유도 없음을 기억하라. 무슨 일이든지 가는 것이 있어야 오는 것이 있고 내리막이 있어야 오르막이 있음을 기억하라! 여러분은 여러분 나름의 원칙을 가지고 중심을 유지하면서 여러분에게 주어진 시간을 즐겨야 한다. 더불어 스스로를 되돌아보고 부족한 부분이 있었다면 조금 더 보완할 용기를 가져야 한다. 여러분은 환경을 이겨내고 스스로에게 용기를 부여할 수 있는 '의미 있는 존재'이기 때문이다.

평가는 다양한 요소들로 이루어지지만 가장 중요한 평가는 내가 내 자신에게 얼마만큼 최선의 노력을 경주했는가에 집중되어야 한다. 타인에 대한 평가는 그리 오래 지속되지 않음을 명심해야 한다. 더불어 상황은 언제나 변하는 것임을 알아야 한다.

6. 성과 관리 및 보상 부여하기

목표 달성 정도를 파악하고 달성 정도에 따라 스스로에게 보상 부여하기

6.1 성과관리하기

성과란 '일의 이루어 낸 결과 혹은 결실'을 의미한다. 성과는 구체적이어야 하며 측정이 가능한 방식으로 드러나야 한다. 성과는 긍정적일 수도 있지만 그렇지 않을 수도 있다. 어떤 일을 행함에 있어 모든 것이 다 좋을 수는 없기 때문이다. 일의 성과가 긍정적이지 않다고 해서 그 일이 꼭 나쁜 것은 아니다. 성공을 하기 위해서는 실패가 필요하기 때문이다. 한 번에 성공하는 경우는 많지도 않지만 '성공을 한다' 하더라도 무너질 가능성이 크다. 실패의 경험을 통해 성공에 도달했던 사람만이 모든 사람들이 공감하는 진정한 성공을 이룰 수 있다.

교육으로 인해 구성원 개인 및 부서, 전체조직에 기여한 성과의 정도를 경영성과[1]라 할 때 경영성과(Management performance)는 인적, 물적, 자원의 효과적이고 효율적인 관리를 통하여 얻어지는 결과로 각 사업부문, 기능, 업무, 집단 및 개인이 목표를 실현하기 위하여 달성한 결과, 즉 책임단위의 성과를 모두 합한 것으로 볼 수 있다. 기업 혹은 개인은 일정 기간 동안 달성해야 할 다양한 목표를 가지고 있으며, 목표달성 여부는 성과로서 표현될 수 있다. 일반적으로 성과란 생산성, 질, 적시성, 대응성, 효과성 등을 포함하는 개념으로 이해된다.[2]

성공의 판단 여부는 평가에 의해 결정된다. 평가는 직무분석을 토

---

1 https: / / terms.naver.com

2 안형정, 최고경영자의 특성이 전략유형과 경영성과에 미치는 영향에 관한 실증연구, 창원대학교 석사학위논문, 2007, 30.

대로 '평가지표'가 각기 다르게 도출되어야 한다. 평가는 평가주체에 따라 조직 외부평가인 기금평가제도,[3] 경영평가,[4] 재정사업자율평가[5] 등이 존재하며, 내부평가인 BSC(Balanced score card),[6] 근무평정,[7] 내부평가,[8] 성과급[9] 등의 제도가 있다.[10] 많은 평가 방법들이 개발되고 제시되고 있으나 성과측정치(Performance measure)가 내부조직 및 구성원들의 동기부여 장치로서 유용하기 위해서는 관찰 불가능한 구성원의 노력 수준을 성과 평가 측정치가 반영할 수 있어야 한다. 즉, 노력 수준이 달라지면 그 노력 수준에 상응하는 성과 측정 결과치가 나올 확률이 높아

---

3 http://www.investpool.go.kr/fundOpratnEval.do, 기금운용의 투명성과 효율성을 제고하고, 기금운용에 대한 종합적이고 전문적인 분석을 통해 기금 정책 수립 및 제도 개선에 기여하기 위한 평가제도이다.

4 https://ko.dict.naver.com, 경영 기업 또는 공공 기관의 경영 활동 전반을 점검・평가하는 평가제도이다.

5 https://www.kipf.re.kr/cpem/cpem_info03.do, 사업 수행부처가 소관 재정사업을 자율적으로 평가하고, 평가결과를 재정운용에 활용하는 평가제도이다.

6 https://terms.naver.com, 조직의 비전과 전략목표 실현을 위해 4가지(재무, 고객, 내부프로세스, 학습과 성장) 관점의 성과지표를 도출하여 성과를 관리하는 성과관리 시스템으로서 단기적 성격의 재무적 목표가치와 장기적 목표 가치들 간의 조화를 추구한다.

7 https://terms.naver.com, 종업원의 현재적(顯在的)인 업무수행상의 업적과 집무태도와 이를 통한 미래의 잠재적 능력 및 성격을 상위자(上位者)가 측정·평가하도록 하는 제도로서, 종업원의 실무능력·성격·적성(適性) 및 장래성 등이 판정된다.

8 https://terms.naver.com, 프로그램의 내용을 속속들이 알고 있는 프로그램에 관련된 인사가 내부적으로 프로그램을 평가하는 것이다.

9 https://terms.naver.com, 생산성을 높이려는데 주된 목적이 있으며 개인이나 집단이 수행한 작업성과나 능률에 대한 평가를 실시하여 그 결과에 따라 지급하는 보수로 업적급·능률급이라 부르기도 한다.

10 정일환, 성과정보 활용을 통한 공공기관 성과관리, 한국조세재정연구원 공공기관연구센터, KIPF 공공기관 이슈포커스, 28, 2019, 1-7.

질 때 성과 평가 측정치는 정보성이 있다고 할 수 있다.[11]

다양한 평가제도를 통해 조직과 구성원에 관한 많은 성과정보가 생성·수집되고 있다. 성공적인 성과관리 메커니즘의 중요한 전제는 관찰 가능한 성과정보를 수집·생성하고, 성과를 지속적으로 모니터링하여 이를 재무, 조직, 인사관리와 연계되는 의사결정 과정에 적절하게 적용해야 한다. 서비스의 책무성을 확보하고 서비스의 질을 향상시키기 위해 성과관리 시스템은 필요하다.

평가를 통해 생성된 성과정보는 조직운영의 미숙하고 부족한 점을 진단해주며, 학습을 통해 성과를 개선하기 위한 전략계획 및 시행계획 수립과 사업 우선순위의 설정 등의 의사결정에 활용될 수 있다. 지난 수십 년 동안 성과관리의 구성요소 중 성과관리의 목표 설정, 성과측정 및 평가 등은 과거와 비교하여 많이 향상되고 있지만, 성과정보 활용은 아직도 미흡한 부분이 많다. 성과관리의 구성요소는 일반적으로 성과목표를 설정하고, 측정을 통해 성과정보를 생성하고, 산출된 정보를 조직 관리에 활용하여 조직과 조직 구성원의 바람직한 행동을 유도하기 위한 인센티브 제도 구축을 의미한다.[12]

성과는 재무적 성과와 사회적 성과로 나뉜다. 경영성과를 측정하는 지표는 객관적 성과와 주관적 성과, 그리고 재무적 성과와 비재무적 성과로 구분할 수 있다. 재무적 성과는 수익성, 생산성, 시장점유

11 한종철, 감사노력, 감사품질 그리고 품질관리 성과평가, 숭실대학교 박사학위논문, 2019, 29.

12 정일환, 성과정보 활용을 통한 공공기관 성과관리, 한국조세재정연구원 공공기관연구센터, KIPF 공공기관 이슈포커스, 28, 2019, 1-7.

율, 매출액 증가율, 투자 수익률 등으로 측정하며 비재무적 성과는 시장/제품, 자원유형 측면에서 분석한다. 재무적 성과는 가장 협의의 개념이며 기업의 경제적 목표에 영향을 미치는 재무적 지표에 기초한다.

재무적 성과는 인적 물적 자원의 효과적이고 효율적인 관리를 통하여 얻어지는 결과로 사업부분과 기능, 업무, 집단 및 개인의 목표를 달성하기 위하여 실행한 결과 즉 책임단위의 성과를 모두 합한 것이다.[13] 사회적 성과는 기업 활동이 사회에서 이윤만을 추구한다는 부정적인 이미지를 탈피하기 위하여 이윤을 추구하는 과정에서 치러야하는 사회적 비용을 부담하는 것이다.[14] 기업이익을 사회에 환원하기 위하여 더 많은 투자를 함으로써 사회에 공헌하고 이바지하는 것이다.[15]

평가는 각자가 최적의 판단을 내릴 수 있다. 행하고 있는 일을 완수하기 위해 스스로가 얼마나 노력했는지 본인만이 가장 잘 알 수 있기 때문이다. 능력의 차이에 따라 같은 노력을 했음에도 불구하고 낮은 성과를 올릴 수도 있으며 그렇지 않을 수도 있다. 가장 중요한 것은 '스스로에게 당당해지기' 위해서 얼마만큼 최선의 노력을 했느냐의 문제이다. 현재 성과가 좋다고 자만하지 말고 현재 성과가 낮다고 좌절하지 말아야 한다. 인생은 긴 여정이므로 포기하지 않고 꿋꿋하게 가다 보면 시대가 여러분의 가진 능력을 시대가 요청할 때가 있을 것이다.

---

13 최홍대, 중소기업 경영자특성이 경영성과에 미치는 영향에 관한 연구 : 충청북도 북부지역을 중심으로, 충주대학교 석사학위논문, 2010, 17.

14 유영란, 소규모 미용실 경영자의 내적특성, 경영관리, 경영성과에 대한 연구, 서원대학교 석사학위논문, 2019, 12-13. 재인용.

15 황미애, 여성창업가의 특성이 경영성과와 사회적 성과에 미치는 영향 연구, 숭실대학교 박사학위논문, 2008, 130-133.

6.2 보상 부여하기

열심히 일한 후에는 일의 결과를 촉진시키기 위한 혹은 진행 상황을 파악하기 위한 평가를 실시한다. 평가는 개인과 집단에 있어서 '보상과 승진'의 기초 자료로 이용되며 적절한 보상과 승진은 삶을 편안하게 하는 긍정적인 신호를 제공한다.

보상이란 고용계약에서 조직과 개인 간의 거래(Transaction)를 나타내며, 경제적, 심리적, 사회적, 정치적, 윤리적 거래 등을 포함하고 있다. 경제적 측면에서의 보상은 구성원이 받는 임금을 의미하고, 심리적 측면에서는 구성원이 조직을 통해 얻는 직무만족을 의미하며, 사회적 측면에서는 조직 및 사회에서의 신분을 의미한다.[16] 적절한 보상은 조직의 지속성을 확보해 줄 수 있으며, 조직성과의 향상을 달성하게 해준다. 보상이란 그들의 생계유지와 문화생활, 그리고 사회적 지위를 보장해주는 인간생활에 있어 가장 중요한 요소이다. 보상제도와 보상관리는 조직에 없어서는 안 될 매우 중요한 조직 관리의 수단이다.[17]

보상은 조직과 개인 모두에게 긍정적인 신호를 제공한다.

여러분은 여러분이 제시한 목표를 하나씩 달성할 때마다 스스로에게 '칭찬과 격려'를 통한 보상을 해야 한다. 열심히 일한 여러분의 신

---

16 김가영, 조직의 보상시스템이 구성원의 직무착근도 및 이직의도에 미치는 영향, 한국항공대학교 항공·경영대학원 석사학위논문, 2012, 21.

17 장동화, 한식 레스토랑의 권한위임과 보상 시스템이 직무만족과 서비스지향성에 미치는 영향, 경기대학교 석사학위논문, 2012, 12.

체 조직에 적절한 휴식을 주는 것을 포함하는 기쁨이라는 선물을 주는 것이다. 보상은 '여러분이 갖고 싶었던 것, 여행하고 싶었던 것' 등 물질적 혹은 비물질적 모두를 포함하는 개인적으로 의미 있는 것이어야 한다. 보상은 매 단계마다 이루어져야 하는 것으로 시작 단계에서부터 출발하여 중간 목표 달성, 최종 목표 달성 등 보상을 할 이유가 있으면 매 번 행해져야 한다. 보상은 완전하게 자신을 기념하기 위한 것으로 도약을 위한 계기로 삼아야 하며 여러분의 인생에 있어 윤활유와 같은 역할을 하는 것이어야 한다.

끝맺음(Epilogue)

삶은 찰나(刹那)보다 더 빠른 속도로 지나가 버리는 프로그램과 같다. 삶이 프로그램이라 할 때 여러분이 삶의 형식을 어떤 방식으로 구성하느냐에 따라 재미있는 프로그램을 만들 수도 있고 그렇지 못한 프로그램을 만들 수도 있다. 즉 프로그램을 구성할 때 장기 프로그램과 단기 프로그램을 구분하고 프로그램의 구성을 빠르게 변화시키거나 느리게 전환하는 것 등을 구성 요소에 반영하고 성패 여부에 따라 얼마든지 수정·변화 가능하도록 조정할 수 있어야 한다. 계획한 대로 잘 적용이 되면 문제가 없겠지만 살아 움직이는 역동성을 지닌 프로그램이라면 시대의 변화에 따라 언제든 수정·보완할 수 있어야 한다. 그러나 변화가 가능한 것이라 할지라도 한 번 프로그램을 가동하기 시작하면 처음으로 되돌아가는 것에 대한 많은 어려움이 존재하기 때문에 준비할 때 고민하고 또 고민하여 연출해야 한다. 삶이란 혼자서 운영하는 프로그램이 아닌 주변과 어울려야 하는 매우 어려운 프로그램을 구성하는 것이라 생각하고 심사숙고하여 구성해야 한다.

여러분은 여러분의 인생을 어렵게 설계하거나 쉽게 설계할 수 있는 능력을 가지고 있다. 프로그램의 선택은 여러분이 구성하는 것이다. 여러분이 즐거운 프로그램을 구성했다면 여러분의 삶은 훨씬 더 흥이 배가 되는 삶이 될 것이고 여러분의 삶을 슬프게 표현하고자 한다면 여러분의 삶은 잿빛 그림이 될 가능성이 높아지는 것이다. 그러나 모든 프로그램이 다 유효적절하게 선택되어지는 것은 아니다. 아마도 여러분 부모의 유전자를 받아 잉태하는 일과 탄생 초기에 적용되는 프로그램들은 여러분의 의지와 상관없이 진행될 가능성이 높다. 그러나 성장하면서부터는 여러분의 자율적 의지로 여러분이 여러분의 프로그램을 구성하고 선택해야 한다. 상황에 따라 여러분은 프로그램을 유효적절하게 선택·적용해야 하는 바, 그러기 위해서는 여러분의 성격적인 요인과 잘 어울릴 수 있는 프로그램의 하위요소들을 잘 선택해야 한다. 즉 '인간의 발달을 이해하고 인간의 삶에 적용되는 다양한 가치관 중 여러분에게 어울리는 가치관을 정리하고 학습유형을 파악해야 한다. 또한 학습 유형을 진단하고 학습유형에 따른 삶의 목적과 목표 제시하여 실행 가치에 따른 목표 달성 위하여 스스로가 정한 원칙대로 자기를 경영하면서 그 경영성과에 대해 보상을 부여하는 모든 행위들에 관한 프로그램 구성이 삶'인 것이다. 프로그램 구성을 어떤 방법으로 하는가에 따라 삶의 방향이 다르게 나타난다고 볼 수 있다.

여러분이 원하는 삶을 사는 것은 대단한 것이다. 그 누구도 프로그램 구성을 완벽하게 구성하고 표현해 낼 수는 없다. 프로그램을 구성이 끝난 후 그 프로그램을 표현하기 위하여 수도 없이 반복 연습하는 선수들도 실제 표현에서는 실수를 반복한다. 그러나 실수를 했을 때 좌절하는 선수와 실수를 양분으로 삼아 도약하는 선수와는 다름이 있다. 여러분은 도약할 수 있는 에너지가 충만한 사람들이다. 만약 여러분의 삶의 궤적(軌跡, 軌迹)이 틀어진 부분이 있다면 프로그램을 다시 재구성할 수 있는 대단한 능력을 소유한 사람들이다. 자연이 여러분에게 부여한 에너지를 활용하여 여러분의 인생을 '영화 속 한 장면처럼 아름답게 연출할 수 있는 '삶의 주인공으로 거듭나기를 소망하는 바이다.

참고로 이 책은 오강수, 지정훈 공저인 "미용심리경영" 일부를 차용하여 각색한 책임을 밝힌다.

참고문헌

공자 논어 위정편(爲政篇)

김가영, 조직의 보상시스템이 구성원의 직무착근도 및 이직의도에 미치는 영향, 한국항공대학교 항공경영대학원 석사학위논문, 2012, 21.

김난도, 전미영 외 7인, 트렌드 코리아 2019, 미래의 창, 2019, 1-437.

김동배, 권중돈, 인간행동이론과 사회복지 실천, 학지사, 2000.

김동배, 권중돈, op.cit, 2000, 32.

김성미, 김유정, 문효정, 유용호, 이석일, 이한기, 공중보건학(2판), 현문사. 2010, 426.

김재춘, 박순경, 이동주, 교육과정 및 평가, Knou press, 2010, 26.

김재춘, 박순경, 이동주, op.cit, 40-41.

김재춘, 박순경, 이동주, op.cit, 2010, 169.

김희자, 인간 발달 단계에 따른 다례 교육 연구, 성신여자대학교 석사학위논문, 2004, 5

김희자, op.cit, 6.

김희자, op.cit, 6-16.

노성호, 시한폭탄, 문명 양극화, Forbes Korea. 통권195호, 2019, 5, 24.

노형신, 고령화 사회에서의 효과적 고용정책을 위한 커뮤니케이션 연구 : 개인의 삶에 대한 인식 및 행동 분석을 통해, 서강대학교 석사학위논문, 2008, 20.

라크크리슈난 저, 이거룡 옮김, 인도철학사IV, 한길사, 1999, 26.

로버트 윈스턴 외, 김동광, 이용철 옮김, 인간, ㈜사이언스북스, 2006, 19.

로버트 윈스턴 저, 김동광, 이용철 옮김, op.cit, 209.

류시화, 하늘 호수로 떠난 여행, 열림원, 1996

마이클 샌델, 정의란 무엇인가(What is the right to do), 김영사, 2009.

박기범, 카리스마 리더십이 성인 여성 수영 동호인의 스포츠자신감과 운동지속성향에 미치는 영향, 서울시립대학교 대학원 석사 학위 논문, 2019, 23-25.

박성연, 특명, '역경지수'를 높여라! : 현명한 리더의 위기대처 능력 비법, 기업나라. 제27권 제9호 통권271호, 2006. 9, 112-115.

배영임, 경제 이슈 : 인공 지능시대의 도래와 대응방안, 2016.

브레네 브라운 지음, 서현정 옮김, 나는 불완전한 나를 사랑한다 : 남들이 요구하는 모습에서 벗어나 '진짜 나'로 사는 법, 가나출판사, 2019, 1-298.

사이토 다카시, 이정은 옮김, 곁에 두고 읽는 니체, 홍익출판사, 2008, 35.

송근원, 김태성, 사회복지정책론, 나남출판사, 2000, 209-201.

송근원, 김태성, op.cit, 209-211.

앤드류 뉴버그, 마크 로버트 월드먼, 진우기 옮김, 믿는다는 것의 과학 : 뇌과학이 밝혀낸 믿음의 비밀, 휴먼사이언스, 2012, 420-423.

앤절라 더크워스, 김미정 옮김, 비즈니스북스 성공의 진짜 열쇠는 재능 아닌 '열정적 끈기' 그릿(Grit), 비즈니스북스, 2016.

엄지수, 고등학교 육상선수들의 운동 열정이 운동만족 및 인지된 경기력에 미치는 영향, 단국대학교 석사학위논문, 2016, 7.

에리히 프롬, 차경아 역, 소유냐 존재냐, 까치, 1996, 59.

에리히 프롬, 차경아 역, op.cit, 173-174.

연우심리연구소, https: // unitest.kr / product / intro.php?type=study# overview, 학습과정에서 보여지는 행동 및 태도, 성격 양식을 알아보는 검사 도구이다.

유영란, 소규모 미용실 경영자의 내적특성, 경영관리, 경영성과에 대한 연구, 서원대학교 석사학위논문, 2019, 12-13. 재인용.

이민화, 4차 산업혁명 시대 행복의 조건, Economist. 통권1468호, 2019.01.2., 8-9.

이석명, 장자 나를 깨우다, 북스톤, 2015, 91-99.

이석명, op.cit, 64-65.

이시균 외, 한국정보고용원, 한국장애인문화콘텐츠협회, 2018, 1-428.

이지성, 리딩으로 리드하라, 문학동네, 2011, 165.

이정숙, 가족문제, 교문사, 2006, 20-25.

이형국, 권오관, 강기원, 진로탐색과 미래 설계, 한올, 2014, 121.

인간행동 이론과 사회복지 실천, 김동배, 권중돈, 학지사. 2000, 202.

임희섭, 한국사회 변동과 가치관, 나남, 1994, 98.

오강수, 지정훈, 미용심리경영, 도서출판 금광, 2008, 274-276.

오강수, 류은주, 모발 미용학의 이해, 신아사, 2009.

장동화, 한식 레스토랑의 권한위임과 보상 시스템이 직무만족과 서비스 지향성에 미치는 영향, 경기대학교 석사학위논문, 2012, 12.

장 자크 루소 저, 고봉만, 주경덕 역, 인간 불평등 기원론, Discours sur l'origine et les fondements de l'ine'galite' parmi les hommes, 책세상, 2018. 1-230.

정성호, 중년의 사회학, 살림지식총서, 2006, 26-37.

정원상, 조현석, 이만균, 노인 여성의 근감소증과 비만에 따른 체력, 생활습관병 지표 및 근육의 생화학적 특성의 비교 분석, 체육과학연구. 28(4) 통권 112호, 2017, 808-823.

징일휜, 성과정보 활용을 통한 공공기관 성과관리, 한국조세재정연구원 공공기관연구센터, KIPF 공공기관 이슈포커스, 28, 2019, 1-7.

조남두, 현대인의 직업윤리, 동문사, 2015.

최홍대, 중소기업 경영자특성이 경영성과에 미치는 영향에 관한 연구 : 충청북도 북부지역을 중심으로, 충주대학교 석사학위논문, 2010, 17.

한겨레 21, 제1044호, 2015. 12, 52.

한국고용정보원 미래직업연구팀, 급변하는 4차 산업혁면 시대 어떤 직업능력이 중요한가?, 2019,1.25.

한종철, 감사노력, 감사품질 그리고 품질관리 성과평가, 숭실대학교 박사학위논문, 2019, 29.

현와성, 조추용, 이은희, 윤은경, 한국노인복지학 강론, 유풍출판사, 2003, 58.

호아킴 데 포사다, 엘렌 싱어, 마시멜로 이야기, 21세기 북스, 2012.

황미애, 여성창업가의 특성이 경영성과와 사회적 성과에 미치는 영향 연구, 숭실대학교 박사학위논문, 2008, 130-133.

法과 政策, 제24집 제1호, 제주대학교 법과정책연구원, 정기간행물실 524호, 2018.03.30., 27-61.

UN 세계인구고령화보고서, 2009.

Aaron, H, J, and C, M, Lougy, The comparable worth controversy, Washington, D,c, Bookings institution, 1986.

Alderfer, c, p, Existence, relatedness and growth, human needs in organizational settings.

Carl benedikt frey and Michael A. osborne, The future of employment: How susceptible are jobs to computerisation?, 2013, 6-45.

Daniel kahneman and Angus deaton, High income improves evaluation of life but not emotional well-being, https://doi.org/10.1073/pnas.1011492107, PNAS-US National academy of sciences, August 2010, 107 (38), 16489-16493.

Elizabeth H. blackburn, Structure and function of telomeres, Nature, 350, 1991, 569573.

Heintzelman, S. J., & King, L. A. (2014). Life is pretty meaningful. American psychologist, 69, 561-574.

Larry A. tucker, Physical activity and telomere length in U.S men and women: An NHANES investigation. Prev Med, 2017 Jul;100, 145-151.

Massie, J, F, & Shephard, R, J, Physiological and Physiological effects of training, Medicine and science in sports, 3, 110-117.

M, sherrner, why people belive weird thing, 1997, 72. The belief module, skeptic 5, no, 4, 1997, 83.

Paul D, Loprinzi, Jeremy P, Loenneke, Elizabeth H, blackburn, Movement-based behaviors and leukocyte telomere length among U. S. adults article in medicine and science in sports and exercise, PubMed, 2015, 47(11), 2347-2352.

Phillippa lally, Cornelia h,m, van, jaarsveld, Henry w, w, potts and jane wardle, How are habits formed: Modelling habit formation in the real world, European journal of social psychology, 2010, 998-1009.

Rowe jw, Kahn rl, successful aging, pantheon books, 1998. 1986년 세계 노년학회에서 제안되기 시작한 이론/ 이수진, 송미순, rowe와 kahn의 모델을 바탕으로 한, 한국 노인의 성공적 노화: 지역사회 노인여가복지시설 활용법 집단 간 비교 분석, 대한간호학회지 45권 2호, 2015, 232.

Scott barry kaufman, Talent vs practice: Why are we still debating this?, The creativity post, 2014. 7.

Siparsky, p, n, K irkendall, d, t, & Garrett, w. e, 2014, Muscle changes in aging: understanding sarcopenia, sports health, 6(1), 36-40.

V.s. ramachandran, phantoms in the brain, quill-william morrow, 1998, 67.

Weinberg, R, S & Gould, D, & Weinberg, R, Foundation of sport and exercise psychology, 2003

Zika, S., & Chamberlain, K, On the reation between meaning in life and psychological well-being, British journal cf psychology, 83, 1992, 133-145.

https: // 100.daum.net / encyclopedia.

http: // 100.daum.net / encyclopedia / view / 31XXXXX15058.

https: // blog.naver.com / ohgisekkk / 220198144546

https: // blog.naver.com / parkgym317 / 221101520286.

https: // ko.dict.naver.com.

https: // ko.dict.naver.com / # / entry / koko.

https: // ko.dict.naver.com / # / entry / koko / e1daa95e693a4b619e91316f7c-cb902d.

https: // ko.wikipedia.org / wiki.

http: // news.hankyung.com / article / 2016070595941,

http: // nownews.seoul.co.kr / news.

https: // terms.naver.com.

http: // www.daejonilbo.com / news.

http: // www.doopedia.co.kr.

http: // www.investpool.go.kr / fundOpratnEval.do.

https: // www.kipf.re.kr / cpem / cpem_info03.do.

http: // www.keis.or.kr.

https: // www.mk.co.kr / news / it / view.

http: // www.un.org, http: // www.kbs.co.kr.

www.keis.or.kr, 직업별 재직자의 심리적 특성 Ⅲ(직업상담용 연구자료), 2006, 40-46.

색인(Index)

ㅅ

ㅇ

ㅌ

ㅍ